一本書讀懂經濟學經典

市場機制×個體行為×社會抉擇……
從亞當斯密到現代行為經濟學，
大師經典一次全解析！

郭澤德，宋義平，關佳佳 著

市場規律、財富分配、貨幣機制、社會行為……
一本書濃縮經濟史理論，秒懂經濟學經典的核心概念！
這才叫站在巨人肩上讀經濟學！

目錄

內容簡介

前言

第一章　顛覆傳統：經濟學理論的革命與演進

　　01《經濟學原理》——
　　　　經濟學的「邊際革命」……………………………012

　　02《就業、利息和貨幣的一般理論》——
　　　　現代總體經濟學的創立……………………………029

　　03《人力資本》——
　　　　突破研究邊界，引領「人力資本革命」……………040

第二章　影響世界的經濟思想：理論與現實的對話

　　04《民族國家與經濟政策》——
　　　　馬克斯・韋伯的經濟學視角………………………050

　　05《論經濟學和經濟學家》——
　　　　以事實為基礎的經濟學研究………………………060

　　06《逃不開的經濟週期》——
　　　　經濟週期理論與現象解析…………………………072

目錄

第三章　市場經濟的起源與演變

07 《西方世界的興起》——
產權的誕生與發展……………………………………086

08 《二元經濟論》——
二元經濟發展模式的理論與應用……………………096

09 《貨幣的非國家化》——
市場競爭機制與貨幣發行……………………………107

10 《利息理論》——
利息的基礎理論與運作機制…………………………117

第四章　財富的本質：金錢如何流動與分配

11 《政治經濟學概論》——
財富的生產、分配與消費……………………………130

12 《有閒階級論》——
金錢文化與社會階層的競賽…………………………141

13 《財富的分配》——
解析財富分配的內在法則……………………………151

14 《資本的祕密》——
通向繁榮的資本運作模式……………………………161

第五章　行為經濟學：探索人類決策背後的邏輯

15《道德情操論》——
行為經濟學的哲學根源……………………………………172

16《國民經濟學原理》——
揭示人類經濟行為的規律性………………………………183

17《人類行為的經濟分析》——
社會現象的新視角…………………………………………194

18《創新者的窘境》——
為何卓越企業仍可能失敗…………………………………202

第六章　經濟與社會福祉：如何實現更美好的生活

19《人口原理》——
人口成長與社會發展的關係………………………………214

20《福利經濟學》——
經濟福利的最大化之道……………………………………223

21《以自由看待發展》——
自由與發展的內在關係……………………………………232

目錄

第七章　農業經濟的演變與現代化道路

    22《孤立國》——
        假想國度中的區位經濟理論⋯⋯⋯⋯⋯⋯⋯⋯⋯⋯242

    23《改造傳統農業》——
        從投資視角看農業經濟成長⋯⋯⋯⋯⋯⋯⋯⋯⋯⋯250

    24《法國農村史》——
        法國小農經濟的興衰與變遷⋯⋯⋯⋯⋯⋯⋯⋯⋯⋯259

第八章　決策與競爭：經濟體系中的選擇與博弈

    25《民主財政論》——
        公共選擇與決策的理論解析⋯⋯⋯⋯⋯⋯⋯⋯⋯⋯270

    26《國家興衰探源》——
        利益集團行動的邏輯與影響⋯⋯⋯⋯⋯⋯⋯⋯⋯⋯279

    27《競爭策略》——
        企業競爭策略的選擇與實踐⋯⋯⋯⋯⋯⋯⋯⋯⋯⋯293

內容簡介

經濟學大師保羅・薩繆森（Paul Samuelson）說：「在人的一生中，你永遠都無法避免經濟學。」經濟學圍繞在每個人的身邊，食、衣、住、行無不跟經濟學有關。我們要了解自己，了解社會，了解經濟規律，就需要了解經濟學知識。尤其在這個大變革時代，我們必須讀經濟學的書。

讀哪些經濟學的書呢？我們的答案是：讀經典。經典是經得起歷史考驗的，在相當長一段時間內影響了此後該領域的研究，甚至一再再版的著作。這類著作是充滿智慧的，是由天才人物所完成。按照經濟學中的投入和產出來說，閱讀經典的 CP 值相對高。

這本書精選了多部極具代表性的經濟學經典著作，從 8 個方面進行了分類，包括：顛覆傳統的經濟學理論，改變世界的經濟學思想，市場經濟的誕生與發展，金錢、財富從哪裡來，人類行為的背後是什麼，人的美好生活如何實現，農業現代化的實現方法，最優化選擇及決策。這些經濟學理論和思想背後所蘊含的道理，對於我們每一個人來說，尤其對經濟學人來說，從了解主、客觀世界到實踐，都具有很深刻的啟發意義。

內容簡介

前言

經世濟民：經濟學的力量與影響

　　一花一世界，一葉一菩提。

　　在浩瀚的書海中選擇閱讀經典，是建立深度思維的必經之路。

　　學術團隊邀請知名教授與博士論文指導教授遴選書單，從上百種經濟學經典中遴選了20多種，希望為經濟學研究者與愛好人士帶來經典學習的全新體驗。

　　200多年來，經濟學理論不斷傳承與發展，顯示了日新月異的發展風貌與學科理念。品讀經濟學經典，能夠幫助我們建立學科的思維框架與獨特視角，獲得經濟學的洞察力與解釋力。

　　經典雖好，讀之不易，尤其在快節奏的當下，如何做到既不失精髓，又能夠應對「吾生也有涯，而知也無涯」的時間荒，編寫團隊認真討論了編寫思路，邀請名校博士，將每一本經典縮編為幾千字的精華，使讀者能夠在短時間內了解經典著作的撰寫背景、主要內容、理論觀點與知識體系，進而引發進一步閱讀全書的興趣。

　　讀者可以將本書視為閱讀經典之前的前傳和開胃小菜，既可以止步於此，作為對經典的概要了解；也可探步向前，進一步閱讀全書獲得深度養分。如何透過紛繁複雜的經濟現象去洞悉經濟執行的本質，去探討生產、消費、交易、產權、成本、效率、組織、網路、個體行為之間的關係，去

前言

探索未來經濟理論與實踐的發展趨勢，讀經典是最為重要的一步。

理論素養的提升、學識水準的提高非一日之功，站在巨人的肩膀上思考問題、看待事物，能夠幫我們建立洞察世界本質的學術思維，本書是在此方向上的一種嘗試。

鑑於讀者們學術背景與學識水準的差異，解讀經典需要極大的勇氣與自信，也難免出現一定程度的偏頗與不足，編寫團隊對此負責，也歡迎讀者朋友一起討論交流。

經世濟民，踐行未來！

宋義平

第一章
顛覆傳統：經濟學理論的革命與演進

第一章　顛覆傳統：經濟學理論的革命與演進

01

《經濟學原理》——經濟學的「邊際革命」

英國正統經濟學界領袖人物 —— 阿爾弗雷德・馬歇爾

阿爾弗雷德・馬歇爾（Alfred Marshall，西元1842～1924年），19世紀末20世紀初英國乃至世界知名的經濟學家，英國正統經濟學界無可爭辯的領袖人物。

馬歇爾在劍橋大學任教期間，和他的學生皮古（Arthur Cecil Pigou）、羅伯遜（Dennis Robertson）、凱因斯等人一同建立了在西方經濟學中占有重要地位的「劍橋學派」，由於馬歇爾提出的「平衡價格論」不僅繼承了古典的「亞當斯密——李嘉圖——彌爾」庸俗經濟學傳

阿爾弗雷德・馬歇爾

統，認為生產費用決定價值，也融合了邊際學派「效用決定價值」的數理形式，將供給（生產費用）決定論與需求（效用）決定論結合，形成了自己的一套價值論。因此，劍橋學派也被稱為「新古典學派」，從「古典」到「新古典」的轉變，成為西方經濟學的重要轉捩點，馬歇爾的觀點在長達40年的時間裡在西方經濟學中一直占據著支配地位。他的著作包括《經濟學原理》（Principles of Economics）、《分配與交換》、《戰後國家的稅收》、《工業與貿易》（Industry and Trade）等。

01《經濟學原理》─經濟學的「邊際革命」

一、為什麼要寫這本書

從理論意義上來講，西方經濟學的理論是構成許多經濟學理論的基礎，也是分析總體和個體經濟行為的主要理論工具之一，它在一定的假設基礎上告訴我們，人們如何決定是否生產或者購買某種商品、為什麼商品的價格會發生變化、為什麼有的國家發展較快而有的國家發展較慢、為什麼經濟會出現週期性的波動、為什麼國家會做出這樣那樣的經濟決策等。

簡單說來，學習西方經濟學有利於我們以更加睿智的眼光認識世界。從實踐意義上來講，西方經濟學是引領西方國家經濟發展方向和政策制定的主要依據，我們可以從西方國家的發展歷程中累積經驗，從它們的利弊中明辨是非，並結合自己國家的國情進行考察，謹慎地決定它的應用程度和範圍。

除此之外，隨著全球化程度加速，我們和西方國家的交流也更加密切，為了更深入了解我們的夥伴，與西方國家更密切來往，也需要我們學習西方經濟學的理論和術語。

馬歇爾的《經濟學原理》就是現代西方經濟學的奠基之作。在西方經濟學發展的歷史過程中，《經濟學原理》、《國富論》與《就業、利息和貨幣的一般理論》並稱為三部劃時代的鉅著，足以見其地位。

《經濟學原理》最為突出的貢獻是它完成了由古典經濟學向新古典經濟學的轉變，擴展了經濟學的定義，並將「邊際」這個數學理論引入經濟學的研究之中，並且其數理的分析讓經濟學的分析更加嚴謹和生動，這個創造性變革也被稱為經濟學的「邊際革命」。

馬歇爾將《經濟學原理》寫得通俗易懂，基於數學又隱於數學，並創造了經濟學中一種重要的分析正規化──「靜態分析正規化」，也就是我

們今天所說的區域性平衡分析法,這讓經濟學的分析更加直觀,被很多名校用作教科書。

二、分析正規化:靜態分析及其他方法論

馬歇爾的《經濟學原理》創造了一種新的經濟學分析正規化——靜態分析,「靜態」也是《經濟學原理》的中心思想。這種靜態類似於一種力學的「平衡」,是兩種或幾種力量共同作用達到的一種靜止狀態。

除此之外,馬歇爾研究單個市場的行為而不考慮市場與市場之間的相互影響,正如他在《經濟學原理》序言中所寫的:「由於我們研究的力量數量極多,因此我們最好一次同時研究幾種力量,然後做出部分解答,以輔助我們的主要研究。這樣,我們首先單獨研究某一特殊商品的供需和價格的初步關係。我們用『其他情況不變』這句話,把其他力量當作是不發揮作用的,不是真的無用,而是暫時不理會它們而已。」

其實,上述這種思想方法被我們廣泛運用於很多學科的研究中,例如化學實驗中保持溫度不變。馬歇爾用這個方法來分析相反的經濟力量之間的關係,簡化複雜的經濟行為分析,進而建立起平衡價格論,並用平衡價格方法論述了薪資、利息、利潤、地租等經濟要素的形成,為現代個體經濟學分析法奠定了基礎。

除了「區域性平衡」的分析正規化,馬歇爾在《經濟學原理》中還運用了以下方法論:

⊙ 引入邊際增量分析法,用來分析價值、國民收入的分配、生產函數中生產要素的替代、資源配置的原則等。

- 既主張採用奧地利學派推論模型的抽象法，又贊成歷史學派的描述法。在《經濟學原理》的正文中，模型推論相比其他經濟學教科書來說較少，但注釋和附錄中增加了許多圖形和數理推論，例如供給表和需求表、供給曲線和需求曲線、彈性公式、用導數計算最大／最小值問題等。

馬歇爾認為「只有漸進，沒有突變」，主張用連續的原理來分析各種商品現象，而不是把各種商品看作是個別的、離散的。

三、理論基礎：7個基本概念

馬歇爾闡述了經濟學中常常用到的一些基本概念，包括財富、價值、生產、消費、勞動、收入、資本，並告訴我們如何站在經濟學的角度去認識和使用這些概念。

第一個基本概念：財富。

我們通常認為財富就是金錢，或者說金錢是財富的一般表現形式。在經濟學中，財富被看作是滿足需求的東西和努力的結果。鑒於需求和努力的多樣性，我們就需要考慮在滿足需求的很多事物中，哪些屬於財富，哪些不屬於財富。

馬歇爾認為，一個人的財富是由他外在財物中的那些能用貨幣衡量的東西構成的，主要包括兩類：一類是擁有私有財產權的物質財富，可以轉讓和交換，例如房屋、機器、股票、抵押品等；另一類是具有所有權，並且可以為他獲取物質財物的非物質財物，例如商譽、企業組織等，但不包括一切個人品性和才能。不過馬歇爾認為，有時包含一切個人財富在內的「財富」更加妥當。

第一章　顛覆傳統：經濟學理論的革命與演進

第二個基本概念：價值。

馬歇爾不認同亞當斯密關於價值表示物品效用的觀點，他認為一個東西的價值是透過交換價值表現出來的，即一物購買他物的能力。況且每種東西的價格都會發生變化，購買力也會隨之發生變化。

第三個基本概念：生產與消費。

馬歇爾認為，人類所能生產和消費的只是效用，而不是物質本身，這和我們通常認知的「生產和消費的客體是物質本身」有差距。馬歇爾認為，人們的生產和消費活動只是改變了物質的形態或排列組合，讓物質更能滿足人們的需求。例如，魚販不是生產魚的，他們只是把魚從需求不大的地方運送到需求較大的地方。馬歇爾還認為，「生產」這個詞容易引起誤解，應該避免使用或加以解釋。

第四個基本概念：勞動。

馬歇爾定義的勞動是一切頭腦或身體付出的努力，這些努力部分或全部以獲得某種好處為目的，而不是以直接從這種努力中獲得好處為目的。例如，體育競賽這種努力是以娛樂為目的，它不是一種生產活動。

第五個基本概念：收入與資本。

從私人的角度來看，收入是指那些貨幣形態的報酬，加上一些「實物薪資」，例如公司福利；資本則是指一個人用於營業的，或者說利用它們生產可以出售並換取貨幣的東西，即一個人所有的東西加上屬於他的權利，例如貸款收款權，再減去他所欠的債務，剩下的就是資本。

從社會角度來看，收入被看作是人類在任何時候都盡可能利用好自然資源，而獲得的一切利益，更簡單的說，可以將社會中每個人的收入加起來計算社會總收入；社會資本一般指的是土地、勞動、資本這三個重要的

生產要素，它們如何有助於提高國民收入，以及如何將國民收入分配到這三個要素上，是我們關心的問題。

四、重要理論：需求理論與供給理論

馬歇爾分析人的需求，並用效用來衡量人的需求。他提出了需求的重要性質——邊際效應遞減規律和需求律，並用彈性來量化需求隨價格的變動，用消費者剩餘來度量消費帶給消費者的福利。

(一) 需求理論

對需求的研究，從某種意義上來說，就是對需求與消費的研究。馬歇爾批判李嘉圖（David Ricardo）明知道需求的條件和供給的條件對價值決定同等重要，卻過於注重生產費用方面的研究，忽視了對需求的研究。但實際上，隨著社會進步和人們財富的增加，需求的內容和形式都在不斷發生變化，變得更加多元，而這些變化又在推動著生產發展和社會進步。所以，研究需求是極其重要的。

1. 效用與邊際效應

那麼，如何來衡量人們的欲望或者需求呢？我們不能直接衡量欲望，只能透過欲望引起的外部現象進行間接衡量。前面講到，用一個人為了實現或滿足他的願望而願意付出的價格，也就是購買東西時的滿足感來衡量「人的動機」，這就是「效用」。馬歇爾用效用來劃分消費者需求的等級。例如，一個人迫切需要某一件商品，並願意花很多錢去購買它，說明這件商品能為這個人帶來很大的效用。

同時，馬歇爾認為，每種需求都是有限度的，即當一個人對一件物品

第一章　顛覆傳統：經濟學理論的革命與演進

有了一定的擁有量，再增加此物的擁有帶來的新增利益，會隨著他已擁有的數量遞減，這就是需求飽和規律或邊際效應遞減規律。舉個通俗的例子：當你在沙漠中感到極度口渴時，給你一杯水，你覺得它極度珍貴，帶來極大的滿足感，但當你喝下第十杯或更多杯時，只覺得肚子好撐，沒有那麼大的滿足感了。

邊際效應遞減是馬歇爾最重要的經濟理論之一，也是現代經濟學最重要的理論之一。為了衡量需求，我們用金錢來衡量邊際效應遞減規律，也就是需求價格。

需求價格是指一個人對任何一個商品剛好願意付出的價格。根據邊際效應遞減規律，邊際需求價格也是遞減的，即一個人擁有的某物數量越多，他願意為稍多一個此物付出的價格是遞減的。當然，這個規律有兩個重要的前提假設：一是貨幣購買力不變；二是一個人所能支配的貨幣數量不變。馬歇爾用需求表來反映不同數量下的需求價格。

當然，以上分析是針對單一消費者而言的。對於經常性需求的商品，如稻米、茶葉等，個人需求就能代表整個市場的總需求。但是，對於非經常性需求的商品，如結婚蛋糕或外科專家的服務等，就不能用單一消費者的需求來描述。

對於整個市場來說，需求數量隨價格的下降而增加，這就是需求律。但價格下跌和需求增加之間沒有什麼一致性的關係，可能價格下降一半，需求增加兩倍或者其他數量，這和商品的性質、市場環境、個人偏好等因素有關，但整體方向是不變的。

2. 彈性理論

馬歇爾《經濟學原理》的一個重要貢獻是創造了彈性理論，其中需求

彈性刻劃了價格和需求量之間變化的不一致關係。通俗來說，彈性即感應性。當某個商品價格發生變化時，如果需求量變化較大，那麼我們認為它具有較大的需求彈性，反之彈性較小。

影響彈性的因素有很多，馬歇爾主要列舉了以下幾個：

- 第一，商品的性質和用途。生活必需品彈性較小，例如糧食、水、鹽；高級耐用品彈性較大，例如小汽車、電視機、高級名錶。
- 第二，收入高低。一般來說，收入較高的人具有更小的需求彈性，價格變化對他們的影響小於低收入人群。
- 第三，社會的變化。當社會和人們的偏好、習慣發生變化，或者替代品產生時，也會使某種商品的彈性發生變化。

3. 消費者剩餘

馬歇爾用「消費者剩餘」這個概念來刻劃消費者購買並占有某物帶來的利益。眾所周知，一個人對一個物品願意支付的價格不會超過他從此物中得到的滿足，因此他得到的滿足超過他付出代價的部分，就叫做消費者剩餘，是消費者從購買中獲得的淨利。舉個例子，一個人對一束玫瑰花的評價是 200 元，但他只花了 150 元就買到了，這 50 元就是消費者剩餘，類似於「買到就是賺到」。

消費者剩餘被清晰的反映在需求表中，我們可以透過需求表簡單計算得到單個消費者剩餘的大小。對於市場需求來說，我們將總消費者剩餘看作是所有個人消費者剩餘的加總，這裡我們把每個人看作是同質性的，或者是經過平均後的，當市場中窮人和富人的比例接近時，這個假設是合理的。

（二）供給理論

如果說需求是基於獲得商品的欲望，那麼供給則主要取決於克服不願遭受「負商品」的心理。「負商品」通常包括勞動或延遲消費所帶來的負效用，例如身體或精神疲憊、有礙健康的工作環境、占用了娛樂或社交等，也叫做勞動的邊際負效用，它隨著勞動量的增加而增加。

在供給理論中，馬歇爾主要對生產要素進行研究，而生產要素是滿足需求的方式，包括土地、勞動、資本、組織等。

1. 土地

土地是大自然賜予的，而土地的產物則是人類勞動的結果。說到土地作為生產要素，我們首先想到的就是農業生產。除了土壤肥力的先天條件差別以外，人類的活動也具有改變土壤性質的力量，例如透過施肥提高土壤肥力，或者增加人力來增加產出。但是，在任何情況下，土地因資本和勞動增加而帶來的報酬增加，最終都會遞減，人們通常選擇繼續耕作，直到資本和勞動的增加所產生的報酬率達到最大，並開始遞減，才停止繼續投入。

上述情況被馬歇爾稱為土地的邊際報酬遞減傾向，當然，發生農業技術改良時可能不會發生遞減。所以，馬歇爾認為，如果將土地租出去，租金除了自然賦予它本身的價值以外，還應當包括人們對土地做出的改良以及人口的成長、便利的交通設施等因素的考量。

2. 勞動

勞動在生產活動中的影響不言而喻，而人身為勞動的主要創造者，對生產有至關重要的影響。馬歇爾認為，勞動者健康強壯的體魄是工業效率

的基礎，物質財富的生產又取決於工業效率。也就是說，勞動者對物質生產的需求推動了生產的發展，同時物質條件的改善又促進了改善勞動能力。馬歇爾還提出，工業訓練對於勞動者是至關重要的，尤其是專業化教育，國家應該將教育視為一項投資，更加重視教育在生產發展中的影響。

3. 資本

資本是指為了生產物質產品及利益而儲備的一切資源，它是財富的主要組成部分，也是創造財富的直接泉源。無論是對於個人、家庭還是國家，大部分資本來源於儲蓄，而儲蓄主要受到儲蓄能力和儲蓄意願的影響。其中，儲蓄能力取決於超過必要開支的那部分收入，儲蓄意願是一種在現在的滿足與延緩的滿足之間做出的選擇，這種等待或延期的報酬就是利息。用於計算利息的利率可以看作是儲蓄的需求價格，當這個價格上升時，勢必會增加儲蓄額。

4. 組織

馬歇爾認為，組織是資本的組成部分，且有多種形式，例如商業組織、工業組織、國家組織等，它們又分為公有和私有，這個劃分在現實中是至關重要的。

在《經濟學原理》中，馬歇爾主要研究工業組織的相關問題。他認為，柏拉圖（Plato）時代以來的社會學家們提出的「組織提高勞動效率」已經過時了，但亞當斯密所堅持的觀點——精細分工和精密的工業組織將會帶來更大的利益——賦予其新的生命，但是斯密的追隨者不承認這個制度的缺陷，這些缺陷主要表現有：在那些只需要手工技能的低階工作中，極端專業化的分工確實能夠大大提高效率，但在高級工作中卻不盡然，且千篇一律的操作遲早會被機械替代。

第一章　顛覆傳統：經濟學理論的革命與演進

　　那麼，在什麼條件下能夠最充分發揮分工產生的效率呢？生產上有效率的經濟不僅需要每個人在狹小的工作範圍內不斷操作，而且需要每人在承擔不同的工作時，都盡可能發揮他的技能和能力。在這樣的條件下由生產規模擴大而產生的經濟稱為「內部經濟」，它有賴於從事此工業的個別企業的資源、組織和經營效率。

　　不同於內部經濟，「外部經濟」是有賴於此工業總體發展的經濟。隨著專業化分工的發展和專業機械化的使用，開始出現地方性工業，專業化的工業開始集中於特定的地方，加上交通工具改良和人口成長、遷徙也對工業的地理分布產生很大的影響，大量種類相似的企業集中在了同一地區，這個結果產生的產業集聚效應，又反過來促進了進一步的專業化和集中化，帶來資本和勞動使用效率的改善，進而由內部經濟引發外部經濟。這些由專業化產生的工業組織逐漸演化成今天的企業。

　　馬歇爾提出，為了研究供給價格及其影響因素，就必須分析與一定總量有關的某種商品的正常生產費用，因此我們要選擇一個代表性生產者。他不能是一個新的經營者，也不能是一個非常成熟且有持久能力的經營者，這兩者都不具有代表性。我們需要找到一個「普通」企業，它已具有相當長的歷史，由能力正常的人來經營，能夠正常獲得一定總量的外部經濟和內部經濟。根據代表性企業的生產費用，我們就可以基本準確的得到某一商品的市場生產費用，進而得到供給價格。

五、核心理論：價值理論與分配理論

　　馬歇爾運用供給表、需求表以及向上傾斜的供給曲線、向下傾斜的需求曲線得出平衡價格是由供給和需求兩種力量共同決定的，且平衡是穩定

的。馬歇爾還從暫時、短期、長期來研究影響平衡價格和生產成本的因素，他的平衡價格論是靜態區域性平衡分析的典型。

(一) 價值理論 —— 平衡價格論

價值理論是馬歇爾經濟學理論的核心部分，也是最能體現其靜態區域性平衡分析正規化的部分。

1. 供給價格和需求價格

馬歇爾既以英國古典經濟學中的生產費用論為基礎，吸收邊際分析和心理概念，論述供給價格，又以邊際效應學派中的邊際效應遞減規律為基礎，對其進行修改，論述需求價格，認為商品的市場價格取決於供需雙方的力量平衡，進而建立起了平衡價格論。

試想，如果產量使得需求價格高於供給價格，即供不應求，那麼賣家除了能夠以自認為值得的價格出售現有的商品以外，還有動力多生產一些以賺取更多；反之，如果產量使得供給價格小於需求價格，即供過於求，他們就會減少生產。

當需求價格正好等於供給價格時，產量就沒有增加或減少的趨勢，處於平衡狀態之中。我們把平衡時的產量和價格分別叫做平衡產量、平衡價格。這種平衡狀態是穩定的，一旦價格稍有偏離，產量就會發生變化，價格出現恢復的趨勢。我們可以透過供給表和需求表計算出平衡價格和平衡產量，但在實際中，由於供給和需求不是長期不變的，所以平衡點不是一成不變的。

為了更加準確的解釋供給和需求對商品價值的影響，馬歇爾分析了平衡價格的三種形式：暫時的、短期的和長期的平衡價格。

第一章　顛覆傳統：經濟學理論的革命與演進

他認為，在短期內，需求對價值產生主要的影響效果，而在長期內，生產成本即供給對價值產生主要的影響效果。這是因為與需求變動的影響相比，生產成本的變動對於價值的影響通常需要更長的時間才能表現出來。任何時候的市場價值受到一些事件或間歇性、短期性因素的影響，往往比那些永續性因素的影響大些，長期中這些暫時性因素會在一定程度上相互抵消。因此，永續性因素完全支配著價值。

馬歇爾還將供給和需求的平衡分析與價格彈性結合起來，發現短時期內需求的上升會帶動價格、產量的小幅度增加，但更多會導致價格的上升。在長時期內，產量較容易擴張或收縮，企業可以進入或退出，這使得長期的供給曲線顯得比較平坦。這個分析也再一次印證了這個結論：在短期內，需求是影響價格的決定因素，而在長期內，供給是影響價格的決定因素。

2. 連帶需求和連帶供給

除了研究某種商品本身的供需關係，馬歇爾還研究相關商品平衡價格的影響因素，《經濟學原理》主要討論了連帶需求和連帶供給。

從消費者的角度來看，連帶需求是指並不是對兩種商品中的任何一種都有直接的需求，而是對它們共同製成的產品有直接需求，對二者的需求都是衍生需求。例如，必須在某個產業中共同發生功用的專門的物質資本和個人專門技術。在其他情況不變時，對共同產品的需求隨著連帶生產要素供給價格的降低而增加。

同樣，有連帶供給關係的商品，如新能源汽車和天然氣、桌球拍和桌球等，各自只能有一種衍生供給價格，這種價格一方面是由整個生產過程的費用決定的，另一方面是由對其餘共同產品的需求來決定的。實際

上，如果你留心觀察和思考，就會發現這些理論在我們的現實生活中隨處可見。

那麼，如果同一個商品在競爭的市場中有一個共同的市場平衡價格，為什麼有的企業生產這種商品而不生產另一種？為什麼有的企業盈利更多呢？這是因為不同生產者對於生產不同的產品有不同的優勢，其價格必須足以補償那些沒有額外優勢的生產者的生產費用，否則他們就會停止生產或者縮減生產規模。而對於那些具有額外優勢的生產者，除去生產費用之後還有淨利，這部分淨利就是生產者剩餘。對照我們前面在需求理論中介紹的消費者剩餘，這個概念就很好理解了。

在競爭的市場結構中，當生產某種商品存在利潤，一些人就會覺得有利可圖，進而轉向生產這種商品，以賺取超出生產成本的獲利，生產擴大導致供給增加，平衡價格下降，該商品的市場又達到了一個新的平衡點。此時，該商品的價格等於生產該商品的邊際成本，所有生產該商品的生產者利潤為零，生產者剩餘自然也為零。

馬歇爾不止用平衡價格論分析商品的平衡價格，他還用這個分析方法論述了薪資、利息、利潤、地租的形成，認為它們分別是勞動、資本、企業家能力和土地的平衡價格。總之，馬歇爾的平衡價格論是靜態區域性平衡分析的典型。

(二) 分配理論 —— 平衡價格決定理論

馬歇爾認為，國民收入分配的對象是生產要素，包括對勞動、資本、土地、組織的分配。他運用平衡價格分析方法對上述 4 種生產要素進行分析，因此他的分配理論也是 4 個生產要素的平衡價格決定理論。馬歇爾認

第一章　顛覆傳統：經濟學理論的革命與演進

為，勞動、資本、土地和組織的平衡價格主要是由薪資、利息、地租和利潤決定的。

首先，對勞動的分配主要表現在勞動薪資上。

整體來說，勞動薪資與工人效率有成比例的趨勢，勞動薪資的形式可以是物質的，也可以是非物質的。馬歇爾認為，勞動供給和需求中的許多特點大多都取決於累積性後果，如果習慣讓一部分人的進步受到壓制，那麼他們後代的出發點必然低於不受壓制的人的後代，而第二代人的任何停滯都源自於前一代人的停滯之上，一代復一代。由此，引申出勞動市場的5個特點：

- 第一，工人出賣的是勞動，但工人本身並沒有價格，對工人的投資局限於他父母的資產、見識和付出，在這裡馬歇爾強調出身的重要性；
- 第二，工人和他的工作是分不開的，一個人在勞動時必須親自到工作場所去，所以勞動的流動性即勞動者的流動性；
- 第三，勞動具有可毀壞性，工人在失業時所損失的時間是無法挽回的，在勞動中耗損的精力有一部分是無法恢復的；
- 第四，勞動力的賣主，即勞動者，在議價中常常處於不利地位，這是由於勞動本身具有損耗性，且出賣勞動力的人一般都很窮，手頭沒有積蓄，他們離開勞動力市場就無法勞動；
- 第五，提供專業能力所需要的訓練時間很長，這種訓練產生的報酬也很慢，因此父母在為子女選擇職業時，必須展望整個一代人之後的前景，考慮到未來的困難。

馬歇爾基於以上5個特點，認為非技術性勞動的供給是由馬爾薩斯的人口法則決定的，即薪資水準上升時，人口成長加速，勞動供給也隨之增

加，但機械化生產對非技術性勞動的需求持續減少。

供過於求的勞動力市場狀況讓非技術性勞動力的薪資維持在相當低的水準，馬歇爾認為這是導致勞動者貧困的原因。而勞動者要學習專業能力，需要訓練很長時間，他們就會處於長期的貧困之中，技能和健康狀況難以得到改善，他們的後代也會有同樣的遭遇。

因此，馬歇爾把解決貧困的希望寄託於教育，他主張國家和家庭應該把教育當作一種投資。為了改善貧困勞動者的現狀，他還主張限制非技術工人的家庭規模和建立累進稅制度，但不主張設立最低薪資保障和工會。

其次，對資本的分配主要體現在利息上。

當我們說利息是資本的報酬，或者是等待的報酬時，所指的利息是純息。而一般指的「利息」，除了純息之外，還包括風險保險費和管理報酬，這是借款支付的總利息。總利息在放款人的眼裡是利潤，因為其中包含了風險管理費和管理報酬。資本透過組織得十分完善的貨幣市場，從資本過剩的地方流向不足的地方，或者從正在收縮的某個產業部門流向正在擴大的另一個部門。這反映了資本的一個重要性質：從報酬率低的地方流向報酬率高的地方。

再次，對土地的分配主要體現在地租上。

馬歇爾認為，地租是由土地的原始價值、私有價值和公有價值 3 部分組成。

- 原始價值是土地自然肥力帶來的價值，是大自然賦予的獲利；
- 私有價值是土地所有者個人為改良土地和建設地上建築物而投入的資本、勞動及帶來的收入；

- 公有價值是國家為了社會大發展而進行的改善建設，由此帶來的對土地價值的影響，如修建水庫、鐵路等。

在上述 3 個組成部分中，只有原始價值才是真正的地租，即土地的純收入部分。這部分剩餘首先取決於土地的豐肥力，其次取決於他必須買進和賣出的那些東西的相對價值。

馬歇爾還創造性的提出了「稀有地租」的概念，他認為如果沒有稀缺性，土地就不會產生地租，且所有的地租都是級差地租。馬歇爾還首次提出了城市地租理論，論述了城市工商業的土地價值問題，認為它等於農業地租加上位置價值。馬歇爾在分析地租時，將供需平衡分析方法和邊際報酬遞減規律運用其中，使得對土地這個生產要素的分析更加理性。

但是，馬歇爾的地租理論是存在缺陷的，例如他沒有考慮到「絕對地租」的存在。

最後，對組織的分配主要體現在利潤上。

對組織的分配即是對企業家才能的分配，馬歇爾在《經濟學原理》中沒有做詳細的論述。

02
《就業、利息和貨幣的一般理論》
——現代總體經濟學的創立

戰後繁榮之父 ── 約翰・梅納德・凱因斯

約翰・梅納德・凱因斯（John Maynard Keynes，西元 1883～1946 年），英國經濟學家，師從英國著名經濟學家、新古典學派的創始人阿爾弗雷德・馬歇爾。據說，凱因斯在出任英國互助人壽保險公司董事長時，和瑞典經濟學家俄林（Bertil Ohlin）就德國賠款問題論戰中，一度堅持國際收支差額會透過國內外物價水準的變動，自動恢復平衡。可以說，凱因斯曾是一名自由貿易論者。

約翰・梅納德・凱因斯

但是，《就業、利息和貨幣的一般理論》(The General Theory of Employment, Interest, and Money) 作為凱因斯的代表作，摒棄了當時的古典學派自由放任理論，標新立異的倡導國家干預經濟，創立了現代總體經濟學理論體系，實現了西方經濟學演變的第三次理論革命，被認為是 20 世紀最重要、最有影響力的一部經濟學著作，與《國富論》(The Wealth of Nations)、《資本論》(Das Kapital) 並稱經濟學三大鉅著。

第一章　顛覆傳統：經濟學理論的革命與演進

一、為什麼要寫這本書

1929 年，從新型資本主義市場的美國刮來了大蕭條的颶風，它席捲了幾乎當時所有的資本主義國家，這次經濟大蕭條被認為是持續時間最長的經濟蕭條，它不僅導致了長期的大規模失業，也改變了社會關係，推毀了原本的執政政府，在德國更是推動了納粹黨的上臺，最終導致第二次世界大戰爆發。這次大蕭條被很多研究者看作是社會專業化分工不斷發展之後，集合生產資料的需求與生產資料被個人大量占有之間相互矛盾的結果。

大蕭條的愈演愈烈，被認為是嚴重的國際經濟不平衡造成的。在第一次世界大戰之後，美國成為大規模債權人。其實，在美國之前，凱因斯所生活的英國已經是一大債權國。同時，英國國內的製造業也從「世界工廠」的巔峰一步步衰退了下來。也就是說，英國既無貿易帶來的資金支持，也無國內產業發展帶來的就業環境。在蕭條中，英國有 500 萬～ 700 萬人失業，這個數字狠狠打擊了當時主流的自由放任經濟學說。

此時的凱因斯與倫敦的布魯姆斯伯里派（Bloomsbury Group）關係密切，布魯姆斯伯里派是一個提供劍橋大學畢業生聚會的非正式團體，團體成員時常討論改變當下人們思想的議題。正是這個經歷和眾多排著長隊等待工作的英國人，讓凱因斯一反之前的立場，於 1936 年發表了《就業、利息和貨幣的一般理論》。

在《就業、利息和貨幣的一般理論》中，凱因斯重新審視了重商理論中的政府干預方式，繼承了英國經濟學家馬爾薩斯的有效需求不足理論、英國經濟學家蒙曼德維爾（Bernard Mandeville）的高消費促進繁榮的學說和霍布森（John Atkinson Hobson）的經濟蕭條理論。他開始批評只注重分

工的獲利和完全放任的自動調節方式，相信保護政策能帶來貿易順差，主張擴大政府開支、實行赤字財政，以此來刺激經濟，進而維持繁榮，最終以此來解決就業問題，這為二戰後世界各國的經濟復甦提供了有力的理論依據和政策脈絡。也因此，凱因斯一度被譽為「戰後繁榮之父」，後世評論他的總體經濟學可與佛洛伊德所創的精神分析法，以及愛因斯坦發現的相對論，並稱為二十世紀人類知識界的三大革命。

二、研究對象：資本主義非充分就業平衡

在大蕭條的背景下，政府的經濟政策最應追求的是充分就業，所以凱因斯強調，《就業、利息和貨幣的一般理論》的研究對象是資本主義非充分就業平衡，即主張政府要致力於提高就業率，來挽救即將崩潰的資本主義經濟體系。

在凱因斯看來，充分就業指在某一薪資水準之下，所有願意接受工作的人都獲得了就業機會。充分就業需要在兩個限制因素下進行定義：

- 第一，充分就業必須是當有效需求進一步增加，卻不會引起就業量增加時的就業情況；

- 第二，充分就業必須是各生產要素的邊際產出等於為維持固定產量只提供了最低薪資時，所達到的就業情況。

  對於失業，此時的傳統西方經濟理論並不承認社會存在普遍的失業現象。他們認為，經濟供需平衡時，便不存在失業的情況。而現實出現的失業則被他們分為「摩擦性失業」和「自願性失業」兩種。

- 「摩擦性失業」是由於求職的勞動者與需方提供的職位之間存在著時間滯差而形成的暫時失業；

第一章　顛覆傳統：經濟學理論的革命與演進

◉ 「自願性失業」則是因為法規滯後、職工集體談判、人類惰性等原因，不接受現行工作條件而產生的失業。

凱因斯提出了「非自願失業」的概念，就是指工人願意接受現行薪資水準與工作條件，但仍找不到工作而形成的失業，其根本原因在於有效需求不足。而這個觀點的提出，是因為凱因斯看到了1932年美國出現了失業的問題，勞動者顯然不是因為資訊不對等或者固執的不願被消減薪資而造成失業。因為在大蕭條的環境下，商品沒有銷路，哪怕工人願意以低薪資被僱用，廠商也不會加聘工人。

所以，在當時的市場經濟執行中，一旦「非自願失業」比例過大，就表明國家出現有效需求不足和市場疲軟的情況，這也意味著經濟執行品質有待改進。當然，凱因斯表示，充分就業也不等於全部就業，它並不排除自願失業和摩擦失業的情況。也就是說，充分就業會伴隨著一定的自然失業率存在。

在不同國家和不同時期，會有不同的自然失業率界限，這也是各國政府制定政策的依據。以美國為例：1950～1960年代的自然失業率為3.5%～4.5%，即95.5%～96.5%的勞動力人口就業率就是充分就業狀態；1970年代的自然失業率為4.5%～5.5%，即94.5%～95.5%的勞動力人口就業率就是充分就業狀態；1980年代的自然失業率為5.5%～6.5%，即93.5%～94.5%的勞動力人口就業率就是充分就業狀態。理論上，不存在勞動力人口就業率等於100%的情況。

為了達到充分就業，凱因斯提出，政府需要主動發表政策去調節有效需求，例如刺激私人投資，為擴大個人消費創造條件；促進國家投資，透過公共工程、補助金、教育費用、軍事費用等公共投資，抵補私人投資的不足；政府透過實行累進稅來提高社會消費傾向。

三、理論核心：有效需求原理

在《就業、利息和貨幣的一般理論》中，凱因斯建立了屬於他的總體經濟學理論——凱因斯理論，該理論由三部分組成：簡單國民收入決定理論、有效需求原理和乘數原理。其中，有效需求原理是凱因斯理論的核心。

實際上，有效需求原理是英國經濟學家馬爾薩斯西元1820年提出的，以預測資本主義發展產生危機的可能性，凱因斯以就業理論為出發點，重新建構。有效需求是指整個市場內，總供給等於總需求。從就業角度來看，一個企業的有效需求就是它收回成本，疊加它取得最低利潤時需要的就業量。這個時候，如果市場對企業產品需求不足，產品就會滯銷，生產規模也會縮減，隨之而來的就是用工作量縮減，此時工人出現失業。

所以，從生產的角度來看，當市場的總需求價格大於企業生產的總產品價格時，企業才有利可圖，才可以進一步僱用工人、擴大生產，一旦總需求價格等於總產品價格，企業就可以獲得最大利潤。

那如何增加社會的總需求呢？這就必須從消費結構來分析。例如一個人的收入增加了，他的消費顯然也會增加。但實際上，他完成所有消費之後，還是會有一部分收入剩餘下來變成存款。這個時候，我們需要將這部分存款用於社會投資，這就相當於擴大了除消費以外的需求。也就是說，社會需求是投資和消費的總和。如果我們讓每個人的存款都變成投資，那麼整個社會的需求就增加了，同時整個社會的就業也增加了，這就是人為增加社會需求、提高就業的方法。

凱因斯最偉大之處在於，為研究提高總需求的方法，他建構了資本主義經濟中的三大基本心理規律分析：邊際消費傾向規律、資本邊際效率規律和流動性偏好規律。

第一章　顛覆傳統：經濟學理論的革命與演進

- 所謂的邊際消費傾向，就是指收入與消費之間存在一定的函數關係，這個函數關係就是消費傾向，說的是一個人會使用多少收入用於消費。在此基礎上，他又建構了收入變化量與消費變化量的函數關係，即邊際消費傾向。這可以說明收入與消費變化後，這個人最多會使用多少收入用於消費。

    這個時候，凱因斯發現了邊際消費傾向遞減規律，即當一個人的收入逐漸增加到一定程度時，他用於消費的部分就開始減少，這是基於這個人「謹慎、遠慮、籌劃、改善、獨立」的情緒。這也就是為什麼，我們常看到富人的邊際消費傾向低於窮人，而不是富人因為錢多就盡可能多的購買消費品。

- 資本邊際效率是一個人投資的預期利潤率，可以用資本的預期獲利和供給價格比率表示。在資本邊際效率的分析中，也出現了遞減規律。就是說一個人，他會覺得自己投資到一定量時，投資越多，獲利卻會越低。這是因為，在技術水準不變的情況下，10個人挖一條水道需要50天，增加到50個人時，挖一條水道需要10天，那麼增加500個人時，挖一條水道需要1天，但是此時將工人增加到5,000個人時，顯然也不能實現兩個多小時就挖完的情況，會有很多人被閒置，他們即使從事生產活動，也不會再產生效益，實際上資本也面臨著這個問題。

- 所謂的流動性偏好，就是指人們對於手握貨幣的需求。因為人們總是覺得，相比於不好變現的房子、古董等投資物件來說，貨幣顯然可以在更多時期、更多情境下發揮作用，例如日常交易、預防意外開支等。出於這些目的，有些人還會選擇在市場上出現貨幣短缺時，將貨幣存起來，之後用更高價格出售給需要的人，這也叫「投機動機」。

02《就業、利息和貨幣的一般理論》──現代總體經濟學的創立

人們的交易和預防需求的決定因素是國民收入高低，這也是人們的正常需求。而貨幣投機需求的決定因素則是市場利率，利率太高顯然會促使人們存錢，而不會消費和投資，同時還會造成投機，但是利率太低，又會出現「流動性」陷阱。2008年之後，各國紛紛降低利率，以提高貨幣流通性，刺激經濟，但是利率過低時，人們會無限制的持有貨幣，利率也無法繼續下降，經濟就出現「流動性陷阱」。所以，2016年，美國經濟出現持續性的溫和擴張，失業率開始下降，於是聯準會決定加息，以解決「流動性陷阱」問題，且為未來所需的宏觀調控預留空間。

所以說，了解邊際消費傾向規律、資本邊際效率規律和流動性偏好規律，才能有效提高人們的投資和消費的願望，以實現社會總需求的提高，進而刺激經濟和提供就業。

四、理論基礎：國民收入決定理論與乘數理論

經濟學學者認為，簡單國民收入決定理論是總體經濟學的中心理論，它為分析各種總體經濟問題提供了一種重要的分析工具。同時，為使國民收入增加，國家可以採取減稅和降低利率的方式來促進投資，也可以採取國家直接投資的財政方法，利用「乘數理論」來增大投資的效益和提高就業。

（一）簡單國民收入決定理論

凱因斯建構了簡單國民收入模型，該模型在價格高低、利率、投資多寡固定的情況下，分析了社會總需求與國民收入之間的關係。該模型表明：當社會總需求與總供給相等時，總需求就可以決定國民收入──總

需求增加，國民收入也會增加；總需求減少，國民收入也會減少。

在凱因斯建構的另一個平衡國民收入決定點的模型中，當價格高低、利率、投資多寡固定以及投資與儲蓄相等時，便會出現平衡國民收入決定點。該模型表明：當投資增加、儲蓄減少或者投資增加、消費減少時，平衡國民收入也將增加；當投資減少、儲蓄增加或者投資減少、消費增加時，平衡國民收入也將減少。

為了使國民收入增加，增加投資顯然是最重要的因素。而政府財政政策的選取正是以此為依據。當國家決定增稅，就會增加企業和個人的稅賦負擔，那麼企業和個人的投資能力必然減弱；當國家採取減稅措施，就會減少企業和個人的稅賦負擔，企業和個人的投資意願必然會增加。同樣，當國家出現一筆購買性支出，就增加了社會總需求，也意味著增加了社會投資需求。

所以，在凱因斯理論中，國家增加支出和減少稅賦，都可以達到增加社會總需求，同時有利於增加國民收入，也就是我們常說的擴張性財政政策。而人們是否願意再加大投資，則需要考慮利率和資本邊際效應，即資本的固定利息獲利和投資的預期獲利。這裡說的利率，是指脫離通貨膨脹率的真實利率。因為凱因斯認為，只有當銀行利息的獲利大於人們投資可以獲得的預期獲利時，人們才會選擇把錢存在銀行。一旦銀行利息獲利小於投資的預期獲利時，人們則會將錢拿去投資，以獲取更高的預期獲利，這也是國家選擇貨幣政策的依據。因為從社會角度看，如果投資獲利固定，那麼利率上升，投資需求量就一定會減少；如果利率下降，投資需求量也一定會增加。

（二）乘數理論

除了國家需要調整稅收政策和貨幣政策，為擴大總需求、提高國民收入，國家類似購買性支出的這種直接投資行為也必不可少，這裡又引出了著名的「乘數理論」。

乘數理論是指，當一個人或國家大量投資，除了獲益，與該投資相關的其他投資也會獲益，最終會帶來成倍的社會獲益效果，就像是「槓桿原理」。所以，凱因斯認為，如果社會上存在大量閒置資源，那麼在一定的邊際消費傾向條件下，投資的增加會帶來國民收入和就業量的翻倍成長。例如國家投資修建一條公路，國家將受益的不僅是過路費，還包括修建和維護公路、公路運輸、運輸所產生的交易、交易所催生的生產、生產所需原料的製造等環節中的新增就業和稅收收入。

另外，凱因斯也表示，雖然投資可以在產業之間產生連鎖反應，但是如果相互影響的產業中存在技術制約，那麼乘數作用也很難發揮作用。

五、理論啟示：經濟週期理論可以揭示國家干預的最好時機

凱因斯認為，投資行為的變動是產生經濟週期的原因。在歷史上，經濟總是處於一種向上發展，然後向下回落，又向上的週期性運動中。

（一）經濟的繁榮與恐慌

凱因斯將經濟的週期性運動過程分為繁榮、恐慌、蕭條、復甦四個階段，並且他認為，其中的繁榮和恐慌階段是總體經濟學尤其需要重視的階段。

第一章　顛覆傳統：經濟學理論的革命與演進

繁榮時期，人們會對資本未來獲利保持樂觀態度，於是人們致力於多投資，利率出現下降。因為投資變多，生產擴張，必然催生勞動力和原料價格上漲，也就是說，產品成本在大幅提高。而提高產品成本一定會帶動資本邊際效益下降，即資本的獲利開始下降。但如果市場上的投資者或者投機者沒能看到這一系列變化，他們還會對投資保持樂觀，並追加投資，那麼很可能出現總供給過大、市場平衡崩潰的狀態。

於是，市場正式進入恐慌期，投資者開始大量撤回資金，並對未來預期下降，投資量萎縮，人們對流動性的偏好變多，進而出現經濟危機。

危機過後，投資者對未來經濟信心仍舊不足，所以會依舊保持投資不振、生產萎縮、就業不足等狀態。在這段時期中，如果不加以干涉，任由經濟蕭條持續下去，將造成社會動盪。經濟蕭條讓市場出現很多空白，如形成投資機遇、資本邊際效率逐漸恢復、利率降低、投資逐漸增加等，於是經濟發展就進入復甦階段。

所以，凱因斯認為，要解決繁榮期經濟過熱、緩解經濟危機的破壞性，就需要政府及時運用宏觀調控方式，干預經濟。例如調節消費傾向，刺激消費；調節投資誘導，即透過提振投資者信心、刺激投資的形式，來增加全社會的有效需求。

(二) 財政政策與貨幣政策對經濟的影響

凱因斯認為，國家很多諸如個人所得稅、企業所得稅、資本利得稅、遺產稅等直接稅種都可以調控消費、儲蓄、投資三者的比例，讓經濟向擴張或者緊縮的方向發展。而在長期調控中，也可以採取提高或者降低利率的貨幣政策，來影響消費傾向。

02《就業、利息和貨幣的一般理論》—現代總體經濟學的創立

如果國家達到充分就業，就預示著勞動供給與需求處於平衡狀態，這個時候就不應再增加貨幣數量，否則會引起通貨膨脹。而當非自願失業廣泛存在的時候，就需要增大貨幣供應量、降低利率、刺激有效需求、提高物價，以減緩就業壓力。

如果政府在不能直接控制國內利率和其他投資引誘的情況下，增加國際交易順差可以成為加大國內投資直接且有效的方法。但是，凱因斯也提示，雖然貿易順差對於提高國內的就業率和收入有好處，但政府還是應該將擴大國內需求定為總體政策的方向。因為一國的順差就是別國的逆差，如果各國一味追逐出口順差，勢必會使貿易保護主義抬頭，結果可能使各國都有損失。

第一章　顛覆傳統：經濟學理論的革命與演進

03

《人力資本》——突破研究邊界，引領「人力資本革命」

芝加哥學派代表人物 —— 蓋瑞・貝克

蓋瑞・貝克（Gary Becker，1930～2014年），美國著名經濟學家，芝加哥學派（Chicago school of economics）代表人物，曾執教於哥倫比亞大學和芝加哥大學。貝克1992年成為諾貝爾經濟學獎得主，被譽為20世紀最傑出的經濟學家和社會學家，他的研究領域十分廣泛，是以經濟理論來分析人類行為的經濟學家之一。

蓋瑞・貝克

貝克與同時代的其他幾位芝加哥學派代表人物傅利曼（Milton Friedman）、路易斯等人一樣，信奉自由主義經濟思想，而且貝克極具創造力，將經濟理論擴展到對人類行為的廣泛研究中，開拓了經濟分析的新視野。貝克一生中發表過許多著作，例如《人類行為的經濟分析》(The Economic Approach to Human Behavior)、《家庭論》(A Treatise on the Family)、《人力資本》(Human Capital)等。其中，《人力資本》是西方人力資本理論的經典，這部書是貝克對人力資本理論進行系統研究的成果。

03《人力資本》—突破研究邊界，引領「人力資本革命」

一、為什麼要寫這本書

很久以前的經濟學研究是不考慮「人」這個自身因素的，那麼經濟學的研究是如何演變為如今這樣，尤其是貝克這一代的經濟學家為什麼如此重視「人的行為」呢？這便要從學術研究中「人的地位」說起。

總結歷史上經濟研究的規律，可以發現：經濟理論的變革常常被「人在社會中的價值輕重」這個觀念左右，「人的因素」是否重要，一定程度上決定了研究方向與研究結果。「人的價值」大致經歷了從「神本主義」向「物本主義」，再到「人本主義」的轉變，這樣的轉變使得貝克開始從事「人」的研究。

在人本主義思想的指導下，許多經濟活動中與人有關的因素與現象被不斷發現。1950 年代，許多開發中國家正在追求經濟起飛，世界各國紛紛步入現代化。大量的關於經濟成長的理論研究和實證研究如雨後春筍，「人力資本之父」、經濟學家舒茲透過大量的經驗素材出一個推論：各國經濟現代化的一個組成部分 —— 農田和其他資本的經濟重要性在下降，技能和知識的重要性在上升。隨後，舒茲本人以及另一位諾貝爾經濟學獎得主庫茲涅茨（Simon Kuznets）的研究證明了該推論的正確性。

逐漸的，人力資源的狀況愈發影響著經濟發展，同時傳統的資源稟賦論並不能很好的解釋日本、德國等國家在戰後的迅速崛起。於是，人的技能與知識的影響被廣泛研究。1950 年代的一些計量經濟學研究結果說明：教育作為提升技能與知識的方式，是解釋一個國家經濟成長成就的重要因素，於是，大量的注意力被吸引到以教育為主要形式的人力資本的研究上。

早在 1906 年，數理經濟學家歐文・費雪在他的論文《資本和收入的性

質》（*The Nature of Capital and Income Book*）中首次提出人力資本的概念，並將其納入經濟分析框架之中，但是很長一段時期，人力資源的研究領域是空白的。直到 1950 年代，舒茲對人力資本的形成方式進行深入研究，使其成為經濟學的一個新分支，被人們稱為「人力資本之父」。而貝克最初只是對當時較為熱門的世界各國「教育投資報酬率」的研究與預測感興趣，他想把人口普查中關於不同教育程度的人的收入數據拿來，與教育部釋出的關於教育成本的數據進行彙總考察。

在之後的研究中，貝克開始對人力投資的一般理論及其對各種經濟現象的解釋充滿興趣。貝克就是在這種背景下研究人力資本的，他進行了系統的個體分析，透過數理公式的推論，進行理論研究，將大量個體數據用以實證研究，將表面上與經濟無關的現象與經濟學結合起來，進而引領學界掀起了一場「人力資本革命」。

二、分析對象：教育、家庭與經濟發展

《人力資本》是貝克對教育與回報問題的研究成果，其結構主要分為理論研究和實證研究兩部分，以及相關經濟領域的分析討論。理論分析部分涉及大量數學公式推論，以建構出理論模型，進而得出結論。而實證部分則援引了大量有關教育、收入等資料，進行實證研究作為觀點支持。

在 20 世紀的經濟社會調查研究中，出現了不少令人疑惑的經驗現象，例如：

- 收入隨著年齡增加而成長，但是成長速度是下降的，這種成長速度和下降速度都和技術水準顯著正相關；
- 失業率和技術水準具有反向變動的關係；

03《人力資本》──突破研究邊界，引領「人力資本革命」

- 年輕人比老年人更頻繁換工作，而且得到了更多的學校教育和在職培訓；
- 能力更強的人比其他人擁有更多的教育和其他培訓機會。

這一系列的現象引發了經濟學家的思考，於是貝克以人類的教育培訓、家庭行為等社會活動以及經濟發展規律作為分析對象，再以經濟分析工具對它們進行深入研究，最終創立了系統的人力資本理論。

（一）教育

關於教育的討論由來已久，教育常常被認為是用以改變一個人內在修養的方法，不過在現代化過程中，教育的功能被極大擴展，它不僅具有文化功能，還被賦予了經濟功能。

貝克等經濟學家，在對100多個不同文化和經濟體系的國家進行研究後，發現教育和個人收入之間有較強的相關性，通常受教育程度更高的人的收入遠高於平均值。收入的增加主要是由於個人生產力的提高，所以，可以說教育具備了提高個人生產力以實現收入增加的功能。但是也有觀點表達了另外一種因果性，例如大學畢業生的收入超過高中畢業生，可能並不是因為大學教育提高了個人生產力，而是因為更有生產力的學生進入了大學，這種觀點認為教育沒有影響收入，學歷只是反映了一個人自身的能力、素養、天賦。

在考量教育所帶來的個人能力提升與獲利關係時，《人力資本》提到一個班級排名和收入相關性的調查案例：

貝克對「美國貝爾電話公司」所僱用的大學畢業生進行調查，發現大學的排名對這些剛畢業的大學生們的起薪影響並不大，但是15年後，那

些在班級中排名前 2/5 的員工所獲得的薪資要比排後 2/5 的員工所獲得的薪資高 20% 左右，並且在之後，薪資差異還會擴大。

這也從側面反映了透過教育所獲得的學習能力代表了一定的個人能力，而這種個人能力對個人的收入是有長期影響的。

(二) 家庭

貝克對家庭中的個人行為與集體活動也進行了許多思考，他在《人力資本》中說道：「關於人力資本的討論，怎麼都不能忽視家庭對知識、技能和兒童習慣的影響。」小孩子之間的差距會隨著年齡和不斷求學而拉大，父母會對孩子一生的教育、婚姻和許多其他生活因素產生巨大影響。

貝克在《人力資本》中提到：「如果父母的收入低於他們同輩人平均的 20%，孩子的收入可能最多低於同輩人平均的 6%。家長們會根據家庭中孩子的數量，以及每個孩子的單獨花費來衡量如何將家庭資源分配到每一個孩子身上。於是，家庭中孩子的數量和每個孩子的花費往往是負相關的。也就是說，孩子越多，分攤到每一個孩子身上的花費越少。這種家庭層面上的孩子數量和每個孩子平均成本的負相關性表明了一種社會總體層面上的人口成長和人力資本投資之間的關係，即社會總體層面上人力資本投資提高會促使家庭中每個孩子的平均撫養成本增加，進而表現為：在個體上，家庭孩子數量減少；在總體上，人口成長速度減緩。這種關係在一定程度上也解釋了如今社會生育率越來越低的問題。」

(三) 經濟發展

20 世紀中期，二戰結束後的世界格局發生了很大的改變，國與國之間

03《人力資本》——突破研究邊界，引領「人力資本革命」

的不平等問題突出而複雜，貝克也把總體上的各國經濟發展規律作為研究對象進行討論。

當時令人迷惑不解的現象不是普遍的成長，而是有這麼一個事實：美國、日本和許多歐洲國家在過去的100年乃至更長時間內的個人所得持續成長。貝克給出的答案是：「這是因為『科學技術知識的擴張』。」他解釋說：「這個擴張提高了勞動力的生產率和其他投入的產出。隨著知識成長，好處在人們身上得以體現——例如科學家、學者、技術員、管理者和其他對產出有貢獻的人，把科學知識系統的應用到產品生產上，這大幅提高了教育和在職培訓的價值。」日本在二戰後的發展就是一個例子，日本本身不具備資源優勢，但是因為長期致力於提高人才素養和能力，在許多領域都超過了其同盟國美國。日本和其他一些亞洲國家的經濟起飛，也較為明顯的說明了人力資本對經濟成長的重要性。

三、核心思想：人力資本概念及其投資平衡模型

在貝克看來，人力資本是「人格化」、「私有性」的資本，除了教育行為，醫療保健、勞動力遷移都是人力資本投資的方式。並且，人力資本的投資報酬率遵循經濟學成本獲利平衡的規律，貝克由此推論得出了5個判斷人力資本投資行為的依據，這對於人力資本投資的研究及應用都極具現實意義。

(一) 人力資本的概念

現代經濟學之父亞當斯密對人力資本的概念進行過討論，並提出了一個較為完善的解釋。他認為，一個國家全體居民的所有後天獲得的有用能

第一章　顛覆傳統：經濟學理論的革命與演進

力，應當作為資本的重要組成部分。他提出：「在社會的固定資本中，可提供收入或利潤，除了物質資本外，還包括社會上一切個人學得的有用才能。這種優越的才能，可以和縮減勞動的機器工具，作同樣的看法，就是社會上的固定資本。」

德國歷史學派先驅李斯特（Friedrich List）在斯密的基礎上繼續深入分析，提出了「物質資本」和「精神資本」的概念，將物質財富累積形成的資本與由人類智力成果累積而形成的資本作了區分。

貝克將人力資本的內涵進行了延伸，他在《人力資本》中指出：「人的才幹、知識、技能只是人力資本的一部分，人力資本還應當包括人的健康程度、時間價值、壽命長短等。」貝克還對人力資本的特性進行了補充：

第一，人力資本是一種「人格化」的資本，表現為人的水準與能力，它不能脫離人本身而存在。

第二，這種人格化的人力資本也具有「私有性」，因為不同性質、種類的工作需要使用不同的人力資本，而怎麼使用則取決於個人。

第三，人力資本的擁有和使用要區別開來，一個人的人力資本使用效率取決於他的努力程度，人力資本和物質資本最大的不同之處也就在於此。也就是說，人力資本使用的效率可以透過影響一個人的努力程度來改變，例如增加一些激勵方法。

第四，人力資本的價值由人力資本的各項開支構成，但是人力資本投資的成本核算還必須考慮「機會成本」。「機會成本」就是為了做某一件事，而放棄掉做另外一件事的獲利，這種「放棄掉的收入」是人力資本投資的主要成本。打一個最簡單的比方：小明高中畢業了，他選擇了繼續讀四年大學，而放棄了一份工作，他放棄掉的工作四年所帶來的薪資收入就是一部分機會成本。

貝克對人力資本的理解，大幅突破了囿於物質資本的傳統經濟學局限，使經濟學研究朝著主體化的方向發展。

(二) 人力資本的投資

那麼，人力資本又具有怎樣的投資方式呢？一般我們將投資方式分為兩種類型：一種是影響未來福利的投資，另一種是影響現在福利的投資。

貝克認為，人力資本可以透過後天投資獲得，並影響以後時期的生產率和獲利。其實，用於教育、在職訓練、衛生保健、勞動力遷移以及收集市場消息等實際活動的支出都是一種投資，而不是消費，因為它們不僅能在短期內提高勞動生產率，而且可以產生長期影響。

貝克還將人力資本的投資行為進行歸納與分類，清楚界定了人力資本投資的成本與獲利核算方式。所以，用於物質資本的投資獲利分析方法，也同樣適用於人力資本研究。

值得一提的是，貝克重點考察了職業方面的培訓活動，將在職培訓分為「一般培訓」和「特殊培訓」，這兩者的直接區別就在於員工透過在某企業接受某種培訓而學習到的知識技能，能不能對該企業以外的企業產生用處。所以，「一般培訓」指的是那種具有通用性知識技能的培訓活動，例如對員工進行禮儀、辦公軟體等培訓，這種培訓對別的企業也會具有適用性；相反，「特殊培訓」的結果就不會作用於培訓之外的企業，例如軍隊中坦克駕駛員的培訓，就是「特殊培訓」。

除了對人力資本的認知提高到一個新的高度以外，《人力資本》對人力資本投資的多少及其回報率也進行了深刻分析。《人力資本》的研究，貫穿了效用最大化、市場平衡和穩定偏好的經濟學基礎方法，並且首次採

第一章　顛覆傳統：經濟學理論的革命與演進

用傳統的個體平衡分析方法建構了人力資本投資平衡模型。

貝克在假設每個家庭都追求效用最大化的基礎上，得出了「人力資本邊際成本的當前價值等於未來獲利的當前價值」這個著名定論，這正是人力資本投資的平衡條件。貝克規範的分析了「年齡——收入」結構、「年齡——財富」結構，透過「成本——獲利」分析方法來考察人力資本的投資行為，建構了人力資本投資獲利模型；對美國高等教育獲利率的實際數據進行了研究，給出了某項人力資本獲利的計算公式，並透過一系列的公式推論，得出了給定時期內「人力資本最佳投資量」的平衡條件。這種投資平衡條件意味著「如何對人力資本進行投資」有了客觀科學的判斷依據：

（1）在一個生命週期內，最佳投資量隨著年齡的增加而下降。所以，從經濟角度來看，年輕的時候加強人力資本投資是最划算的。

（2）人力資本投資隨著年齡的成長而變化。一般人在年輕時，人力資本投資成長快，收入成長也快；年老時，繼續工作的年限不多了，投資可能不足以抵銷人力資本折舊，收入可能下降。

（3）人力資本投資的折舊率越大，投資的動力就越小。也就是說，人力資本越容易貶值，投資的興趣也就越小。

（4）處在勞動力隊伍中的那些工作年限短的，或者一年中較少工作的人，他們對人力資本的投資動力較小。

（5）透過對薪資獲利率公式的分析，可以得出一個結論：個人努力程度越小的人，人力資本投資獲利就會越小。所以，對個人進行一定的有效激勵可以促進個人對人力資本的投資。

第二章
影響世界的經濟思想：
理論與現實的對話

04

《民族國家與經濟政策》
——馬克斯・韋伯的經濟學視角

組織理論之父 —— 馬克斯・韋伯

馬克斯・韋伯（Max Weber，西元 1864～1920 年），德國社會學家、歷史學家、政治學家、經濟學家、哲學家，是現代西方一位極具影響力的思想家，與德國思想家卡爾・馬克思（Karl Marx）和法國社會學家埃米爾・杜爾凱姆並稱為「社會學的三大奠基人」。

與發揚歷史唯物主義的馬克思以及奉行實證主義的杜爾凱姆相比，韋伯更強調主觀因素對社會研究的重要性，他以主觀選定的理想類型為研究框架，並以人們對社會現象的主觀理解為詮釋對象。

馬克斯・韋伯

因此，韋伯對宗教信仰與社會之間的關係研究頗深，認為注重禁慾的基督教新教推動了現代西方資本主義的發展。

韋伯和美國管理學家弗雷德里克・溫斯洛・泰勒（Frederick Winslow Taylor）、法國管理學家亨利・法約爾（Henri Fayol）處於同一時期，對西方古典管理理論的確立做出了傑出貢獻，是公共行政學的創始人之一，被後世稱為「組織理論之父」。

04《民族國家與經濟政策》—馬克斯・韋伯的經濟學視角

一、為什麼要寫這本書

韋伯在最初轉向經濟學研究時的中心問題，是由當時的社會背景所引發，即德國從農業社會轉向工業資本主義發展時所面臨的經濟、政治、文化等諸多方面問題。《民族國家與經濟政策》(Der Nationalstaat und die Volkswirtschaftspolitik) 共收錄 4 篇文章，包含了韋伯在這些方面的見解。

- 第一篇文章，〈古典西方文明衰落的社會原因〉，是韋伯西元 1896 年在福萊堡 (Freiburg) 學術協會所做的講座內容，脫胎於西元 1891 年出版的講師資格論文《羅馬農業制度的歷史對羅馬公法與私法的重要性》，與韋伯的博士論文《中世紀貿易公司的歷史》。

- 第二篇文章，〈易北河東部地區農業工人的處境：經濟發展趨勢與政治後果〉發表於西元 1892 年，是韋伯在西元 1888 年加入社會政治協會後，參與該協會針對德國東部移民與農工問題的調查，並據此調查和史料撰寫的研究報告，以此奠定了他出色的農業經濟專家的地位。

- 第三篇文章，〈民族國家與經濟政策〉是韋伯西元 1895 年 5 月就任德國弗萊堡大學國民經濟學教授時的演講。這篇演講稿表達了韋伯的政見，表述了他關於民族國家與經濟政策的關係、政治的執政者及國家的政治教育等議題的觀點。

- 第四篇文章，〈資本主義與農業社會：歐洲與美國的比較〉是韋伯 1904 年訪問美國期間所做的學術報告，主題是農業社會，討論「農村社區或社會既然已經不復存在，能否復興，如何復興以保持健康和持久的發展」的問題。

從經濟學家的觀點來看，馬克斯・韋伯代表的是德國的經濟歷史學派

「最年輕的一代」。韋伯的研究領域也與他的同僚維爾納·桑巴特（Werner Sombart）相同，桑巴特（Werner Sombart）則將資本主義的崛起歸功於猶太教的影響。在方法學的研究上，他的主要貢獻是解釋社會學的理論和反實證主義（又稱為人文主義社會學）。

並且，韋伯還公式化了社會階層的三大要件理論，主張社會階層、社會地位和黨派（或團體）在概念上是不同的要素，即社會階層是以在經濟上與市場的互動所決定的（物主、承租人、員工等）；社會地位是以非經濟的成分，如榮譽、聲望和宗教構成；黨派則是指一個人與政治界的關係。而這三大要素都會影響到被韋伯稱為「生涯機會」的結果。

二、核心的內容：馬克斯·韋伯的經濟分析思想

西方文明在演進過程中經歷了從「城邦社會」向「農業社會」的演化。對於這種演化，韋伯使用經濟基礎決定上層建築的分析框架，分析了西方社會的經濟社會結構與社會變遷，主要分為以下三點。

(一) 自然經濟的發展對市民的影響

西歐文明演變為封建社會與農村化，必須被理解成一個極大的重修元氣的過程，因為長期以來沒有自由的底層民眾，此時終於擁有了家庭生活和私人財產，從「會說話的工具」變成了「人」。

韋伯指出，古典西方文明早在西羅馬帝國滅亡之前就已經沒落，本質是「城邦社會」，立足於以城邦市場為中心的交換經濟，依賴鄉村的奴隸制莊園來提供產品。下層階級家庭紐帶的重建是城邦社會沒落的根本原因。羅馬帝國的瓦解是基本經濟結構發展的必然政治結果，這就是商業的

04《民族國家與經濟政策》——馬克斯·韋伯的經濟學視角

逐漸消失和以物易物的自然經濟的擴展。古代戰爭的一大目的是掠奪奴隸，而隨著羅馬帝國武力征伐的停止，奴隸的供應也陷入停滯。

隨著奴隸供應量的減少，原本無權擁有家庭的奴隸終於被允許結婚生子，這樣才能為莊園源源不斷的補充人手。相應的，部分奴隸因而可以租賃或獲取一定數量的土地，從奴隸變成拓殖農，也就是自耕農，也就成了實質性的小農，經濟身分的變化帶來了社會身分和法律身分的變化，進而改變了社會結構。

對於這種變化，韋伯進一步指出，在國家與自耕農之間存在地主充當中間性權力，地主們形成了一個自成一體的權貴階級，他們不需聽命於地方和省的行政權威，而只服從皇帝本人。

簡而言之，社會階層劃分從自由人與非自由人演變為身分等級制。這使大莊園變成了完全自給自足的莊園，莊園的主要經濟職能慢慢變成以它內部的勞動分工來滿足自己的一切需求。莊園依靠農民的勞役實現了自給自足，不再與城市交易，中小市鎮因而失去了賴以存在的物質基礎。貿易退化帶來的城市衰落使得莊園占據了主要地位，莊園領主們成了政治領袖，最大的領主就是國王。建立在自然經濟基礎上的帝國，往往以實物作為稅收的主要形式，這使維持付薪的官僚階層和常備軍變得更加困難。

而由於領主們努力保全莊園中有限的勞動力，國家也更難從農民當中徵募兵源，不得已從「野蠻民族」中徵兵，並且要求領主自行組織武裝軍隊，在危急時刻履行勤王的責任。這就是西歐封建制度的創生和中世紀的開始。

在韋伯看來，西歐社會經歷了城邦社會、農業社會、城市社會三個階段，而第三個階段的到來要以前兩個階段的充分發展為前提。他認為，向自然經濟的漫長過渡終會使市民的自由發展成為可能。

第二章　影響世界的經濟思想：理論與現實的對話

（二）農業資本主義的產生對國家的影響

19世紀末期，德國處於國家統一後的經濟快速發展與社會轉型期，韋伯分析了這個時期的社會經濟情勢和對應的政治後果，核心議題是農業工人是如何出現的、農業無產階級是如何形成的，以及在社會改革中國家該如何干預。

韋伯認為，「莊園」已變為「地產」，而地產不僅是經濟單元，還是地方政治的統治中心。這些「地產」原本沿襲著封閉性的莊園經濟，主人對農民有人身支配權，為農民配給土地、提供住房，並與農民從土地的總獲利中進行抽成。在封建社會形態下，農民與領主是家長制的人身依附關係，而隨著資本要素在農業改進中所占比重的提高，這種關係逐漸讓位於農業企業家與僱用工人的契約關係，經濟理性被引入生產與分配的全程，以往的抽成實物報酬被定額實物報酬取代，後者又進一步被貨幣薪資取代。抽成權利的喪失、貨幣薪資的出現，代表農民與領主關係的徹底改變。莊園成為地產，領主成為農業企業家，而依附型農民則成為自由出賣勞動力的農業工人。

韋伯關注到德國東部地區農業工人內部構成的變化：在集約化的生產條件下，農場季節性工人所占比重超過了長期工人，跨地區流動的勞工出現了，在某些地方甚至成為勞動人口的核心組成部分。

- 企業規模越大，土地品質越好，土地經營的集約化程度越高，長工在員工總數中占比越小，而長工的減少對於勞工的社會地位、薪資、生活水準的提高更為有利。相比抽成報酬或實物報酬，貨幣薪資的形式對勞動者的物質福祉和安全保障是明顯不足的，百年來，農業工人的主要食品從穀物和奶類轉變為營養價值更低的馬鈴薯就是明證。這也

04《民族國家與經濟政策》──馬克斯‧韋伯的經濟學視角

證明，農業工人在農業資本主義轉型過程中，並未隨著農業資本化程度與生產效率的提高而相應改善生活條件。

- 農業無產階級的前途在封建的家長制社會結構下，農民受領主的人身支配和封建剝削，同時也受到領主的庇護。而當農民擺脫依附關係成為自由員工時，農民獲得個人解放的前提或代價是放棄了物質上更為有利、更為安全的地位，從此生活只能靠他們自己，再也沒有領主的庇護。

- 封建剝削變為商業剝削，對於工人而言，雇主是可替換的，並且工人會發展出普遍的反抗的階級意識，工人自身也在趨向於同質化。農村勞動者在物質生活條件上日益接近一個統一的無產階級形態，農業無產階級已經形成，韋伯將這一切轉變視為一場階級抗爭的準備階段。他認為，在東部農業，階級抗爭是一場徒勞而且無望的戰鬥，在這種戰鬥中，財產和勞動者都會受害，正在發生的無產階級化過程將工人們均質化，由於利益的不同，也絕無在共同群體利益基礎上組成總工會的可能。

針對這個問題，韋伯納入民族和文化。他認為，文化作為有關工人前途的一個重要主張，「自由」在韋伯的文化譜系中有著重要的地位。「自由」意味著農業勞動者擺脫對土地和領主的依賴，告別麻木與溫馴，在遷徙中尋求另一種生存和生活的方式，哪怕要犧牲物質福祉和安全保障。

對於國家如何干預，韋伯認為，易北河地區農業轉型存在雙重憂慮，就是階級層面和民族矛盾層面，國家要改變地主和農業工人的特性，同時剝奪地主受託管理人的資格，透過國家的機構系統的、漸進的，而非倉促的收購這些財產，將這些財產轉化為國有財產，出租給富裕的農場主人並

提供國家改良的貸款。這個設想幾乎與贖買政策無異。「贖買政策」指的是無產階級取得政權後，以一定代價把資產階級的生產資料逐步轉為國有的政策，用溫和的方式達到「耕者有其田」的目標，促進社會穩定發展。

(三) 政治經濟學服務於整個民族長遠的權力政治利益

一代學者的使命是為保存和提高民族的素養、為後代爭取生存發展空間而奮鬥，而不是天真的相信經濟發展能解決一切問題。韋伯身為當年的青年學者，滿懷熱情和使命，要為德國政治的理智成長、為德國的民族情操永保其肅穆莊重而盡其所能。

韋伯認為，德國東部莊園區的僱農流失是一個大眾心理學問題，德國僱農已經不再能夠適應莊園生活的社會條件了，「自我意識」開始成長，開始渴望自由。這種遷移是自主性和現代性的，對自由的嚮往使日耳曼僱農們選擇了背井離鄉，自給自足的生計模式以及物質和精神生活的「低要求」使波蘭小自耕農在環境最惡劣的地方扎下根來。結果，德國東部的土地上出現了經濟不發達民族勝出的局面，他認為「出色的」日耳曼民族是出於社會組織或種族優越而無法適應低生活水準環境，才暫時失去了光芒。

韋伯指出，物競天擇的結果並不一定像我們當中的樂觀者所想的那樣，總是使更有經濟頭腦的民族勝出。就德國而言，農業耕作模式轉變，以及農業面對重大危機的關係，使經濟不發達的民族走向勝利。韋伯就此提出兩點建議。

- 一是關閉東部邊界，抑制外來勞工潮。
- 二是將東部土地大量收歸國有，以取締那些依靠外來勞工的大莊園，防止國土「被貧窮落後的斯拉夫民族逐漸蠶食」。

韋伯以德國歷史經濟學派的嫡系傳人自居，他認為，一個能夠領導民族的階級，必須具有政治上的成熟性。也就是說，這層階級，按照他們的理解力，能夠掌握本民族長遠的經濟政治利益，而且有能力在任何情況下把這個利益置於其他任何考慮之上。

民族國家的存在，不僅有經濟基礎還有心理基礎，它不僅是經濟統治階級的組織，還能夠團結那些經濟上受壓迫的階級。領導階級的存在，不僅有經濟理由，還有政治理由，他們除了要掌握經濟權力，還要成為「民族政治意識的擔綱者」。他認為政治經濟學應當服務於政治，服務於整個民族長遠的政治利益。

三、研究的發現：現代資本主義的發展面臨的問題

土地占有是保存和傳承財富的最佳方法，甚至是躋身統治階級的方法，各行各業的菁英們都會走上土地占有的道路。韋伯透過農業社會學研究，探索了從封建社會到資本主義的發展過程。

韋伯首先分析了美國與歐洲大陸農村社會結構的差異。傳統的力量在歐洲大陸產生和維持了一種獨一無二的人口類型，也使歐洲的資本主義始終帶有集權色彩，不同於美國資本主義社會中自由平等的情況。地域比較反映出農業在不同的社會形態下具有不同特質。在以當時歐洲大陸為典型的傳統社會，人們關心如何在有限的土地上養活最多數量的人，資產階級面臨的反對力量，不僅有傳統的農村貴族，還有官僚、教會、知識分子和無產階級等。現代資本主義式的競爭產生的強大動力，與農業一股保守的反對力量相互衝擊。

韋伯指出，歐洲大陸各種社會力量的反資本主義情緒，源於土地貴族

和市民階層之間的衝突。在 13～14 世紀，德國東部和西部的農村社會結構是相對一致的，而 16 世紀以來，兩個地域開始出現差別，並且差別持續擴大，主要體現在以下幾點。

- 西元 1848 年席捲歐洲的革命雖然動搖了封建地主制度，解除了地主和農民之間的支配與依附關係，卻未能改變「土地的命運」。東普魯士的土地仍然握在地主手中，沒有分給農民。德國西部的農業生產具有勞動密集的特點，那裡出現了面向市場的城郊小農，他們在生產效率上超過了大型農場，並成功地開展了合作社運動。可是在德國東部，資本密集型的農業生產占據主導地位，小農完全喪失了競爭力，合作的熱情也被經濟個人主義淹滅。
- 相應地，西部的土地貴族發展成為「地主」，透過地租、高利貸和捐稅來剝削農民；而東部的土地貴族發展成為「莊園主人」，先圈占農民的土地，然後僱用農民來為他們耕種，將產出的穀物出口到國外。
- 西部的「地主」能夠悠然的「從土地中榨取收入」、「把農民當成生財工具」；而東部「莊園主人」卻不得不兢兢業業、慘淡經營，時刻被世界市場上的價格起伏牽動著神經。

韋伯認為，年輕的美國終有一天會遇到與古老的歐洲同樣的問題，就是現代資本主義對於農業發展已達飽和狀態的古老文明國家會產生的問題。農業資本家的最優選擇是轉變為食租的地主，而不再投資於農業；經營者的最優選擇是租入土地，而不是在自有的土地上耕作；普通的小自耕農，要麼選擇放棄土地，要麼倒退回最原始的自給自足狀態，不再參與市場競爭。工業壟斷和信託是無法持久的機制，生產條件不斷改變，市場

04《民族國家與經濟政策》——馬克斯・韋伯的經濟學視角

上的資產價值也日新月異；工業壟斷資本也沒有集權特徵和貴族政治的印記。

然而，對土地的壟斷總會創造出一個政治貴族階層。就是說當投資進入邊際報酬遞減的階段，各行各業的菁英們都會走上土地占有的道路，因為這是保存和傳承財富，甚至是躋身統治階級的方法。

05

《論經濟學和經濟學家》
—— 以事實為基礎的經濟學研究

芝加哥經濟學派代表人物 ——
羅納德・寇斯

羅納德・寇斯（Ronald H. Coase，1910～2013年），出生於英國倫敦，畢業於倫敦政治經濟學院，著名經濟學家，美國芝加哥大學經濟學教授、芝加哥經濟學派代表人物，法律經濟學的創始人之一。

寇斯是交易成本論、寇斯定理與寇斯猜想的提出者，對產權理論、法律經濟學以及新制度經濟學都做出了極大貢獻。1991年瑞典皇家科學院授予寇斯諾貝爾經濟學獎，並稱讚道：「寇斯的傑出貢獻是發現並闡明交換成本和產權在經濟組織和制度結構中的重要性及其在經濟活動中的作用。」

羅納德・寇斯

05《論經濟學和經濟學家》─以事實為基礎的經濟學研究

一、為什麼要寫這本書

寇斯認為，經濟學家要嚴格的以理解真實世界為基礎進行研究。在選擇理論和工具時不要過分追求預測的準確性，而輕視了那些能夠對體系執行有洞察力的理論，即使凱因斯那樣的大人物在有偏見的假設下也會得出與事實相去甚遠的結論。基於此，《論經濟學和經濟學家》(Essays on Economics and Economists) 一共收錄了寇斯的 7 篇文章，主要分為四個部分。

- 第一部分，詳細介紹了寇斯的交易成本論和以交易成本為基礎建構的新制度經濟學。
- 第二部分，是寇斯對思想市場是否需要政府管制的解答。並且，這部分是寇斯對阿爾弗雷德‧馬歇爾、亞瑟‧塞西爾‧皮古、阿諾德‧普蘭特 (Arnold Plant)、鄧肯‧布萊克 (Duncan Black)、喬治‧施蒂格勒 (George Joseph Stigler) 5 位著名經濟學家的研究內容和生平的傳記陳述。
- 第三部分，探討了經濟學理論和工具的選擇與研究邊界問題。
- 第四部分，是寇斯對經濟學中所謂的「亞當斯密問題」的剖析和闡釋。

二、核心的理論：寇斯的交易成本論

正如瑞典皇家科學院的諾貝爾獎公告所說的那樣，寇斯的主要學術貢獻在於揭示了「交易成本」(Transaction Costs) 在經濟組織結構的產權和功能中的重要性。

第二章　影響世界的經濟思想：理論與現實的對話

(一) 交易成本論開啟新制度經濟學大門

寇斯正是把現實中存在的「交易成本」引入經濟學分析才得以榮獲1991年諾貝爾經濟學獎，論經濟學部分的首篇〈生產的制度結構〉便是他在1991年的諾貝爾獎頒獎典禮上的演講稿。

寇斯的交易成本論讓許多經濟學者重新建構了制度經濟學，並把它與以德國經濟學家李斯特為代表的「歷史學派」和以美國經濟學家凡勃倫為代表的注重對制度作描述性分析的制度經濟學研究區分開來，命名為「新制度經濟學」(New Institutional Economics)。

1. 交易成本

所謂交易成本，就是「利用價格機制的費用」或「利用市場的交換進行交易的費用」，交易成本應包括度量、界定和保障產權的費用；發現交易對象和交易價格的費用；討價還價、訂立合約的費用；督促契約條款嚴格履行的費用。

寇斯認為，當市場交易成本高於企業內部的管理協調成本時，企業便產生了，企業的存在正是為了節約市場交易費用。

寇斯曾發表文章批評福利經濟學家皮古關於「外部性」問題的補償原則，並論證了在產權明確的前提下，市場交易即使在出現社會成本（即外部性）的場合也同樣有效。寇斯發現，一旦假定交易成本為零，而且對產權（指財產使用權，即執行和操作中的財產權利）界定是清晰的，那麼法律規範並不影響合約行為的結果，即最優化結果保持不變。也就是說，只要交易成本為零，那麼無論產權歸誰，都可以透過市場自由交易達到資源的最佳配置。

簡而言之，寇斯的總體立場是經濟學分析的基本任務是要理解生產制度是如何執行的，為此，經濟學家需要把事實存在的交易成本納入經濟學分析，研究經濟體系在不同制度結構中的執行狀況，進而轉變思考經濟政策的方式。

2. 交易成本與新制度經濟學

新制度經濟學研究經濟生活與制度之間的雙向關係，同時，制度經濟學家也普遍關注制度與公共政策之間的互動關係。公共政策是指透過政治和團體，系統的追求某些目標。

根據交易成本論，政策或制度的產生源於交易成本的降低，能夠協調組織行為，走向公正、秩序和安全，這使我們從另一個角度去了解公共政策的特徵及其必要性。寇斯曾透過對經濟學家，特別是理論經濟學家在公共政策制定中所發揮的影響的考察，認為經濟學家能提供的有採納價值的建議，往往是由經濟學理論體系的內涵提煉出來的一些簡單真理。但是，經濟學家們卻傾向於在一些知之甚少，或很容易判斷出錯的問題上給出建議。

因此，寇斯認為，經濟學家若想讓其建議更有效、更值得被採納，就必須更熟悉關於人性和真實經濟體系如何執行的知識，同時著手研究政府執行政策的能力和相關成本，並對替代性選擇進行比較分析。寇斯贊同著名經濟學家施蒂格勒所主張的對政府活動效果進行實證研究，但是他對施蒂格勒把研究目標過多的寄託在數理分析技術上持保留態度。

第二章　影響世界的經濟思想：理論與現實的對話

(二) 思想市場是否需要政府管制

在〈商品市場和思想市場〉一文中，寇斯針對當時知識界圍繞美國《第一修正法案》對商品市場和思想市場的政府管制所持有的矛盾態度進行了討論。

學者們普遍傾向於認為，在商品市場上的政府管制會改善市場失靈的狀況，而在思想市場上則認為政府管制得太多，束縛了人們的思想自由。例如，商業廣告通常只是一種對商品的觀點陳述，因而本應該受到美國《第一修正法案》的保護，但是它卻被認為是商品市場的一部分，人們認為，政府對廣告的觀點表述進行管制甚至禁止是合理的。但是，如果廣告中的觀點出現在一本書或者一篇文章裡，則被人們歸為思想市場，完全不在政府的管制範圍內。

為什麼對待同一個對象會產生這樣矛盾的看法和態度呢？寇斯用「自利」和「自尊」來解釋上述悖論。

- 自尊讓知識分子誇大自己所在市場的重要性，尤其是當知識分子中很多人自己就是在從事管制工作時，他們認為別人應該受到管制的想法就很自然了。

- 但是，自利和自尊混合在一起之後，他們就會認為別人都應該受到管制而自己卻不該受到管制。例如，在報紙工作的知識分子會贊成報紙應該自由化，但是從來不會關心廣播媒體是否自由，說明其實他們所謂的自由也就是自利而已，而不是真正關心自由的價值。

在商品市場上，由於資訊不對等的原因，知識分子通常會把消費者無知和防止欺騙作為政府干預的理由。但是，在思想市場上，各種出版品、新聞中存在大量的錯誤和誤導性言論難道就不需要政府干涉了嗎？

寇斯認為，商品市場和思想市場並沒有根本差異，在思想市場上，同樣存在大量的外部性問題。知識分子應該摒棄這種矛盾的態度，對政府在兩個市場上的表現採取更為一致的觀點，在決定有關的公共政策時，必須考慮到相同的因素，例如生產者的自利、消費者的資訊不全面和管理者的不稱職並受特殊利益集團的影響等多種因素。

（三）經濟學理論和工具的選擇與研究邊界

美國著名經濟學家傅利曼認為，一個理論的價值取決於該理論能夠預測的範圍和精確度。在〈經濟學家該如何選擇〉一文中，寇斯討論了經濟學家選擇理論和工具的標準問題。他認為，傅利曼強調預測準確的方法論觀點不僅錯誤而且危險。

在寇斯看來，一個理論不像航班表，不能僅僅對其預測的精確度感興趣。一個理論也應該作為進一步思考的基礎，它使我們有能力組織自己的思想，進而對我們理解正在發生的事情有所幫助。面對一個很好預測但不能提高我們對體系執行洞察力的理論和一個能給我們這種洞察力但是預測很糟糕的理論，寇斯和大多數經濟學家一樣，都傾向於選擇後者。因為他們相信，這個理論最終能使得他們有能力預測真實世界將會發生的事情。

如果理論的目的是為了幫助我們理解體系為什麼會以當前的形式執行，那麼理論假設的真實性就是必要的。所以，寇斯提倡經濟學家要基於理解真實世界的標準來選擇理論。選擇這個標準的經濟學家可以自由選擇自己所偏好的理論和工具，不必選擇相同的理論。

顯然，對經濟學家而言，除了理論標準和工具的選擇外，還要考慮研究對象的選擇。寇斯在〈經濟學和相鄰學科〉中討論了經濟學研究對象的

第二章　影響世界的經濟思想：理論與現實的對話

邊界問題。這個問題和 1960～1970 年代興起的經濟學「帝國主義」現象密切相關。所謂經濟學「帝國主義」現象是指經濟學家們使用經濟學工具不斷向其他社會科學領域拓展。社會學、政治學，甚至法學、歷史學等社會科學研究都可以看到用經濟學工具進行分析的影子，甚至形成了一些新的經濟學流派和學科。

寇斯並沒有簡單評價經濟學對相鄰學科「入侵」行為的對錯，而是透過回答什麼決定了學科之間的差別來展開自己的論述。寇斯認為，學科差別的根本決定因素是研究對象而不是研究工具。

因此，經濟學家為了增進對經濟學研究對象的了解，而進入其他領域的活動會長期存在，而憑藉工具優勢，試圖在其他社會學科學研究究領域獲得成功的「帝國主義」行為則只會在短期內獲得勝利，長期必然遭到其他領域研究者的驅逐，因為工具的優勢很容易被其他領域的學者透過競爭而超越。

(四) 是否存在所謂的亞當斯密問題

人們通常認為，亞當斯密將人視為抽象的只追求自身利益的「經濟人」。但寇斯認為，亞當斯密真實的思想中的人類並非理性的效用最大化者。寇斯曾在大學的兩次公開演講——「國富論」和「亞當斯密論人性」中，分別討論了亞當斯密關於勞動分工、市場執行、政府職能以及人性學說等思想。

1. 亞當斯密問題

亞當斯密所描繪的人，受自愛主宰，但並非不顧及他人，人能夠推理，但未必一定以自利的方式來達到目的。在亞當斯密的《國富論》(The

05《論經濟學和經濟學家》──以事實為基礎的經濟學研究

Wealth of Nations) 和《道德情操論》之間，並不存在所謂的「亞當斯密問題」，也就是說人性在經濟活動中自利與在道德情操上利他的不一致。

在《國富論》中，斯密對經濟體系執行分析的出發點是勞動分工，勞動分工使人們之間的合作成為必然。儘管家庭甚至大家族的勞動分工可能因愛或者仁慈得以維繫。但是，要維持文明生活的標準，就要求廣泛的勞動分工和大範圍的合作。例如，現在生活的社會需要醫生、老師、計程車司機、清潔工等各行各業的工作人員各司其職，我們的生活才能有序進行，這顯然沒有辦法透過仁慈的運作來保證。因為對於大部分需要合作而彼此陌生的人來講，很難產生相互的同情，也就根本談不上仁慈或愛。所以說，仁慈或愛不可能成為現代社會經濟生活的基礎。對於現代文明生活而言，我們只能依靠自利保證個人在產品和服務生產的廣泛合作中得到極大滿足。

而亞當斯密在《道德情操論》中描述的充滿著自愛的人類，不但與《國富論》中的人類經濟行為沒有實質性差別，反而大大強化了《國富論》關於經濟體系執行要依靠市場力量的觀點。

2. 寇斯對亞當斯密問題的精闢解說

寇斯認為，在《道德情操論》中，亞當斯密洞察到人類仁慈和利他行為的心理基礎是同情，同情在一定程度上並不是出於對他人的愛，而是出於對尊嚴和自身優秀品格的愛，人們遵守社會行為準則，在一定程度上也是因為希望得到別人的敬佩。

但是，所有人都有自我欺騙的傾向，也就是天生地高估自己的品格。寇斯認為，由於同情而產生的相應行動會受其行動代價的影響，並且人類對行為結果的感知容易被自我欺騙所扭曲。因此，同情反應會隨著關係的

第二章　影響世界的經濟思想：理論與現實的對話

疏遠而變得不重要或者不可能。相應的，同情心所產生的仁慈或愛就是個人化問題，隨著關係的疏遠，相互之間的愛或者仁慈就會減弱。

整體而言，仁慈或愛在現代經濟勞動分工中發揮的作用是極其有限的，從家庭分工、人格化交易向社會分工、非人格化交易的轉變正是傳統經濟向現代市場經濟轉變的根本動力和象徵。

三、研究的線索人物：五位著名經濟學家

阿爾弗雷德・馬歇爾、亞瑟・塞西爾・皮古、阿諾德・普蘭特、鄧肯・布萊克、喬治・施蒂格勒是五位近代著名的經濟學家，寇斯對他們的研究內容和生平進行了記述。

(一) 新古典學派創始人：阿爾弗雷德・馬歇爾

阿爾弗雷德・馬歇爾，是近代英國最著名的經濟學家，新古典學派的創始人，19世紀末，20世紀初英國經濟學界最重要的人物，在當時享有極其崇高的國際地位。

在馬歇爾的努力下，經濟學從僅僅是人文科學和歷史學科的一門必修課發展成為一門獨立的學科，具有與物理學相似的科學性，劍橋大學在他的影響下建立了世界上第一個經濟學系。由於馬歇爾年輕時是一位相當有才華的數學家，所以很多人認為正統的劍橋——馬歇爾學派強調數學的作用。但寇斯在《馬歇爾論方法》中認為，事實並非如此。

身為一名相當有實力的數學家，馬歇爾非常擅長運用數學的邏輯和方法來處理問題，但同時，他比那些不精通數學的人更清楚過分依賴數學分析的局限性。馬歇爾認為，過分依賴數學將導致我們偏離馬歇爾所說的

「建設性工作」，即對真實經濟體系的研究。

馬歇爾重視歸納和演繹的相互依賴性，相對更強調歸納，但是馬歇爾並不認為單獨的歸納分析能產生良好的理論，經濟體系的複雜性讓應用馬歇爾所說的演繹推理鏈成為必需。然而，馬歇爾相信長的演繹推理鏈會減弱理論和現實之間的連結。如果經濟學家的推理快速而輕鬆，那麼他們會傾向於在研究的每個節點處進行錯誤連結。

總之，寇斯認為，對馬歇爾來說，經濟理論不能局限於能進行數學處理的問題，數學分析只在它對理解真實經濟體系有所啟發時才是有用的，同時經濟學家要謹慎使用分析和演繹。

（二）具有啟發性研究的經濟學家：
阿諾德・普蘭特、鄧肯・布萊克與喬治・施蒂格勒。

寇斯回憶了1930年代倫敦政治經濟學院的重要人物阿諾德・普蘭特、現代公共選擇論之父鄧肯・布萊克和1982年諾貝爾經濟學獎得主喬治・施蒂格勒的學術經歷和人格魅力，中肯客觀的評價了他們的學術思想及其貢獻，同時也闡述了自己對有關經濟學問題的深刻洞見。

1. 阿諾德・普蘭特

身為寇斯在倫敦政治經濟學院的導師，阿諾德・普蘭特的經濟分析體系，對產業組織、產權主題和所有權自由的討論，都深刻影響著寇斯一生的學術思想。

寇斯認為，普蘭特關於政府能夠做什麼和願意做什麼的現實主義觀點，能夠傳達給學生一種看待經濟政策的方法，並使他們能夠以此為基礎設計出更加可靠的政策。

第二章　影響世界的經濟思想：理論與現實的對話

2. 鄧肯・布萊克

「現代公共選擇論之父」鄧肯・布萊克一生致力於運用嚴密的數學推理進行政治經濟學的理論研究。布萊克於 1948 年發表的〈論集體決策原理〉一文為公共選擇論奠定了基礎，他在 1958 年出版的《委員會和選舉理論》(*The Theory of Committees and Elections*) 被認為是公共選擇論的代表作。該著作第一次從決策角度對政府行為進行研究，提出了委員會決策相關問題，對其投票、選舉等行為及一系列問題進行了深入的探討，透過系統的分析和研究，最終建構出了投票選舉的基本理論框架。

寇斯敏銳的洞察到布萊克的委員會理論可能會反過來促進經濟學放棄有關理性效用最大化且個體選擇是連續的假設，進而使經濟學分析得以完善。

3. 喬治・施蒂格勒

芝加哥大學經濟學派的領袖人物喬治・施蒂格勒，是寇斯在到芝加哥大學之後才熟悉的經濟學家。寇斯對施蒂格勒的經濟學和經濟學史研究十分敬佩。但是，寇斯對施蒂格勒用理性效用最大化方法來分析政治行為的做法持保留態度。

寇斯認為，在經濟學中，產業組織課題意味著對市場過程和產業結構的研究。但是，當時關於產業結構的研究逐漸集中於「壟斷問題」和美國特有的《反壟斷法》實施所引起的問題，寇斯認為經濟學家透過專注於壟斷問題研究，來探討一個從廣義上來講充滿競爭的經濟體系，是把注意力用錯了方向。

最後一篇文章〈1930 年代倫敦政治經濟學院的經濟學〉是寇斯對 1930 年代自己在倫敦政治經濟學院求學和教書時期的個人敘述。那時的倫敦

05《論經濟學和經濟學家》—以事實為基礎的經濟學研究

政治經濟學院在其核心人物、英國當代著名經濟學家萊昂內爾·羅賓斯（Lionel Robbins）的帶領下，學術煥發著勃勃生機，經濟自由主義思想和社會民主思想促使倫敦政治經濟學院開始在學術上取得世界級地位。

第二章　影響世界的經濟思想：理論與現實的對話

06

《逃不開的經濟週期》——經濟週期理論與現象解析

基金經理人和投資銀行家
——拉斯・特維德

拉斯・特維德（Lars Tvede，1957～），現居於瑞士，擁有工程碩士學位和國際商業學士學位。特維德曾擔任衍生性金融商品交易員、基金經理人和投資銀行家長達 11 年之久，1990 年代轉行到了電信與軟體產業，創辦了數家高科技公司，2005 年擔任瑞士避險基金 ProValue 公司的總合夥人及基金經理人。

拉斯・特維德

特維德曾出版過數本有關經濟學、行銷學、電信和交易的書籍，主要有《逃不開的經濟週期》（Business Cycles）、《金融心理學》（The Psychology of Finance）、《創造力社會》（The Creative Society）等。

06《逃不開的經濟週期》—經濟週期理論與現象解析

一、為什麼要寫這本書

經濟學家們研究經濟週期，政治家們試圖熨平經濟週期，而企業家們如果不能善於利用經濟週期來做大自己的企業，那麼就會被它所吞噬。

《逃不開的經濟週期》從蘇格蘭賭徒兼金融天才約翰·勞（John Law）所生活的時代開始，一直到今天的電腦時代，回溯了300年來財智菁英對經濟週期理論和現象的解密，包括「經濟學之父」亞當斯密、股票經紀人李嘉圖、投資銀行家桑頓等人，探索了各派經濟理論與模型，幫我們揭開了經濟循環的真相。

二、研究的對象：什麼是經濟週期

特維德認為，人們很難擺脫經濟週期的束縛，那麼究竟什麼是經濟週期呢？

(一) 朱格拉週期

在19世紀，法國醫生、經濟學家克萊門特·朱格拉（Clément Juglar）率先提出了經濟週期理論。

朱格拉在研究人口、結婚、出生、死亡等統計數據時注意到，經濟事物存在著有規則的波動現象。他認為，危機或恐慌並不是一種獨立的現象，而是社會經濟運動三個階段中的一個，這三個階段分別是繁榮、危機與蕭條，並且這三個階段的反覆出現形成了經濟週期。身為一名醫生，朱格拉認為經濟危機與疫病相似，是發達工商業中的一種社會現象，在某種程度上這種週期波動是可以被預見或採取某種措施予以緩和的，但並非可

以完全抑制的。

在朱格拉看來，政治波動、戰爭爆發、農業歉收以及氣候惡化等因素並非週期波動的主要根源，它們只能加重經濟惡化的趨勢。週期波動是經濟自動發生的現象，與人們的行為、儲蓄習慣以及他們對可利用的資本與信用的運用方式有直接關聯。西元 1862 年，朱格拉出版了《論德、英、美三國經濟危機及其發展週期》(Des Crises Commerciales: Et De Leur Retour Periodique En France, En Angleterre Et Aux Etats-Unis)，提出了 10 年為一個循環的經濟週期理論，而這種中等長度的經濟週期被後人稱為「朱格拉週期」。

(二) 基欽週期

自從朱格拉發現了「經濟週期」這個「新大陸」之後，後來的經濟學家們對經濟週期又進行了深入的研究，提出了不同的見解和理論。

1923 年，美國經濟學家約瑟夫·基欽 (Joseph Kitchin) 在〈經濟因素中的週期與傾向〉(Cycles and Trends in Economic Factors) 中提出了存貨週期，又叫「短波理論」。基欽認為經濟週期有大小兩種，小週期的平均長度約為 40 個月，而大週期約包括 2～3 個小週期。基欽根據美國和英國在 1890～1922 年的利率、物價、生產和就業等統計資料，從「廠商生產過多時就會形成存貨進而減少生產」的現象出發，把這種 2～4 年的短週期稱為「存貨週期」。

奧地利政治經濟學家約瑟夫·熊彼得把這種短週期作為分析資本主義經濟循環的一種方法，並認為「基欽週期」可以表明經濟中存貨投資的週期變動和創新的起伏，尤其能夠代表可以被快速生產出來的設備的變化週期。

(三) 庫茲涅茨週期

在基欽提出短波理論七年後的 1930 年，美國經濟學家西蒙・庫茲涅茨在《生產和價格的長期運動》(Secular Movements in Production and Prices) 一書中提出，經濟中存在長度為 15～25 年不等的長期波動理論。這種波動在美國的許多經濟活動中，尤其在建築業中表現得特別明顯，所以庫茲涅茨週期也稱為「建築業週期」。

庫茲涅茨認為，現代經濟體系是不斷變化的，而這種變化存在著一種持續的、不可逆轉的變動，即「長期運動」。他根據對美、英、法、德、比等國在 19 世紀初到 20 世紀初的 60 種工農業主要產品的生產量和 35 種工農業主要產品價格變動的時間序列數據，並別除了其間短週期和中週期的變動，著重分析了有關序列的長期消長過程，提出了在主要資本主義國家存在著平均長度為 20 年的「長波」或「長期消長」的論點。

(四) 康德拉季耶夫週期

在現代經濟週期的研究中，長波週期並不是庫茲涅茨週期的代名詞，因為長波之名源於蘇聯經濟學家尼古拉・康德拉季耶夫 (Nikolai Kondratiev)，他提出的經濟週期比庫茲涅茨週期更長。

1925 年，康德拉季耶夫在〈經濟生活中的長期波動〉(The Long Waves in Economic Life) 一文中，運用英、法、美、德等主要資本主義國家的價格、利率、進口額、出口額、煤炭和生鐵產量等方面的統計數據，對經濟發展的長波進行了實證研究。

透過研究，康德拉季耶夫認為資本主義的經濟發展過程可能存在 3 個長波：從西元 1789 年到 1849 年，上升部分為 25 年，下降部分 35 年，共

60 年;從西元 1849 年到 1896 年,上升部分為 24 年,下降部分為 23 年,共 47 年;從西元 1896 年起,上升部分為 24 年,1920 年以後是下降趨勢。全過程為 140 年,包括了兩個半的長週期,顯示出在經濟發展中平均為 50～60 年為一個週期的長期波動。

此外,熊彼得(Joseph Schumpeter)認為 3 個基欽週期構成 1 個朱格拉週期,18 個基欽週期構成 1 個康德拉季耶夫週期。

三、研究的視角:紐康交易方程式

特維德認為,西蒙・紐康(Simon Newcomb)的交易方程式在研究經濟週期問題時,可以作為一個分析框架,從穩定交易方程式的構成要素的角度,提出解決經濟週期問題的辦法。

西元 1886 年,美國數學家、天文學家西蒙・紐康在其出版的《政治經濟學原理》一書中,將物價與貨幣流通量的關係表述為方程式:

$$VR=KP$$

其中,V 為貨幣流通量;R 為通貨總量的流通速度;K 為透過貨幣交易的商品量與勞務量;P 為物價。

紐康將這個方程式稱為交易方程式,但是這個方程式在當時並沒有被廣泛接受。直到 1911 年,美國著名經濟學家歐文・費雪在其專著《貨幣的購買力》(The Purchasing Power Of Money)中,將交易方程式再次推到了經濟週期分析的前緣。

《貨幣的購買力》主要論述了通貨膨脹與貨幣供給波動所造成的不穩定效應。在這本書中,費雪沿用了紐康的貨幣思想,重新闡釋了交易方程式的含義,將交易方程式改寫為:

$$MV=PQ$$

其中，M 代表貨幣供給；V 代表貨幣流通速度；P 代表商品與服務的價格；Q 代表商品與服務的數量。

費雪認為貨幣體系是不穩定的，因此在他看來，如果想要穩定經濟（方程式中用 Q 表示），首要的事情就是集中精力穩定價格（方程式中用 P 表示）。

許多經濟學家關於經濟週期的研究都體現了紐康交易方程式的思想，如被譽為「中央銀行之父」的英國銀行家亨利·桑頓（Henry Thornton），最早提出運用中央銀行的干預工具 MV 來穩定產出。桑頓長期研究發現，增加貨幣供給會使得利率下降，而低利率則會導致借貸數額大幅上升，商業活動也會大幅提高。每一次貨幣供給的增加，似乎都是合理的——只要隨後的經濟活動能夠隨之成長，直至達到充分就業。但是桑頓提醒我們，經濟繁榮時期，就業充分的情況會導致中央銀行在對通貨膨脹毫無察覺之時，過多的增加貨幣供給，而當它察覺的時候，已經太遲了。

與桑頓不同，英國古典經濟學家大衛·李嘉圖認為，穩定交易方程式的右邊（P 與 Q）更為方便，所以李嘉圖提倡採取金本位制，以此來保證價格（P）穩定。而「現代總體經濟學之父」凱因斯則致力於運用財政政策來增加或者減少產出（Q）以穩定經濟。

四、核心的內容：貨幣週期與房地產週期

特維德將全球經濟比作一臺運轉的經濟機器，而這臺機器就像是 19 世紀中期裝有活塞的巨型蒸汽機。特維德將這些活塞分別命名為「貨幣」、「資產」、「房地產建造」、「資本性支出」和「存貨」。同時，特維德把第一

第二章　影響世界的經濟思想：理論與現實的對話

個活塞稱為「貨幣因素」，而把其餘四個統稱為「經濟因素」。並且，在經濟因素中，特維德強調房地產為「週期之母」。

（一）貨幣週期

特維德認為，在經濟週期中，貨幣方面的週期驅動力由貨幣供給與利息支付兩個驅動因素構成。

1. 貨幣供給

特維德在梳理貨幣週期理論發展的過程中發現，直到19世紀末，大部分經濟學家都依然傾向於把銀行看作貨幣交易商。銀行接收存款並向他人發放貸款，在此過程中，貨幣僅僅是在換手流通而已。

但是後來，經濟學家們開始發現，貨幣供給並不完全由政府或中央銀行決定。銀行不僅在從事貨幣的交易，而且還能夠透過刺激貨幣的流通速度來創造貨幣供給。因而，費雪經濟週期理論中關鍵的內容大致就可以表述為：現代經濟中的銀行能夠創造貨幣，且經濟週期的關鍵在於銀行的借貸活動，因為銀行透過發放貸款的方式擴大了貨幣供給。

在經濟成長的開始階段，商家看到其存貨大量減少，於是就會增加訂單，而這會導致生產的普遍成長，但是按照賽伊法則，即「供給創造需求」定律，生產的成長又會進一步刺激需求的增多。這意味著，儘管訂單增加了，但存貨量卻不會增加。於是，在一段時間內，商人們會繼續加大生產，這種情形通常會鼓勵商家把訂單的數量增加到超出其實際所需要的數量。由於生產商的資金有限，在滿足這些不斷增加的需求時遇到了麻煩，因此他們需要貸款來完成交貨。由於銀行要為經濟活動的擴張提供信貸支持，所以貨幣供給增加了。貨幣供給增加的初始效應是降低利率，而這將

導致經濟活動的進一步擴張。與此同時，由於商業活動啟用了原先閒置不用的儲備，貨幣的流通速度也會因此加快。

然而，「供給創造需求」的賽伊法則並不是「永動機」，因為貨幣供給成長所產生的一些額外收入會被人們儲存起來。在這個時點上，商家終於發現它們的存貨數量已經超過正常的數量了，於是就會減少訂單，並且開始償還銀行貸款，貨幣供給開始收縮。隨著貨幣供給的收縮，房產之類的資產價格以及各種存貨的價格都會開始下降，但是債務清算跟不上價格下跌的步伐，於是債務清算自身就造成了失敗。

2. 利息支付

利息支付是貨幣週期的另一個重要的影響因素，但所支付利息的總體數字也是最難統計的。

因此，我們不得不採用單個國家在某個時點上的數據檢視某個國家的國民收入報表，然後把個人、公司與政府三部分的數字進行加總。這些數據在不同的國家之間實際上差別非常大，這取決於一國的政府財政狀況、社會繁榮狀況、信用文化與制度，以及合適的利率，但從各國平均來看，利息支付約占其 GDP 的 3.6%～5%。

利息支付的增加將會帶來利息收入的增加，因此，我們不能機械的估計利率發生變化對封閉的經濟具有什麼樣的意義，其更大的效果在於增加儲蓄，由此減少消費與投資，而這當然會造成經濟成長的減緩。

(二) 房地產週期

在經濟方面，特維德將研究重心放在了房地產週期上，並且仍然使用紐康方程式 $MV=PQ$ 來解釋房地產週期。

第二章　影響世界的經濟思想：理論與現實的對話

假設現在正處於剛開始擴張的階段：MV已經增加了，消費支出也在上升，中央銀行開始降低利率，許多消費者決定利用當前更為便宜的融資來建造或購買新房。那麼，房地產業將會出現以下幾個週期性階段。

1. 房地產業的繁榮

大約在對住宅房產的需求回暖一年之後，辦公樓的租金收入也開始上漲。當價格較為合理時，商業部門就會受到鼓勵而去尋求好的辦公空間，例如市中心的辦公區，因此市區中心的辦公區被率先占滿了，這就導致了市中心房地產價格的上漲。

利率在這個階段的典型表現是處於下降狀態，由此減少了借貸成本，並且增強了支付能力。此時的經濟穩定成長，到處都是欣欣向榮的景象，但是產能已經開始吃緊。由於現有的房產存貨已經銷售一空，土地價格正開始強勁上漲，這是房地產業繁榮的預警訊號。

但是，當消費者把自己的儲蓄花得差不多的時候，他們並未就此收手，而仍然在繼續大筆花費。同時，房地產建造業正在奮力跟上需求的成長，所以又開始建設新的產能，這些投資將在稍遲一段時間後推動經濟成長。擴建產能意味著工業房地產（研發與倉儲用房）的價格，以及工業用地的價格都會強勁上漲，住宅用地引領著土地價格的復甦。此時，人們被迫到主要市區中心以外尋找辦公空間，於是市郊的辦公樓業務興旺起來了，建設辦公樓用地的價格也開始上漲。

2. 房地產業的危機

在房地產業繁榮的過程中，消費者的貢獻很大。許多地塊需要細分出售，有些人完全是出於投機目的來買地。此外，此時的融資變得更加容易了，許多開發商可以用極少的本錢來啟動新專案。

與此同時，新建案吸收了大量空置的土地，這給土地所有者帶來了一大筆額外的獲利，也導致了土地投機之風的盛行，因為有更多的人要趕在將來有需求之前購買土地。這是投機狂熱的開端，房地產公司大膽激進的製作了一些行銷數據，向人們描繪現在的空地上將要建造的住宅區。房地產業的繁榮也吸引了政府的興趣，政府希望透過重新規劃更多的土地和建設新的基礎設施來支持房地產業的成長。這又給那些購買土地的投資者更大的信心，他們相信未來的發展即將要實現。

　　然而，這也造成了這些土地在預期的城市化尚未實現的時候就已經失去了農業用途。此時的消費能力已經達到了最高點，工業產能建設也已經達到了高峰，於是房地產價格開始下滑，租金開始下降，空屋率開始增加。然而，在GDP達到頂峰之後的一年，新建案甚至還在繼續擴張。

3. 房地產業的衰退

　　但是房地產與經濟活動的擴張不是永無止境的。在經過了擴張的最高峰之後，第一個發生嚴重變化的是土地，它直接進入了冰點狀態：沒有人要購買土地了。接下來，任何一個與房地產領域相關的產業都無法有更好的表現，例如建造房屋需要的磚塊與灰泥等的建材市場大量倒閉。

　　在這種情況下，最嚴重的威脅是通貨緊縮，這對於像酒店業和停車場那樣的價格可變的產業來說是特別糟糕的，因為這類產業有固定的借貸成本，但也被迫削減了服務價格。

　　不僅如此，房地產市場的下滑加劇了更大範圍的經濟緊縮，因為建築業一般占總投資的1/4左右，並且大約占GDP的10%，房地產業的下滑意味著此時的財富也正在下降。

　　房產所有者正在慢慢開始感覺到經濟緊縮所帶來的後果，因為越來越

多的出租合約到期之後，要麼不再續約，要麼只能以更低的價格續約。此時開始出現了財務困境、破產、不良借貸的增加、抵押贖回權喪失與大量拖欠的情形，由於房產被轉移到了接管者的手中，而他們開始大幅度削減租金，這又迫使更多的房產持有者陷入了激烈的競爭和嚴重的困境之中。

在出現恐慌與困境之後，房地產業進入了冰點狀態，增建房產的價值此時可能也顯著小於重置成本了。也就是說，房地產建築成本下滑到了房產市場價格以下。那些繼續持有房產的人承受著持續的損失，因此也沒有能力去購買新的房產，更別提再去啟動新建案了，除非等到其資產負債表得到修復之後。

如果金融機構出現了系統的脆弱性，那麼冰點階段可能會大幅延長。特維德指出，1990年代末的亞洲金融危機，特別是在印尼與泰國，以及1990年之後的日本在經濟衰退過程中，就表現出了某些這類症狀。房地產的崩潰進一步造成了金融機構的危機，因為通常情況下銀行為房地產提供了大量的融資。

4. 房地產業的復甦

危機殘局的清理過程會耗時4～5年，有時還需要更長時間。

當自然的需求慢慢能夠趕上已經處於靜止狀態的供給時，房產也就從脆弱者手中轉移到強健者的手中。也就是說，大量的房產集中到了抵押所有者手中，他們願意按照其抵押價格或者更便宜的價格來出售房產。

與此同時，經濟正在復甦，那些老練的投資者也正在買進一些非常便宜的房產。空屋率開始下降，租金也比較穩定了，而後租金又開始上漲。此外，由於建築成本此時很低，翻新與新建房屋又開始具有價值了。

霍伊特（Homer Hoyt）的研究顯示，確實存在著所謂的「房地產週期」

現象,並且這些週期非常緩慢,平均長度大約為 18 年,但振幅很大,並且在反轉向下的時候會變得很可怕,房地產業的下滑會產生顯著的財富損失,最終有可能導致經濟危機的發生。

第二章　影響世界的經濟思想：理論與現實的對話

第三章
市場經濟的起源與演變

第三章　市場經濟的起源與演變

07

《西方世界的興起》——產權的誕生與發展

新經濟史的先驅和開拓者 —— 道格拉斯・諾斯

道格拉斯・諾斯（Douglass North，1920～2015年），出生於美國麻薩諸塞州劍橋市，1942年、1952年先後獲加州大學柏克萊分校學士學位和博士學位，1993年獲諾貝爾經濟學獎。

諾斯做過《經濟史雜誌》副主編、美國經濟史學協會會長、國民經濟研究局董事會董事、東方經濟協會會長、西方經濟協會會長等，歷任華盛頓大學經濟學教授、劍橋大學庇特美國機構教授、聖路易斯華盛頓大學魯斯法律與自由教授及經濟與歷史教授、經濟系盧斯講座教授。

道格拉斯・諾斯

諾斯是新經濟史的先驅和開拓者。他開創性的運用新古典經濟學和計量經濟學來研究經濟史問題，是新制度經濟學的創始人。

07《西方世界的興起》──產權的誕生與發展

一、為什麼要寫這本書

從1980年代起，諾斯就開始運用產權理論來分析最近兩個世紀中西方世界工業化的更為一般的理論，其目的是探討西方世界經濟成長的原因、經濟成長與制度變遷的內在關聯、產權制度與經濟發展的互動趨勢、經濟發展對制度的內在要求，《西方世界的興起》(*The Rise of the Western World*) 就是這一方面的代表著作。

諾斯對經濟學的貢獻主要包括三個方面。

- 用制度經濟學的方法來解釋歷史上的經濟成長。
- 重新論證了包括產權制度在內的制度的作用，將古典經濟學中沒有涉及的內容、制度作為內生變數，就是一種理論內需要解釋的變數，諾斯將這種內生變數運用到了經濟研究中。
- 特別將產權制度、意識形態、國家、倫理道德等作為經濟演進和經濟發展的變數，極大地發展了制度變遷理論。

產權理論、國家理論和意識形態理論是諾斯的制度變遷理論的三大基石。其中，產權理論是諾斯制度變遷理論的第一大理論支柱。

諾斯認為，有效率的產權對經濟成長有重要的影響。他曾提到，「成長比停滯或蕭條更為罕見的事實表明，『有效率』的產權在歷史中並不常見。」很顯然，經濟能否成長往往受到有無效率的產權的影響。有效率的產權之所以能促進經濟成長，是因為有效率的產權使經濟系統具有激勵機制。而這種機制的激勵作用體現在以下三個方面：首先，降低或減少費用；其次，人們的預期獲利得到保證；最後，從整個社會來說，個人的投資獲利充分接近於社會獲利，就是說在產權行使成本為零時，充分

第三章　市場經濟的起源與演變

界定的產權使得個人的投資獲利等於社會獲利。

正是因為產權有很多顯著的影響，所以諾斯認為關於產權的界定、調整、變革、保護的研究是有價值的。

二、研究的問題：西方世界為什麼能夠興起

西方世界為什麼能在過去幾個世紀衝破赤貧和飢餓的困擾，達到相對豐裕的生活品質？就是說，西方世界為什麼能夠興起？為了要回答這個問題，諾斯首先回顧了西方世界中世紀以來的發展歷程。

- 10 世紀，西歐許多地區已形成了封建主義和莊園制度，經濟活動都圍繞著莊園進行，因此莊園的慣例實質上已成為了無政府社會的一種重要的制度協定。歐洲不同部分之間的商業一直具有潛在的共同利益，具有各不相同的資源和氣候，使得不同地區的貿易需求普遍存在。

- 11 世紀和 12 世紀，貿易和商業的恢復不僅促使市鎮數量增多，還帶來了一系列能促進市場完善的制度安排。

- 13 世紀，農民生活水準下降，但貿易和商業卻在擴張。例如法國的香檳集市、比利時的羊毛貿易、德國的採礦業和商業中心，這些都對正面影響了商業發展，促進了銀行業和商業制度協定的改善。與此同時，農業勞動的獲利在遞減。

- 14 世紀後半期，人口又重新開始成長，封建社會的基本結構已經瓦解。隨著農產品價格的提高，地租以更快的速度提高，這就導致人們重新努力去完全消除土地共有權。

- 16 世紀，歐洲進入了商業擴張時代，為了減少市場缺陷，開始創立並推廣旨在應付資金籌集和風險的制度，如股份公司制等，在這樣的背

景下,需要發展一套法規,為無形資產的所有和交換提供更有效的所有權。

諾斯透過分析中世紀西方世界的社會發展歷史,來探索西方世界興起的原因,然後給出了非常明確的回答:有效率的經濟組織是經濟成長的關鍵,也是西方世界興起的根源所在。而有效率的經濟組織需要在制度上做出安排,或者說需要制度的保障和激勵。好的制度能夠激勵個人努力從事那些能夠引起經濟成長的活動,能夠將個人的經濟努力變成一種私人獲利率接近社會獲利率的活動。

也就是說,當私人獲利的潛在成長超過交易費用時,就會為建立所有權制度而進行種種嘗試。透過對所有權制度的保護和實施,政府不僅可以降低管理成本,還能最大程度降低因民意分歧引發的衝突,所以這種制度安排降低了溝通成本,提高了經濟效率,廣受歡迎。如果在一個國家內,A 企業和 B 企業分別實施不同地區的所有權制度,互不承認所有權,那麼交易就只能限制在地區內進行。如果改為政府統一實施所有權制度,交易就可以擴展到整個國家範圍內進行。這也是所有權制度建立的必要原因。

三、研究的過程:探索西方世界的發展

中世紀西方世界的發展歷史主要分為兩個階段,分別是莊園制時期、城市化和市場經濟發展時期。

第一個階段:莊園制時期

西元 900 年,歐洲各國土地充裕,莊園制普遍存在,在莊園經濟的基礎上自給自足,因而不值得花費代價去建立土地利用的專有權。這種莊園經濟有三種基本要素,即土地、保護的職能和勞動。

第三章　市場經濟的起源與演變

　　保護的職能指的是維護土地生產成果的職能。相對於土地的大量供應，勞動力相對不足。因此領主們為了利用勞動力一直在競爭著，但指揮和監督奴隸，讓他們使自給自足的莊園成為有活力的經濟制度是要花費管理成本的，所以農奴制比奴隸制更有效率保證。在農奴制中，除了不需要監督以外，農奴為領主服役後，還可以用其餘的時間為自己生產。隨著人口的成長，勞動報酬遞減，導致農奴的談判實力下降。當地方莊園人口稠密到報酬遞減的地步時，人口便會湧向那些尚未開發的地區。此外，人口成長導致「馬爾薩斯災難」，也就是說不斷成長的人口早晚會導致糧食供不應求，然後人多地少的狀況開始發生逆轉，人口和土地勞動力相對領主的談判實力反而會逐漸增強。

　　經過一系列的演進，莊園主必須放棄自己對土地產權的獨占權，原來的「莊園主和傭僕農民」變成了「雇主和員工或者地主和佃農」。但是，隨著人口成長、對外擴張、新技術的發明和應用、貿易和市場的不斷擴大，封建莊園制度和封建制度發生了不可逆的變革。莊園制越來越沒有以前有效率，並最終在歷史的長河中消失。

第二個階段：城市化和市場經濟發展時期

　　伴隨著莊園經濟的瓦解，越來越多的人口遷移到了城市，尤其是大城市中。市場經濟為整個歐洲的擴張帶來了增益。由於市場擴大，效率要求在一種新的契約協議中用貨幣給付地租。此外，由於市場經濟的發展，政府可以獲得貨幣形式而非勞役形式的稅收，進而能僱用它所需要的專業化的官僚隊伍和軍隊。產品交換的效率不斷提高，交易的成本不斷降低，市場規模越來越大，甚至出現了專門從事海上貿易的城市群，如北德意志諸城市組成的漢薩同盟和荷蘭的一些港口，以及16世紀末期興起的阿姆斯特丹。

07《西方世界的興起》─產權的誕生與發展

這個時期的新現象是，雖然16世紀歐洲各地人口都在成長，但隨後出現的「危機」其實在地域上是參差不齊的。17世紀末的荷蘭和英國顯然為優勝者，法國為失敗者，而西班牙、義大利和德國則為明顯的失敗者。相對於荷蘭和英國，法國和西班牙這兩個專制君主國家，由於不能建立一套可以提高經濟效益的所有權，導致它們的經濟最終陷入了停頓。

歷史上首次有一些地區和國家能夠逃脫「馬爾薩斯災難」。大城市地盤的擴大是以犧牲小集鎮為代價的；總人口成長是整個16世紀的特點，17世紀則相反；17世紀法國和義大利深受饑荒和鼠疫之苦，人口發展幾近停滯，而荷蘭和英國則經歷了人口擴張。荷蘭的城市在17世紀的大部分時間裡都是繁榮發展的。

這個時期的價格史與人口史相似。價格的絕對水準的提高和薪資落後於其他價格的差距的擴大是如此重要，以致這個時代被稱作「價格革命」，價格上漲席捲整個西歐。16世紀價格上漲是普遍現象。相對產品和要素價格也以相似的形式變化。農產品價格相對製造品價格上升的結果是，地租比薪資成長得更快。勞工的實際薪資大幅度下降。直到17世紀，荷蘭依靠船舶和經濟組織這兩方面的效率改，進而引發價格競爭，價格競爭摧毀了威尼斯在精品貿易中的優勢，所謂的精品指的是如胡椒、中國和波斯的絲、印度棉花、中國的大黃和寶石等物品。荷蘭和佛蘭德（Flanders）這兩個地區的製造業貿易中心已成為北歐的支柱。

這個階段的主要成就是在歐洲和其他居住區之間建立了一種經常性的貿易。16世紀人口的普遍成長降低了利用市場配置資源的費用。16世紀的平衡表顯示農業生產率下降，只在於生產率不變，而市場交易部門的生產率上升。西歐的物質福利依賴於農業生產率。經濟組織的效率在是否出現「馬爾薩斯災難」上有很大的影響。在16世紀，西歐商業是在克服各種

第三章　市場經濟的起源與演變

障礙中發展起來的，這些障礙是由競爭的民族國家間的戰爭、敵意和猜忌造成的。重商主義從民族抗爭所需的經濟基礎中誕生。

四、研究的結論：西方世界興起的內在機理

諾斯認為，近代歐洲興起的原因和機理主要有以下幾個方面。

（一）人口的成長引起要素相對價格發生了變化

人口成長是導致制度創新這一西方社會興起原因的主要變動參數。在莊園經濟時代，勞動和土地是最重要的生產要素。如果人口成長，勞動力增加，相對現有耕地來說，勞動就會過剩，勞動的相對價格便會降低；如果人口減少，勞動力也會相應減少，相對於現有耕地來說，勞動的相對價格便會上升。

10 世紀時，人口較少而土地充裕，因而勞動者在面對土地所有者時具有較高的談判能力。隨著人口和貿易的不斷發展，到 13 世紀時，最好的土地已經全部被占用了。而人地比例的變化，也使得土地相對勞動而言成為較為稀缺的生產要素，新的移民只得依靠貧瘠的土地或者更集約地使用現有耕地，農業勞動者的產出也就減少了，結果導致勞動者收入開始下降。又由於饑荒、瘟疫和戰爭的影響，14～15 世紀，歐洲人口顯著下降。勞動力數量再次變得不足，但勞動產出卻在上升，因此勞動的價值上升了，勞動者的所得增多了。

然而，在人類歷史上，儘管有戰爭、瘟疫、饑荒和動亂一類的影響，導致人口成長的暫時倒退，但生育率往往超過死亡率，因此從長期看，人

口總是成長的。而人口的成長改變了土地和勞動這兩種最重要的生產要素的相對價格，為生產組織形式的變革準備了條件和要求。

（二）勞動相對價格的降低引發了邊疆擴張

隨著人口的成長，土地開始變得相對稀缺，因而新增人口難以像他們的前輩一樣生產同樣多的東西。

此外，勞動報酬的遞減迫使食物的實際成本上升，以及養育孩子的私人成本上升，因而勞動力的私人獲利開始下降。同時，社會成本上升得更多，因為在勞動力報酬遞減的情況下，增加總的勞動力供給會引起勞動生產率的普遍下降，並加劇了擁擠狀況，進而助長了瘟疫的蔓延。所以，在那些人口稠密的莊園地區，勞動力報酬遞減和擁擠的情況是非常容易發生的。這樣一來，大量人口便會湧向那些尚未開發的土地和氣候各不相同的邊疆地區。

（三）邊疆運動促進了市場的繁榮

邊疆地區不同的農業活動模式和地區要素，以及資源分布的差異提高了貿易的盈利能力。許多地區專注於生產具有優勢的產品。例如法國的葡萄酒和佛蘭德（Flanders）的紡織業。人口密度高的地區可以更有效地生產勞動密集型產品，用來交換人口密度小的地區的土地密集型產品，土地密集型產品就是在生產要素的投入中需要使用較多的土地等自然資源才能進行生產的產品。

隨著商品市場的發展、市場規模的擴大和一些貿易城市的出現，交易的搜尋費用、商議費用和莊園經濟的實施費用逐步降低，商品的交易成本

第三章　市場經濟的起源與演變

也相應降低了。不同地區間交易費用的降低，進一步促使市場繁榮起來。而市場經濟的興起，也最終使莊園經濟成為了歷史。因為相對於勞動契約，傳統莊園經濟需要承擔高額的實施費用和對勞動力實行監督和控制的管理成本。

(四) 市場的發展需要制度的保障

在諾斯看來，不管是市場發展還是有效率的經濟組織形成，都需要制度的保障和激勵。

11～12世紀，貿易和商業不斷發展，市鎮逐漸繁榮起來，由此產生了一系列旨在減少市場不完善的制度安排，並形成了一套法律來裁決新情況引起的爭端。14～15世紀，人口的大幅度下降和勞動力的短缺，使得莊園制主僕關係逐漸消失，農奴開始獲得對土地的專有權。16世紀，由於船舶技術的進步和航海業的發展，大量白銀流入歐洲，不斷刺激著商業的擴張。同時，開始出現和推廣可以減少市場缺陷的制度，如股份有限公司，並逐步發展成為一套法規。而市場經濟的擴大導致了民族國家的形成，但國家運轉則需要源源不斷的財政收入，因此國家就必須鼓勵擴大貿易，同時提供必要的軍事保護和制度保障。

(五) 國家間的制度差異導致了發展的差距

在西歐興起的時期，各國的發展過程並不是同步的，不同民族國家的制度演化形成了不同的發展模型，並最終表現為經濟上的差異。

最顯著的例子是法國和西班牙在競爭中的失敗，以及英國和荷蘭的成功。法國和西班牙雖然是不同的國家，有著不同的發展歷程和發展模型，

07《西方世界的興起》—產權的誕生與發展

但兩國都在競爭中落敗，其共同的原因是沒能形成鼓勵市場發展和促使有效率的經濟組織形成的制度。而荷蘭和英國興起的主要原因就在於形成了私人獲利率接近社會獲利率的制度安排，先是繼承權完全無限制的土地所有制、自由勞動力、保護私有財產、專利法和其他對知識財產所有制的鼓勵措施。接著，一套可以減少產品和資本市場的市場缺陷的制度安排在這兩個國家廣泛發展起來。

08

《二元經濟論》── 二元經濟發展模式的理論與應用

1979 年諾貝爾經濟學獎得主
── 威廉・亞瑟・路易斯

威廉・亞瑟・路易斯（William Arthur Lewis，1915～1991年），美國經濟學家、作家、教授。

1954年，路易斯首次提出了用來解釋開發中國家經濟問題的著名的「二元」模式，在經濟學界引起廣泛爭論。1955年，他出版了《經濟成長理論》（The Theory of Economic Growth）一書，對經濟發展的相關問題進行了廣泛而深入的分析，至今仍被認為是「第一部簡明扼要的論述了經濟發展問題的鉅著」。1979年，路易斯因在發展經濟學理論與實際工作方面的貢獻獲得了諾貝爾經濟學獎。

威廉・亞瑟・路易斯

08《二元經濟論》—二元經濟發展模式的理論與應用

一、為什麼要寫這本書

　　1915 年 1 月 23 日，路易斯出生在原英屬西印度群島聖露西亞島的一個黑人移民家庭。由於他的黑人出身，路易斯受到過種種不公正的待遇，所以他自然而然地就具有反帝國主義的思想，關心與同情貧窮國家的人民。

　　1932 年，路易斯到英國倫敦政治經濟學院學習經濟學，先後獲經濟學學士學位和博士學位。他在倫敦遇見了全球各地反對帝國主義的同好，並開始系統性研究英國殖民帝國及其統治措施，例如英國嚴禁非洲人在肯亞種植咖啡，並迫使他們投身勞動力市場，最終從中賺取稅金。

　　1943 年，路易斯曾受英國殖民辦公室的邀請，擔任新成立的經濟諮詢委員會的主任委員。在職期間，他對英國殖民地的經濟問題進行了深入研究，這也正是他研究經濟發展問題的開始。在他的建議之下，該委員會對各個經濟部門的經濟政策進行了系統化的調查。在這個過程中，路易斯清楚的了解到，政府官員在該做的事情上有很大的分歧，而這個經歷更加強化了路易斯探索經濟發展問題的決心。

　　身為一名黑人經濟學家，路易斯在經歷了種種不公平對待後，有了想要幫助貧窮國家人民的信念，而在政府擔任諮詢顧問後，他更加堅定了研究經濟發展的決心。在結合自身理論知識、突破原有理論的條件下，路易斯逐漸形成了經濟是如何發展的理論，解釋了開發中國家的經濟問題。

　　二元經濟理論是路易斯有關經濟發展理論的基礎和精華，目前已成為分析開發中國家結構變遷、城鄉關係、勞動力市場、勞動力轉移、人口成長、收入分配、資本累積、儲蓄行為、技術選擇及變化等一系列重要問題的理論框架。

第三章　市場經濟的起源與演變

二、研究的視角：勞動力的無限供給

路易斯指出，必須假設勞動力是無限供給的，因為這是以後進行理論分析的前提。當然，這項假設並不適用於世界上的一切地區，例如西北歐、英國以及非常缺乏男性勞動力的非洲與拉丁美洲某些地區。但是，對埃及、牙買加、印度以及其他經濟落後的國家來說，這項假設並沒有錯誤。

(一) 無限的勞動力供給

在解釋無限勞動力供給時，路易斯首先從封閉經濟入手，封閉經濟就是不與其他國家有貿易往來的經濟。在人口眾多的經濟社會裡，勞動的邊際生產率，也就是多投入 1 單位勞動所增加的生產率是無限接近於 0 的，甚至為負。因為根據經濟學中的邊際技術遞減規律：在其他要素投入不變的條件下，如果連續不斷增加一種生產要素，最終會由於投入過多，導致這種生產要素發揮的作用越來越小。

例如，在勞動力趨於無限多的經濟中，我們可以觀察到，在一個家庭中，由於土地數量有限，如果一部分家庭成員找到了其他工作，那麼剩餘的家庭成員也可以耕種好他們擁有的土地。換句話說，土地的產量並不會減少。所以，路易斯注意到了農業部門存在的這種「隱性」失業問題。並且，這種現象也不僅僅局限於農業部門，甚至可以擴展至整個臨時性職業範疇，例如碼頭工人、園林修建工人、小零售商人等等。路易斯指出，這些產業有一個共同特徵：該產業中的人數通常是社會需求的兩倍。也就是說，即使將這些產業的工作人數減少一半，也不會減少這些產業的產量。

在小農經濟中，農民是自給自足、自我僱用的。但是工人群體卻是受

08《二元經濟論》──二元經濟發展模式的理論與應用

資本家或廠主僱用的。就像我們為借到一筆錢需要支付利息一樣，資本家為了僱到工人也要為他們支付一定的費用。那麼應該付給工人多少薪資呢？從理論上說，這涉及經濟學中生產要素的最優定價問題，資本家只會按照生產要素的邊際生產率支付報酬。這種定價原則來自資產階級庸俗經濟理論，也是現代經濟學者普遍認同並採用的理論。

資產階級庸俗經濟理論由德國經濟學家邱念首先提出，美國經濟學家克拉克發展了該理論。該理論認為，生產過程中是需要勞動與資本的投入的，當勞動量不變而資本相繼增加時，每增加1個單位資本所生產出的產量會依次遞減，這就是「生產率遞減規律」，每多增加1單位的資本所能增加的生產量，稱為「資本的邊際生產率」，它決定了利息的高低；同樣，當資本不變，而勞動量相繼增加時，則「勞動的邊際生產率」決定勞動者薪資的多少。所以，我們一般認為，資本越多，利息越低；勞動越多，薪資越低。

按照上面的分析，明智的雇主會選擇按照薪資等於邊際生產率的原則支付薪資，既不會多也不會少。事實上，在勞動力非常多的國家中，在一定的資本投入下，多僱用1單位勞動的產出是非常小的，甚至接近為0。如果堅持按照上面的原則支付給工人接近於零的薪資，資本家肯定僱不到工人。因此，資本家為解決這個矛盾而採取的方法是，將薪資提高到僅僅能夠維持工人生活的水準。

路易斯進一步指出，只要按照這種最低薪資標準付給工人，並且勞動力的供給仍超過需求，那麼我們就可以說，勞動力的供給就是無限的。在這種勞動力無限供給的情況下，新工業可以建立，舊工業可以擴大，並且不受現行薪資的限制。如果說得更確切些，那就是勞動力不會成為產業擴張的限制性因素。

第三章　市場經濟的起源與演變

(二) 額外的勞動力來源

更進一步說,如果要建立新的工業,並且按照維持生活的最低薪資標準來提供就業機會,除了農民、臨時工、小商人之外,還有三個額外的勞動力來源。

第一個來源:家庭中的妻子和女兒

女性在家庭以外能否取得就業機會取決於很多因素,包括宗教因素以及傳統因素,而不僅僅只是缺少就業機會的問題。但是,在許多國家中,當前的限制實際上只是就業機會。路易斯指出,女性就業是經濟發展最顯著的特徵之一。因為女性的外出就業象徵著原來由女性在家裡做的工作,像磨麵粉、織布、做衣服等,現在可以由專業的工廠完成。而專業工廠的出現也代表經濟中出現了專業化的生產與大規模的投資。所以說,增加國民收入最切實可行的辦法就是為女性提供就業機會。

第二個來源:由於出生率超過死亡率所引起的人口增加

隨著經濟的發展,死亡率已經從大約 40‰ 下降到了大約 12‰。路易斯認為,死亡率下降的原因主要可以歸為三種。

- ⊙ 一是由於交通設施的改善,地區與地區之間的貿易往來更為便利,能夠及時預防因地區性災荒所引起的死亡。

- ⊙ 二是由於公共衛生設施的改善,人們的居住環境與公共場所更加乾淨衛生,進而逐漸切斷了鼠疫、天花、霍亂、瘧疾等大規模的傳染病的傳播管道。

- ⊙ 三是因為醫療設施的普及,確保了人們的疾病可以早發現早治療,進一步降低了因錯過最佳治療時機引起的死亡。

總之，經濟發展的直接影響是促進了人口成長。在任何一個死亡率非常低的社會裡，勞動力會不可避免的增加。

　　第三個來源：由於生產效率提高而引起的失業

　　英國古典經濟學派的代表大衛·李嘉圖早就提出，機器的創造會減少就業，這就使得工人開始失業。在此基礎上，馬克思不僅把被機器代替的工人歸為失業者，還將自我僱用者與小資本家都歸入失業之列。這是因為在馬克思看來，小資本家與自我僱用者最終會在與大資本家的競爭中敗下陣來，逐漸被市場淘汰。

　　透過上面的分析，如果我們把農民、臨時工、小商人、家庭婦女和人口成長等全部勞動力來源都考慮進去的話，顯而易見的是，在一個人口過剩的經濟中，會出現新工作或新就業機會的巨大擴張，並且不會在勞動力市場上出現工人短缺的情況，也就是說，勞動力的供給實際是無限的。

　　但是上述情況僅僅適用於不熟練的勞動力。事實上，在任何時候都缺少某種等級的熟練工人，包括瓦匠、電工、工程師、生物學家甚至管理人員。可以說，熟練勞動力，同資本和土地一樣，也可能是擴張時的難題。但這是非常短暫的難題，資本家或者資本主義政府，都可以很快提供更多設施與技術，培養更多的熟練工人。也就是說，只要得到了資本與自然資源，就可以提供必要的熟練工人，中間只需一小段的時間差。

三、分析的對象：維持生計部門與資本主義部門

　　根據路易斯的看法，經濟社會中只存在兩個部門──資本主義部門與維持生計部門。資本主義部門指的是用資本進行生產的部門，維持生計部門主要是指傳統農業部門。這兩個部門就是二元經濟論中所指的「二元」。

第三章　市場經濟的起源與演變

路易斯認為，在經濟社會發展初期，人們主要從事的是農業生產，所以維持生計部門非常龐大，而資本主義部門則非常渺小。在這種情況下，資本家要想實現工業擴張，就必須從農民這種過剩勞動力中吸取一部分，讓他們作為工人來從事資本主義生產活動，從而實現資本主義部門的擴張。

當然，農民不會輕易轉變為工人，除非農民能獲得更大的利益。所以，這就要求資本家支付給工人的薪資，不能低於他們從事農業生產時的最低收入，否則，他們就會選擇繼續從事農業生產。

事實上，維持生計部門的收入決定資本主義部門的薪資這件事還有著重大的政治意義，直接影響就是資本家會刻意壓低農業部門的生產率，因為農業產量的增加會提高農民的收入，也就會相應提高資本家所必須支付的薪資。例如，種植園主不願把新技術和新種子傳授給農民，即使在政府的要求下，也不願擴大用於農業發展的設施，甚至會經常剝奪農民的土地。資本家透過上述做法來壓低工人的薪資，這對資本家是有利的，這也是資本家最壞的特點之一。

在現實生活中，資本主義部門的薪資與維持生計部門的收入之間的差額為30%左右，這可以從三個方面來解釋。

- ⊙ 首先，資本主義部門的生活費用比較高，因為資本主義部門主要集中在城鎮，房租和交通費用較高。
- ⊙ 其次，對工人來說，從熟悉的維持生計部門轉到資本主義部門這種比較嚴密、都市化的環境中，需要彌補心理差異的費用，或者說，資本家不希望工人在工作一段時間後離開，如果離開這樣他們又得重新招募不熟練的工人，所以需要付給工人較高一點的薪資。

- 最後，資本主義部門的工人會組織工會，竭力要求資本家提高他們的薪資。

四、核心的思想：在資本主義部門擴張中實現經濟發展

路易斯認為，經濟發展需要迅速累積資本。而無數的事實已經證明，僅靠農業部門是無法實現資本累積的。因此，經濟發展最本質的問題便是究竟要如何獲得可以用於資本主義部門生產的資本。路易斯給出了兩種方法：一是依靠儲蓄來累積資本；二是政府透過銀行來創造貨幣。

(一) 依靠儲蓄來累積資本

要想理解儲蓄如何實現經濟發展，就是要弄清楚兩個問題。
- 第一個問題是，怎樣實現儲蓄的增加？或者說儲蓄從哪裡來？
- 第二個問題是，透過儲蓄得到的這些資本如何實現經濟成長？

1. 怎樣實現儲蓄的增加

顯而易見，第一個問題是第二個問題的基礎。第一個問題——儲蓄從哪裡來？這個問題的本質是，哪個階層能夠在滿足了必要的消費之後還能剩下這麼多錢？

為回答這個問題，路易斯大致將社會中的人們分為三個階層——底層的工人勞動者、中產階級，以及能夠獲得利潤和地租的上層階級。

首先，可以排除底層的工人階級，因為他們獲得的薪資基本上僅能維持自己的生活，基本沒有儲蓄。

其次，也可以排除中產階級，中產階級要比工人階級生活水準更高，

第三章　市場經濟的起源與演變

可以有點儲蓄，但是他們的儲蓄更多的是用於買房、教育子女或者自身的養老，所以不會成為生產投資的資本。

透過排除法，只剩下了能夠獲得地租和利潤的上層階級。而事實上，路易斯認為的儲蓄主要就是利潤和地租方面，並且認為儲蓄的主要來源是利潤。那麼，為什麼不是地租呢？

回顧歷史可以發現，地主階級阻礙經濟發展和生產力進步的情況在各個國家都存在過，如印度、法國、俄國以及中國封建時期的各朝代。地主階級憑藉著他們對土地資源的占有，不僅坐收地租、控制為其耕種的僱農，甚至尋求政治權力的擴大，透過剝削獲得更多的土地和財富；有些地主還會瘋狂打擊依靠生產經營和生產技術擴張的中小型經營者。他們是封建剝削階級的代表，只會維護自身的利益，不會關注社會的發展。所以，如果在國民收入中儲蓄的比例增加了，我們可以理所當然地認為，國民收入中利潤的占比增加了。這樣，核心問題就變成了第二個問題，這些由利潤組成的儲蓄的增加如何實現經濟發展成長呢？

2. 儲蓄的增加如何實現經濟發展

路易斯認為，在傳統的經濟發展方式中，國民收入主要是由農業部門的收入組成。由於從事農業生產的勞動者過多，農業生產已達到飽和狀態，所以國民收入實際上並不會發生變化，經濟處於成長的瓶頸階段。

但是，隨著越來越多的勞動力進入資本主義部門進行生產，資本主義部門就會日益壯大。這個過程不僅意味著國民收入因為有了新的成長方式而不斷增加，也意味著資本家的收入在國民收入中所占的比重不斷增加。如果資本家將獲得的收入中的任何一部分進行投資生產，那麼，利潤就會一直增加，從而資本的累積也會增加。在這個過程中，國民收入不斷上

升，經濟就實現了成長。

簡而言之，如果落後國家有了一個較大的資本主義部門，利潤在他們的國民收入中就會占較大的部分，那麼儲蓄和投資也就應該比較多了，只要這個過程反覆進行，必然能實現經濟的成長。

(二) 政府透過銀行來創造貨幣

路易斯認為，資本除了是由所賺到的利潤創造的，在現實的生活中還存在另一種創造資本的方式，那就是我們所說的第二種方法，資本家借助政府創造的貨幣來創造資本。

也就是說，如果一個社會缺乏用於生產的資本，但是有可以進行擴大化生產的大量的勞動力，那麼只要資本到位了，實現國民收入的成長就非常容易了。在這種情況下，資本家就可以透過創造的貨幣去匹配社會中存在的過剩的勞動力，然後進行擴大生產。這種方法既能夠創造出新資本，經濟也不會有太大損失。新資本也就可以像我們使用利潤一樣，投資於生產，提高產量，繼續擴大就業，最終實現資本部門的擴張和國民收入的提高。

但是，透過利潤提供的資本和透過創造貨幣提供的資本之間是不同的，後者會對經濟中的商品價格產生影響。路易斯認為，如果將過剩勞動力用於資本主義部門生產，用新創造的貨幣支付工人薪資，最終會導致消費品價格的上升。這是因為在市場中出售的商品的總量並沒有改變，但是市場上流動的貨幣增加了。

換句話說，相對於消費品的數量而言，貨幣數量變多了，這就會導致商品的價格上升，也就是所謂的通貨膨脹。所以，必須注意的是，如果新

105

第三章　市場經濟的起源與演變

　　貨幣的發行量過大，所引起的價格上升過高，可能會引起公眾的恐慌心理，而且在經過長時期的這種情況後，公眾會喪失對貨幣的信任，這就需要立即終止貨幣的發行。這也是用發行貨幣的方法形成資本所帶來的最大的弊端。

　　進一步來看，如果實際薪資水準不變，又得到了無限的勞動力，那麼資本家的收入就會一直增加，而且國民收入中，每年進行投資的比例也會不斷提高，這個過程就會永遠持續下去。但是，當這個國家不再有剩餘勞動力時，資本主義部門擴張的過程就必然停止。當勞動力過剩現象消失時，關於封閉經濟的討論就不能成立了。

　　然而，在現實世界裡，有勞動力稀缺的國家，也有勞動力旺盛的國家。在一些國家中存在過剩勞動力，而在另一些國家中缺少勞動力。所以，我們不能僅僅討論一個國家的資本主義部門的擴大問題，我們必須把這個國家看成是整個世界經濟中的一部分，將這個國家的資本主義部門擴大，看成整個世界經濟中資本主義部門擴大的一部分，進而研究一個國家內部工人的薪資和儲蓄如何受到其他國家工人的最低薪資的影響。

《貨幣的非國家化》——市場競爭機制與貨幣發行

20 世紀最具影響力的經濟學家及社會思想家代表
——弗雷德里希・海耶克

弗雷德里希・海耶克（Friedrich Hayek，西元 1899～1992 年），出生於奧地利，英國知名的經濟學家和政治哲學家。海耶克以堅持自由市場資本主義，反對社會主義、凱因斯主義和集體主義而著稱。他被視為奧地利經濟學派最重要的成員之一，對法學和認知科學也有著相當重要的貢獻。

1974 年，海耶克和他理論的對手瑞典經濟學家綱納・繆達爾（Karl Gunnar Myrdal）一同獲得了諾貝爾經濟學獎，諾貝爾獎表彰「他們

弗雷德里希・馮・海耶克

在貨幣政策和商業週期上的開創性研究，以及他們對於經濟、社會和制度互動影響的敏銳分析」。1991 年，海耶克還獲得了「美國總統自由勳章」。

海耶克曾長期任教於英國倫敦政治經濟學院、美國芝加哥大學以及德國弗萊堡大學，與芝加哥經濟學派關係密切，主要代表作有《通往奴役之路》(The Road to Serfdom)、《致命的自負》(The Fatal Conceit)、《自由秩序原理》(The Constitution of Liberty) 等。

第三章　市場經濟的起源與演變

一、為什麼要寫這本書

1929～1933年資本主義世界爆發了經濟危機，這場危機是由於資本家盲目擴大生產引起生產過剩而導致的，1929年首先爆發於美國，然後席捲了整個資本主義世界，涉及範圍特別廣、持續時間特別長、破壞性特別大，這場經濟危機讓資本主義國家的人民深受其害，它激化了社會矛盾、引發了政治危機、改變了世界歷史的發展走向，這次經濟危機給市場經濟的自由發展敲響了警鐘。

為擺脫這場經濟危機，德、義、日等國先後走上了法西斯道路，而美國則在總統羅斯福（Theodore Roosevelt）的帶領下實施了凱因斯學派的各項總體措施。在凱因斯等人看來，「市場之手」缺陷眾多，尤其是面對經濟危機時無可奈何，因此政府理應出手。當然，貨幣政策和貨幣作為政府出手的導向和工具，應當全部歸政府所有。

但發生於1970年代的兩次石油危機事件卻提醒著人們，「政府之手」真的有效嗎？在市場經濟的發展過程中，有兩個難以踰越的門檻——通貨膨脹和經濟危機。在海耶克看來，這兩個問題其實是同源的，即經濟危機的產生主要是由於通貨膨脹導致的，而通貨膨脹則是貨幣超發的表象，那麼貨幣為什麼會超發呢？

從受益主體的角度來分析，貨幣超發的最大受益方是發行方，即政府和中央銀行，因此通貨膨脹是政府壟斷貨幣發行的必然結果。海耶克認為，在當下，雖然中央銀行是貨幣的發行方，但其利益與政府之間緊密相關。只有政府才能製造通貨膨脹，因為政府控制的金融體系為政府濫發貨幣提供了條件。政府作為一個利益主體，為了實現自己的利益而操控貨幣，透過開動印鈔機滿足其財政需求，這就導致公共支出超常規的增加，

這也是通貨膨脹的主要原因。只要政府擁有以貨幣或貨幣政策滿足自己目標的權力，政府就會努力去借助貨幣來實現自己的目標，通貨膨脹就是政府濫用發鈔權的結果。

通貨膨脹和債務危機其實就是一個硬幣的兩面，企業的債務一般包括可用於償還的固定資產和非固定資產，而政府和國有部門的債務並沒有資產可以抵押，因此債務危機產生之後，如果政府採用發行更多貨幣的方式來緩解，那麼貨幣就會貶值；如果政府不超發貨幣，那債務危機就無法消除。所以說，以凱因斯學派為首、主張政府調控的現代總體經濟學的困境一定程度上就在於此。

而海耶克認為，如果將貨幣交由私人發行就不會出現這樣的問題，因為他們發行的貨幣必須有一定的資產進行抵押。在私人貨幣體系下，人們可以「用腳投票」，對貨幣發行者進行約束。並且，一旦價值發生了波動，人們就可以對貨幣進行兌換，選擇最為保值的優質貨幣，進而擠出貶值的一般貨幣。

二、核心的問題：貨幣到底是什麼

貨幣通常被認為是人們普遍接受的交易媒介，而我們關注的重點則在於手中的貨幣是否可以正常流通，而流通只能算是對貨幣功能和屬性的一種定義。

事實上，被稱為商品的物品，都具有一定的流動性，因此海耶克對「貨幣」的定義進行了更為精準化的描述，稱之為「通貨」，包括紙幣、支票以及可以發揮支票功能的各種交易媒介。

第三章　市場經濟的起源與演變

(一) 貨幣的功能

貨幣擁有四種功能，即購買商品和服務的流通功能、以備未來之需的價值儲藏功能、支付薪資或債務的支付功能、標記商品或服務價格的價值尺度功能。

海耶克認為，最優的貨幣有一個最重要的特徵，即幣值穩定，也就是說，用貨幣來標記的各類商品，它們的價格波動幅度保持一致性，這樣一來就能降低商品價格波動所產生的經濟風險。市場主體和個人如果在經濟生活中可以選擇最優的貨幣，那麼就會既有利於商業活動，又有利於個人生活。

(二) 貨幣的價值來源

普遍認為，貨幣的流通基於其穩定性，而貨幣價值主要來自其稀缺性，以及在此基礎上形成的市場信任。海耶克則認為，貨幣的價值來自貨幣數量，而不是貨幣可以購買什麼。

海耶克提到，在市場競爭的貨幣體系下，貨幣的購買力是由發鈔方最終發行流通的貨幣數量決定的。即使是在金本位的體系下，貨幣的價值也不來自黃金，所謂的金本位只是讓政府有約束化地控制貨幣的數量。因此，海耶克認為即使不與黃金、白銀等貴金屬掛鉤，只要發行的貨幣數量是穩定的，那麼任何替代品都可以使其價值保持穩定。

(三) 法定貨幣

在現行的貨幣體制下，每個國家或地區使用的貨幣都是其法定貨幣，法定貨幣也可以粗淺的理解為法定的貨幣或有法律保障的貨幣，更為準確

09《貨幣的非國家化》──市場競爭機制與貨幣發行

的定義則是政府發行的、以政府信用為擔保的、強制市場主體和個人在市場交易和債務償還等商業活動中使用的貨幣。

法定貨幣的核心是交易和索取權，是一種有法定職能的收據，但這種收據只能流通，不能要求國家或政府強制兌付，因此法定貨幣可以理解為政府向居民借錢但是不需歸還的權力憑證。

(四) 貨幣的發展

最初，政府並不直接製造貨幣，而是為市場中已經形成的、被普遍當作貨幣使用的東西擔保其重量和成色，例如早期的扇貝、各類金屬等。海耶克認為，在技術尚不發達的古代社會，政府為此類東西提供統一的鑄造技術和辨認特點是有益的。這些鑄幣最初只是由私人發行，政府提供擔保，但當政府發現鑄幣有利可圖時，就開始壟斷鑄幣權和發行權，因為透過收取鑄幣稅的方式，政府可以獲得可觀的收入。

隨著社會的發展，紙幣開始慢慢出現，當政府再次發現壟斷紙幣有利可圖之後，又開始壟斷紙幣的發行權。鑄幣所產生的鑄幣稅是部分的，而紙幣所產生的鑄幣稅則是趨近100%的。海耶克斷定：政府不可能讓紙幣不貶值。

(五) 非法定貨幣化

政府在壟斷貨幣之後，隨之而來的弊端，除了通貨膨脹和經濟危機以外，還有貨幣比值的波動和起伏。這種幣值的波動起伏，產生的原因就在於無法控制貨幣的流動總量，因此導致了貨幣價值的不穩定。而無法控制的根源則在於政府對貨幣總量的控制能力被銀行分割了，也就是說，政府

的壟斷權被稀釋了，控制權分散在了中央銀行和商業銀行的手中。各類銀行透過準備金制度衍生出了新的流通貨幣，與此同時，貨幣的購買力也隨之下降了，金融學上稱政府這種衍生貨幣的行為叫做高能貨幣的衍生。而這些衍生的貨幣沒有經過法定授權，也就是說，出現了貨幣的「非法定貨幣化」。

在這種體系下，中央銀行預設商業銀行可以「合法化」的創造流動貨幣，這就損害了在衍生貨幣前就已經持有貨幣的所有者的財產權，因為他們持有的貨幣被無形地稀釋掉了。對此，海耶克批判道：「貨幣已經不是一種有效的交易媒介了，而是掠奪財富和「管理」經濟的一種手段。」政府試圖透過發行貨幣的方式，增加就業機會和發展經濟，但這個調控並沒有堅實的理論基礎，只是一種觀察到的統計現象。

三、核心的思想：貨幣應當非國家化

海耶克的「貨幣的非國家化」思想主要有以下三個理論基礎。

理論基礎之一：競爭思想。

海耶克認為，競爭並不是人為創造的產物，而是人們發現的現象，即競爭是我們觀察到的、在市場中某些現象或者事實背後的真相，是不斷迭代和理論化的機制。

價值產生於競爭，競爭則有利於市場效率和福利的實現。競爭是普適性的規則，這與英國生物學家、進化論的奠基人達爾文「物競天擇，適者生存」的思想是同源的。貨幣的價值和信用也應該由市場競爭所決定，只有透過市場的考驗，才能發現什麼樣的貨幣是最佳且合適的。

海耶克將貨幣的本質歸納為一般商品，同時也承認貨幣是一個價值

09《貨幣的非國家化》—市場競爭機制與貨幣發行

符號,將其納入一般的經濟規律中去考察,也符合「貨幣的產生是市場演化的結果」這個事實。而壟斷化的貨幣和銀行體系,阻礙了貨幣體制的進步,也壓制了普通商人創造穩健可行貨幣的積極性。

理論基礎之二:看不見的手和自發引導的思想。

貨幣作為一種商品,從本質上而言,與作為提供交易媒介的服務和提供其他服務的商品並沒有什麼區別,因此是符合英國經濟學家亞當斯密「看不見的手」的理論的。

海耶克認為,自利思想下的理性經濟人是有利於大眾的。他提出「只要能夠使自私自利的私人銀行在公共利益中獲得好處,它將比任何公共機構更加服務於公共利益。」他還強調,即使是再聰明或者再具有同情心的制度,也遠不如依靠純粹的自利所產生的制度。只有貨幣的產生和流通是出自於發鈔銀行的自利而不是政府的仁慈時,我們才算是真正進入了幸福時光。

海耶克把貨幣問題放到奧地利著名經濟學家門格爾的「自發引導」或是「自發秩序」的背景下進行討論,認為貨幣應當是市場自發形成的,而不應該是被政府或者其他機構設計的,與語言、道德、法律等其他事物無異,都是出於社會需求而產生的。

理論基礎之三:價格理論思想。

從經濟學角度上說,價格不僅受供需機制的影響,還會受到貨幣的影響,這項理論是基於通貨膨脹或者通貨緊縮而言的。

由於價格的變動與貨幣的發行、流動緊密相關,因此價格會受到貨幣的影響。一旦商品價格與貨幣產生了關聯,那麼壟斷化的貨幣一定會透過不合理的價格機制讓資源產生錯置。

第三章　市場經濟的起源與演變

但海耶克並不認同這種理論，他認為一種商品的價格應當是由該商品的供需所決定的，即供過於求時價格會下降，反之則會上升，在這種情況下貨幣是中性的，而且理應是中性的。因為貨幣僅僅是一種市場的交易媒介，是服務商品流通和交易的工具，因此貨幣本身不應該對商品價格和交易產生影響和發揮作用。

在這些價格理論的基礎上，海耶克總結了現有的一些失誤，主要是針對購買力和流動性進行區分。貨幣之所以有價值，是因為其具有稀缺性，而稀缺的正是貨幣的購買力，即一單位貨幣所能表示的商品數量，而不是政策制定者所定義的稀缺的流動性。因此，對於貨幣而言，管理貨幣的購買力即內在價值，遠勝於管理貨幣的流動性即貨幣的調控價值。

四、主要的觀點：私人銀行及競爭化能夠產生良好的貨幣

傳統國有化的貨幣，最大的弊端就在於貨幣價值的不穩定，因此如何解決貨幣的穩定性問題就成為選擇良好的貨幣關鍵。海耶克認為這個問題的解決在於競爭機制的引入，可以透過競爭的方式實現良幣驅逐劣幣，在市場機制和自發選擇中篩選出良性貨幣。

因此，他對劣幣在市場中驅逐良幣的格雷欣法則（Gresham's Law）進行了批判，格雷欣法則的錯誤就在於其劣幣和良幣的固定兌換比率，而這個比率的產生來自政府對貨幣發行的壟斷，由此可以得出：一旦打破貨幣發行的壟斷，實施自由的貨幣競爭機制，貨幣也將會優勝劣汰。

銀行作為貨幣的供給者，在成功發鈔和幣值穩定情況下，可以獲得利潤，因此也會有其他銀行不斷湧入私人貨幣發行市場，直到銀行業實現零利潤。當然，銀行作為市場的主體，類似於一個公司，在市場中也有敏銳

09《貨幣的非國家化》──市場競爭機制與貨幣發行

的嗅覺，在發現所發行的貨幣幣值波動時，可以透過調節貨幣供應量的方式來適應市場需求，以確保幣值穩定。

事實上，身為理性經濟人的銀行都會做出這樣的決策，因此銀行競爭的本質就是信任競爭，即誰的貨幣穩定，誰在市場中就可以生存下去。那會不會有銀行為了利潤而進行惡性競爭呢？海耶克認為：「不會的。」因為如果一家銀行沒有與儲蓄相匹配的貨幣發行量，在市場機制下用該種貨幣所表示的價格就會告訴消費者這種貨幣在貶值，那麼人們會立刻將這家銀行的貨幣轉換成其他更加穩定的貨幣，這家銀行會因此退出市場。

在這種機制下，政府要做的就是退出貨幣發行，進而轉向對貨幣的監管，取消有關貨幣發行的法律，以及逐步取消中央銀行。此時，政府的任務就是保障「合法的自利」能夠有序進行，提供良好的競爭市場，維護市場機制的正常執行，一旦有個體對市場進行破壞或者侵犯私人權利時，政府理應及時出手，對破壞者或侵犯者進行懲罰。

而對於私人銀行實現貨幣穩定的方法，在海耶克看來，主要有兩種。

- 一是貨幣和一組商品的價值掛鉤，和其他貨幣保持可兌換性或可贖回性。為了贏得客戶的信任，維持貨幣單位的價值，私人銀行會向人們承諾，見票即可付給同等價值的其他貨幣，而兌付的數量恰好足以讓其在現有商品交易所購買到事先公布的各種商品。換句話說，發行者需要時刻準備，以事先公布的比率購進或售出回流到其銀行的任何數量的這種貨幣。只有貨幣之間可以進行自由兌換，才有充分的競爭。

- 二是私人銀行有能力調整和控制鈔票發行量。銀行可以透過出售或回購通貨或放貸的方式，來控制貨幣的總量、穩定貨幣的價值。並且，

第三章　市場經濟的起源與演變

因為有各種貨幣的匯率（價格）為發鈔銀行提供資訊，電腦會對匯率進行計算，可以根據匯率資訊來調整貨幣量，而方法就是發放貸款或回購貨幣，所以發鈔銀行可以知道自己發行貨幣的多少。

10 《利息理論》——利息的基礎理論與運作機制

《利息理論》——利息的基礎理論與運作機制

經濟計量學的先驅、美國第一位數理經濟學家
—— 歐文・費雪

歐文・費雪（Irving Fisher，西元 1867～1947 年），美國著名的經濟學家、數學家，曾擔任耶魯大學教授，也是經濟計量學的先驅、美國第一位數理經濟學家。

費雪是耶魯大學第一個經濟學博士，但卻是在耶魯大學數學系獲得這個學位的。在經濟學領域，費雪對一般平衡理論、數理經濟學、物價指數編制、總體經濟學和貨幣理論都有重要貢獻。至今仍被人廣泛提起的是，他對貨幣數量論和總體經濟學的貢獻，代表作是 1911 年的《貨幣的購買力》和 1930 年的《利息理論》（*Theory of Interest*）。

歐文・費雪

第三章　市場經濟的起源與演變

一、為什麼要寫這本書

費雪說:「《利息理論》這本書主要是為金融界、實業界的領導者以及經濟學教授與學者所寫。」第一次世界大戰前,為籌措戰款以及戰後賠款所造成的巨大通貨膨脹,引發了各國實業家與經濟學家對利息本質和起源的思考。費雪指出,在《利息理論》中,雖然對利息相關的核心思想沒有任何改變,但它不僅修改了原本在《利率論》中的表達方式,而且根據有關經濟學讀者的批評意見,對其中不太容易理解以及容易引起誤解的內容做了補充說明。

與利息有關的討論自古以來就存在。西元 1888 年,奧地利學派著名經濟學家龐巴維克(Eugen von Böhm-Bawerk)提出了時差利息論,把時間因素引入利息理論中,這也為費雪的利息理論奠定了基礎。雖然在社會主義國家利息理論的主流還是馬克思的利息理論,認為利息是工人階級創造的剩餘價值的一部分,但目前西方經濟學界關於利息理論的主流是費雪提出的時間偏好論。

西元 1894 年,費雪在瑞士旅遊途中發現了一個山間水塘,水塘由傾瀉而下的瀑布形成。目睹此景,費雪突然靈光乍現,似乎偶然間找到了能夠精確定義財富、資產、利率和收入的方法。費雪說,如果把一定時間內落入池塘的水看作收入,那麼在特定時間內,有著固定容量的水就是資產,這也是費雪找到的定義收入與資產關係的方法。費雪提到,在經濟學領域,要證明學說的創造性並不容易,因為一切新思想都可在早期學者的著作中找到它的萌芽。

可以說,費雪創造性地在龐巴維克等前人的觀點上,進一步深入推進了利息與利率的研究,提出了利息依賴的基礎,完善了整個利息理論。

二、分析的對象：收入與資本

人們常常以為，利率是由資本決定的。或者說，資本的供給與需求的多少決定了利率的高低。事實上，這些都是錯誤的觀念，而且因果關係恰恰相反。要釐清關係，就必須要明白：什麼是收入、什麼是資本。

(一) 收入到底指什麼

其實，貨幣在花費以前是沒有用處的，而所謂的薪資，實質上也不是由貨幣支付的，而是由貨幣能夠買到的享受支付給我們的。也就是說，只有當我們用貨幣來購買食物、衣服或者汽車等消費品，然後進行享受時，這些我們實際享受的東西才成為最後的收入。

所以，費雪指出：「收入是一系列的事件。」這句話的意思是說，對每個人來說，他所經歷的事件才是他所直接關心的，因為正是他所體驗到的這些事件，才構成了他的收入。如果說外部事件只有轉化為我們所感受到的內部事件時才有意義，那麼我們的實際收入，就是由能給我們帶來內部享受的最終外部物質事件所構成，例如房屋的居住、衣服的穿著、報紙的閱讀等。正是這些外部事件，才構成了我們的生活。

但是，這些外部事件，就像它們帶給我們的內部享受一樣，是不易衡量的。即使一個人親身體驗到了，也無法用統一的標準來計算。所以，我們通常用為獲得這些東西所支付的貨幣多少來衡量。例如，我們無法衡量吃晚餐帶給我們多大的享受，但是我們知道為此花費了多少錢；我們無法衡量看電影時的感受，但是知道付出了多少的票價。這就是貨幣支付的意義，也就是它能夠衡量我們的實際收入。所以，我們平時所說的收入就是指貨幣收入。

第三章　市場經濟的起源與演變

（二）資本是如何產生的

說到資本，我們會想到儲蓄，我們把儲存的錢進行投資，那麼這些錢其實就是資本。

但是，費雪指出，資本獲利不是收入，資本獲利是將來收入的資本化，或者說是將來收入的折現，但絕不是現在的收入。這種折現或者資本化就是靠利率來實現的。換句話說，收入和資本之間的橋梁就是利率。

舉個例子，債券價格在兩次付息之間會隨著利息的增加而上漲，但這種價值的成長不是收入的增加，而是資本的增加。只有我們把到期後的債券賣出，債券才算給我們提供了收入。同樣，我們在銀行的存款因複利而增加，這也不是收入，而是資本的增值。但如果銀行工作人員將存款的增值額交給我們時，這才是收入。收入可用於投資，進而轉變為資本；資本可用於消費，進而轉變為收入。如果我們對資本與收入的概念搖擺不定，就無法理解利息理論。

在釐清了收入與資本的本質之後，就可以進一步總結出兩者之間的關係，這就是資本價值是收入的資本化或收入的折現。資本價值會隨著儲蓄的增加而增加，而收入所減少的數額正好等於資本所增加的數額。

三、研究的視角：人性不耐

利息理論與價格理論非常相似。利率在本質上，其實是現在收入與將來收入的交換價格。在一般價格理論中，對價格的制定，有一部分是由心理或主觀因素決定的，例如股票市場的追漲殺跌。同樣，在利息理論中，利率有一部分也是由主觀因素決定的。也就是說，人們對收入會存在時間偏好，這也叫做人性不耐。

10《利息理論》─利息的基礎理論與運作機制

不耐,用英文表示為 impatience,其實是來描述人們不想等待,而更想即刻擁有收入的主觀心理感受。一般來說,人們會偏好現在的財富勝於將來的財富。

不過,直覺告訴我們,每個人對擁有收入的時間偏好程度或者不耐程度肯定是有差異的。根據費雪的總結,一個人的時間偏好或者說不耐是由他收入流的四個特徵決定的。

- 第一,個人所預期的實際收入多少。
- 第二,收入的時間形態,或者說收入時間上的預期分配,也就是未來收入是固定不變的、遞增的,還是遞減的。
- 第三,收入的構成,一般說來,全部收入包括飲食、住所、娛樂和教育等個人日常消費的各方面。
- 第四,收入的風險大小或不確定程度。

(一) 收入對不耐的影響

明確了收入的這四個特徵,有一點需要說明,在另外三個條件不變的情況下,一個人的不耐程度取決於收入的數量。從理論上說,在其他條件相等的情形下,收入越少,人們越偏好現在的收入而非將來的收入。換句話說,收入越少,儘早獲得收入的不耐程度就越大。我們一般認為,一個人收入越少會越貧困,而貧困會給人帶來生活壓力,這也就會造成貧困影響了人們對收入的時間偏好。這個影響可概括為兩個部分。

- 一部分是理智的影響,表現在為了滿足當前需求而延續生命以保持奮鬥的能力。例如一個人僅有一塊麵包,即使明年可以得到十塊麵包,他也不會留到明年,因為如果他這樣做的話,今年就會挨餓,甚至活

不到明年了。所以,費雪強調現在收入的重要性就是因為現在是通向將來的道路。

- 另一部分是非理智的,表現在人們因為當前需求的迫切,往往會忽視將來的需求,做出短視近利的行為。貧困往往會削弱人們的遠見與自制力,只要目前的迫切需求被滿足就行了。

(二) 收入的時間形態對不耐的影響

如果僅從時間形態方面考慮,那麼收入的時間形態主要包括固定收入、遞增收入以及遞減收入了。

當一個人的收入逐漸增加時,與收入不變或收入逐漸減少相比,這個人會增加對現在收入的偏好,而減少對將來收入的偏好。相反,當一個人的收入逐漸減少時,也就是他現在的收入要高於將來的收入,那麼他對現在收入的偏好是不會高於對將來收入偏好的,他甚至會儲蓄一部分現在的收入,以應對將來的需求。如果我們將收入數量的多少與收入的時間形態合起來考慮,那麼我們就可以得出這樣一個事實:低收入的人比高收入的人,對時間形態的不耐反應更加敏感。

具體的說,對一個窮人來講,如果對他現在的收入有極微小的增加,就足以大大降低他對現在收入的偏好;而對他收入極微小的減少,就足以大幅提高他對現在收入的偏好。而對富人來講,只有在現在收入與將來收入的相對數量有相當大的變化時,才會使一個富人對收入的時間偏好發生顯著的變化。

（三）收入的不確定性對不耐的影響

在考慮現在與未來收入的偏好時，風險總是不可避免的話題。將來的收入總有某種程度的不確定性，而這種不確定性自然會影響到人們對收入的時間偏好，或者不耐程度。

但是，風險對人們收入時間偏好的影響會隨著風險發生的時期的不同而有所差別。

- 一種普遍的情況是，人們通常會認為最近將來的收入是相當靠得住的，但更遠將來的收入不安全性或者不確定性更大。因為遙遠的將來相比於最近的將來更難以預料。所以，人們會非常重視更遠將來的收入，這也就是說，將來收入的不確定性會降低人們對現在收入的偏好，這也是我們通常所說的「未雨綢繆」。
- 但還存在與一般情況相反的另一種情形，就是就近收入的風險大而將來收入的風險小。例如，戰爭、罷工或者其他災禍發生時就是如此。總之，風險在一些情況下會增加收入的不耐，另一些情況下則會降低不耐，這要看風險發生作用的時間而定。

簡而言之，一個人對收入的不耐程度取決於收入數量多少、時間形態以及不確定性。但是這些影響程度還會因個人的性格特徵而呈現出差異。根據費雪的觀點，這種差別至少是由六種個人特徵上的差異所造成，包括遠見、自制、習慣、壽命的預期、對他人生活的關懷和社會風俗。總之，在一個人身上，這些傾向的總結果，將會決定他在一定時間、一定情形與特定收入下的不耐程度。這個結果因人而異，並且對同一個人來說，也會因時而異。

第三章　市場經濟的起源與演變

四、核心的思想：利息的三大近似論

費雪透過分析一個人對收入的時間偏好，得出三個結論。

- 第一，人們對現在的時間偏好或者不耐，本質上就是人們認為現在擁有收入優於將來擁有收入。
- 第二，任何特定個人的不耐程度取決於實際收入流的特徵，也就是取決於收入的數量大小、時間形態和不確定性。
- 第三，這種個人不耐程度對實際收入流的依賴關係是因人而異的。

這三個結論馬上又會引起一系列新的問題：每個人對收入的時間偏好是不是都是不同的？如果是這樣的話，那麼這種不同和市場利率又有什麼關係呢？市場利率是市場上每個人時間偏好率的平均數嗎？還是利率會讓每個人的時間偏好率均等起來？

(一) 第一近似論

如果從這些疑問中提煉出一個最本質的問題，那就是市場利率到底是如何決定的？這也是利息的第一近似論所要回答的問題。

利率的決定是非常複雜的，要清楚闡述這個問題，就必須為利率的執行市場營造出一個理想化的環境，這也有助於我們更容易理解。因此，費雪提出了四個假設條件。

- 第一個假設是，每個人的收入流在開始時都是確定的，也是固定的。

這項假設只是為了我們解釋的便利性而設定的，而且它也並沒有脫離實際社會。例如，有很多薪水階級靠勞動來獲取收入，他們並沒有別的機會來增加將來的收入，所以收入是確定且固定的。

10 《利息理論》——利息的基礎理論與運作機制

- 第二個假設是，在一個巨大且完全競爭的市場上，個人是無足輕重的。
- 第三個假設是，個人無論是身為借款還是身為貸款人，都可以自由進入市場，並且依照市場利率，借入或貸出任何大小的數額。

結合第二個假設和第三個假設來看，費雪在這裡利用了一個完全競爭市場的概念來進行說明。也就是說，每個人在市場上都是非常渺小的存在，他不會對利率有任何顯著的影響，並且他的借貸數量沒有任何限制。因此，一個想要借款的人能夠按照市場價格（也就是利率）來獲得他所希望的任何數額的借款。

- 第四個假設是，個人變更他將來收入流的唯一方法就是透過借貸。

當然，在現實生活中，借債與放款並不是變更一個人收入流的唯一方法，買賣財產也可以達到同樣的目的。所以，為了便於理解，費雪暫時用買賣財產的例子來解釋收入流的時間形態是如何變更的。費雪認為，透過出售某種財產權和購買某種財產權，就能夠將一個人的收入流變成任何他所希望的時間形態。例如，一個人購買了果園，那麼他在將來就可以獲得更多的蘋果，這就實現了他收入的遞增。如果這個人現在購買了蘋果而非果園，那麼他現在就擁有了更多蘋果，而將來的收入則會更少，這是實現了收入的遞減。

費雪認為，如果他提出的四條假定完全滿足，那麼就可以由第一近似論來解釋市場利率的形成，這就是，每個人的時間偏好率或不耐程度取決於他的收入流。並且，透過借貸或者買賣的方式來實現收入流的變更，讓市場上所有人的邊際不耐程度都相等了，並等於市場利率。同樣，那些偏好率低於市場利率的另一類人，他們也要讓自己的偏好率與市場利率一致，達到總獲利的最大化。

第三章　市場經濟的起源與演變

所以說，個人會讓自己的偏好率等於市場利率，以實現自己獲利的最大化。但同時我們也注意到，對個人來說，市場利率是固定的，他是按照市場利率來逐漸調整自己的偏好率，也就是對於單獨的個人來說，利率是因，他的借貸是果。但是，對整個社會來說，這個因果次序是顛倒過來的。也就是說，對社會來講，是每個人偏好率的總體情況決定了市場利率，進而讓借貸市場達到了平衡。

總之，利率記錄了市場現在收入優於將來收入的共同偏好率，而這個共同偏好率是由人們對現在收入與將來收入的供需所決定的。

(二) 第二近似論

在利息的第一近似論中，我們假定了收入是確定的和固定的，人們只能透過財產的買賣或者說借貸的方式來改變收入。現在我們放鬆這項假設，設定了一個更加接近實際生活的新假定：收入流不是固定的，而是彈性的。

這項假設意味著人們獲取收入的方法不是唯一的，而是可以透過很多種方法。例如，一塊土地的所有者可以將它用於多種用途，例如耕種五穀、牧養牲畜、栽植樹木、開採礦物或建築房屋。所以，在討論第二近似論時，個人需要做出兩種選擇。

- 第一，要從許多種獲取收入的方法中選擇一種。
- 第二，同第一近似論中的假設一樣，他可透過現在收入與將來收入的交換，選取一個最合意的收入流的時間形態。

實際上，這兩種選擇是同時進行的。

首先考慮存在任意的收入流。很顯然，人們在任意多種收入流中，會

選擇能夠給他提供最大收入的。當然，我們同時也要考慮到，收入流是存在時間形態的，也就是存在不變的、遞增的或是遞減的狀態。人們依據什麼原則來選擇最優收入流，也是第二近似論中的一個基本的和特有的問題。

費雪指出，表面看起來，第二近似論中的種種收入流情形似乎與第一近似論中的固定收入流沒有大區別。但事實是，這兩種情況有很大不同。因為根據現在的假定（也就是存在著任意的收入流），個人的特定選擇是取決於利率大小的，也就是利率的變化會影響到個人對收入流的選擇。

其實，利率的變化會引起收入流的相對吸引力發生變化，也就是高利率會鼓勵獲利迅速的投資，低利率則會鼓勵等待遙遠的投資。所以，對個人來講，他會根據市場利率選擇某一個收入流。但是，對社會來講，這種因果關係又是相反的。例如，如果我們國家，到處都是幼樹森林，只能提供給我們遙遠收入的機會，那麼在其他條件相等的情況下，利率要遠遠高於其他國家，也就是利率會高於礦山和油田分布較多的國家。

所以，利息的第二近似論告訴我們，每個人都有特定的、一系列的任意收入流可供選擇，這些收入流的數量大小不同，時間形態也不同。在這一系列選擇中，每個人會選擇根據利率計算出來的、具有最大現值的特定收入流。

（三）第三近似論

費雪認為，如果從實際生活的角度來看，第一近似論和第二近似論都是存在重大缺陷的，因為在假設中完全沒有考慮到收入的不確定性。

費雪指出，在假設分析時，之所以把風險因素省略，一方面是為了表

第三章　市場經濟的起源與演變

述簡單，另一方面是為了讓大家將注意力集中在對利率關係最大的那些因素上。而在實際生活中，「將來」最顯著的特點，就在於它的不確定性。如果我們考慮將來事件的不確定性，那麼市場上存在唯一的利率就似乎靠不住了，現在與將來財富的交換利率就要根據風險大小以及交換時間的不同來設定了。從這方面考慮的話，我們就會發現有儲蓄銀行的利率、活期支票存款的利率、國債利率、商業票據利率、抵押債券利率以及優先股、普通股的利率等等。凡是能定出每年百分率且在市場上執行的，不論是書面規定還是口頭約定的，都可以稱為利率。而且我們從任何借貸契約中所包含的利率或是從財產買賣中所包含的利率中都可以發現，風險越大，利率越高。例如，國債的利率以3%的獲利率出售，而公司債則要以9%的獲利率出售。

此外，貸款的期限也是風險的重要因素。短期利率與長期利率一般是不同的，例如我們活期存款與定期存款的利率就不同，並且短期的定期存款利率要低於長期的定期存款利率。

基於此，費雪在第二近似論的基礎上補充了風險這個因素，形成了第三近似論，也就是每個人都有一定範圍的選擇，但這些選擇不再局限於絕對確定的任意收入流，包括了帶有風險的選擇。當風險沒有被估計到時，一個人會在多種不同的選項中選擇最大現值的一條收入流。當估計到風險因素時，我們仍要選取給我們帶來最大現值的收入流，但是必須考慮到不確定的因素，我們也必須接受實際獲利與我們原來預期的結果不同。

第四章
財富的本質：
金錢如何流動與分配

第四章　財富的本質：金錢如何流動與分配

11

《政治經濟學概論》——財富的生產、分配與消費

法國資產階級庸俗政治經濟學的創始人 ——
讓‧巴蒂斯特‧賽伊

讓‧巴蒂斯特‧賽伊（Jean-Baptiste Say，西元1767～1832年），出身於里昂的一個商人家庭，是法國資產階級庸俗政治經濟學的創始人。所謂資產階級庸俗政治經濟學，是馬克思主義學者對繼資產階級古典政治經濟學之後的各種資產階級經濟理論的統稱。資產階級庸俗政治經濟學只研究經濟現象的外在關聯，它為資本主義制度辯護。

讓‧巴蒂斯特‧賽伊

賽伊贊成英國經濟學家亞當斯密的自由主義立場，主張競爭、自由貿易及解除商貿限制，曾在拿破崙執政時期主編過當時頗有影響的《哲學、文藝和政治旬報》，後因拒絕支持拿破崙的保護關稅政策而被解職。

後世經濟學家們認為賽伊是繼亞當斯密、李嘉圖之後的又一個經濟學偉人。賽伊的代表作有《政治經濟學概論》（*Traité d'économie Politique*）、《政治經濟學入門》、《實用政治經濟學全教程》等。

11《政治經濟學概論》──財富的生產、分配與消費

一、為什麼要寫這本書

只有當我們明確界定了研究範圍和研究對象時，一門科學必然進步，否則，我們只是鬆散的掌握著少數真理，而不能發現它們之間的關聯。因此，賽伊對政治經濟學的研究範圍和對象進行了明確的界定。

賽伊首先區分了「政治學」和「政治經濟學」這兩個令人容易混淆的術語。賽伊認為，「政治學」是用於闡明政府及其人民之間關係以及各國相互關係的科學；而「政治經濟學」是一門關於財富是如何生產、分配及消費的科學。

財富是政治經濟學這門科學的核心。通常情況下，財富這個詞是用來指那些具有固有價值的東西，如土地、金屬、穀物以及各式各樣的商品。當財富的含義擴大到土地債券、匯票、期票以及類似的其他東西上時，顯然是因為這些東西具有內在價值。實際上，只要哪裡有真實和內在價值的東西，哪裡就有財富的存在。當人們認可某樣東西的價值時，是考慮到了它們的有用性，因為人們不會為沒用的東西定價的。賽伊把物品滿足人類不同需求的內在能力稱為「效用」，創造具有任何效用的物品，就是在創造財富，因為物品的效用是其價值的基礎，而其價值則構成了財富。

通常情況下，人們傾向於認為，絕對真理僅限於數學和自然科學中經細緻觀察及實驗的結果，倫理科學和政治科學不包含不變的事實或無爭議的真理，所以不能視為真正的科學。賽伊完全不贊成這樣的看法。

賽伊認為，事物是如何存在或如何發生的構成了所謂的事物本質，而對事物本質的細緻觀察是一切真理的唯一根據。政治經濟學闡明的就是其所觀察到的與這個主題有關的「一般事實」，並且說明哪些事實是始終相結合的，哪些是人們不需要依靠假設就可以從一個事實推匯出另一個事

第四章　財富的本質：金錢如何流動與分配

實的。因此，政治經濟學和物理、化學一樣都屬於實驗科學（experimental science），所要闡明的是物質之間的相互影響，即因果關係。

也正因為如此，賽伊指出，那些認為透過應用數學來解決政治經濟學的問題，就會使這門科學的研究更準確的想法是毫無根據的。政治經濟學所涉及的價值，允許使用正和負之類的詞，這的確是屬於數學研究的範圍，但同時也受到了人類的才能、需求和欲望的影響，價值不易於精確評定，所以不能提供用於絕對計算的數據，這在政治學和物理學中也一樣，重要的是掌握因果關係的知識。

二、核心的思想：財富的生產、分配和消費

賽伊建立了政治經濟學的三分法，把政治經濟學劃分為財富的生產、分配和消費三部分。

(一) 財富的生產

賽伊指出，創造具有任何效用的物品，就是創造財富。而人力是不能創造物質的，構成地球的物質數量也不能增加或減少。人類所能做的，只是將現有的物質改造成另外一種形態，這種新形態可以提供給這種物質此前所沒有的效用，或僅僅擴大其原有的效用。因此，這不是創造物質，而是創造效用。賽伊把這種創造稱為財富的生產。在政治經濟學上，生產不是創造物質，而是創造效用。生產不是用產品的長度、體積或質量來衡量的，而是以其所提供的效用來評估的。因此，沒有創造或增加效用，就沒有實際生產財富。

11《政治經濟學概論》──財富的生產、分配與消費

1. 如何創造效用、生產財富

賽伊認為，可以透過勞動的方式來創造效用、生產財富。但是勞動不是由單一的部門完成的，而是原料、資本、自然力以及商業的相互協助完成的。

- 首先，人類作為勞動的主體，必須擁有已經存在的產物，即原料。
- 除了原料，還有各種不同技藝所需要的工具，以及勞動者在完成工作或生產過程中所必需的生活必需品。賽伊將原料、生產工具和勞動者所需的生活必需品的價值稱為生產資本。如果沒有資本，勞動就不能生產任何東西。換句話說，資本必須與勞動合作，這個合作在政治經濟學上叫做資本的生產作用。
- 勞動除了要借助於資本，即借助於它自己先前創造的產品來創造更多的產品之外，還要利用不是它自己創造的而是大自然提供的各種力量的作用和動力，透過與這些自然力的合作，它把一部分效用賦予各種物品。賽伊將其稱為自然力的生產作用。

事實證明，土地生產出來的價值與勞動、資本、自然力這三者的共同作用有關，其中雖不是唯一卻起最重要作用的是能夠耕種的土地。而且，除了勞動、資本和自然力這三者之外，沒有任何其他因素能夠生產價值或增加人類的財富了。

- 然而，勞動、資本和自然力並非必須同屬一個人。無論借出的是勞動、資本還是土地，由於是這三個因素共同合作而創造出價值的，而且對它們的使用也是有價值的，通常需要支付費用。借用勞動就要為勞動力支付薪資，借用資本就要為資本擁有者支付利息，借用土地就要為土地所有者支付地租。

第四章　財富的本質：金錢如何流動與分配

2. 勞動創造效用的過程

此外，政治經濟學還關注財富累積的過程，即勞動創造效用的過程。賽伊仔細研究了人類勞動的工作方式後發現，無論勞動生產的產品用於什麼目的，都是由三個步驟完成的。

- 第一步是研究有關產品的自然規律和法則。
- 第二步就是運用這些知識來實現一個有用的目的。
- 第三步就是把這兩個步驟所提示和指明的手工勞動的各種零件組裝在一起。

賽伊用鑄造鐵鎖的過程來舉例。

獲得鐵鎖的第一步是研究有關鑄造鐵鎖的自然規律和法則。如果事先不知道鐵的效能，不知道開採礦石和煉鐵的方法，不知道怎樣熔鐵和鑄造，就不能製成鐵鎖。第二步就是運用這些知識來實現一個有用的目的，例如把鐵鑄成鎖的形狀，就可把門鎖起來，只有與之匹配的鑰匙才能打開。第三步就是進行這兩個步驟所提示和指明的手工勞動，如把鎖的各種零件組裝在一起。

但是這三個操作過程很少由同一個人來實施。一般的情況是：一個人研究自然規律和生產方法，這個人就是哲學家或科學家；另一個人把前者的知識應用於創造有用的產品，這個人是農場主、製造商或是商人；第三個人在前兩人的指導下提供實施和運作，這個人就是勞動者。每一種操作所需要的勞力需要不同的才能，而且足以占用一個人的全部時間和精力。不但如此，在某些情況下，這些操作又可以分成更小的部分，每一小部分都足夠給一個人提供專門的職業。這就涉及了政治經濟學中的另一個重要概念：分工。

3. 分工

亞當斯密是第一個指出產品數量的無限增加和產品品質的極大改善是由於分工而引起的。賽伊在《政治經濟學概論》中援引了亞當斯密《國富論》中著名的釘子製造商案例。

從事釘子製造過程的工人每人完成釘子的某一部分：一人拉鐵絲，一人剪鐵絲，一人磨尖釘子。僅僅製造鐵釘頭就需要三種不同的操作，每一種操作都由不同的人擔任。根據亞當斯密的計算，透過這樣的分工，一個僱用 10 個工人但設備不是很好的工廠，一天可製成 48,000 枚鐵釘。但是，如果每個工人一枚一枚地製造鐵釘，所有操作過程從第一步到最後一步全由他一個人來做，那麼，他一天大概只能製造 20 枚鐵釘，而 10 個人一天所能製造的鐵釘只有 200 枚，而不是 48,000 枚。亞當斯密認為造成這種巨大差別有三個原因。

- 第一，工人透過不斷重複同一簡單操作而使得身體和智力在製作釘子的某一過程中更加嫻熟靈巧。
- 第二，節省了通常由於從一種工作轉向另一種工作，或由於更換工作地點、位置和工具而損失的時間。
- 第三，大量機器的發明使所有的工作變得更容易、更迅速。因為分工很自然的把每項操作都限定在了一個非常簡單和不斷反覆的作業中，作業恰好就是機器最容易完成的操作。

儘管分工可以使產品數量增多，創造更多的效用，但是賽伊認為如果只談分工為社會財富增加帶來的好處，不談分工的弊端，那麼我們對這個問題的看法便是不全面的。

賽伊認為，分工讓一生專門從事一種工作的人，獲得了比別人做得更

第四章　財富的本質：金錢如何流動與分配

快更好的才能。但與此同時，他將不適合於所有其他體力或腦力的工作。他的其他才能將逐漸減退，或完全消失。就工人階層而言，如果他們除一種工作外，其他都一竅不通的話，一定會使他們陷入更困苦更不利的境地。一個隨身攜帶工作所使用的全部工具的工人，能夠隨心所欲的更換工作地點，在任何喜歡的地方謀生。但是，只擅長生產中一個環節的工人則不能獨立，為了不離開共同工作的人，就不得不接受雇主加在他身上的任何條件。當然，這種退化也不僅僅局限於一輩子只是用力使用銼刀或鐵鎚的工人。那些從事要求運用最高智慧職業的人，也容易如此退化。例如，職業的分工讓程式設計師產生了分層，由於每一個部門僅需要編寫龐大專案中的一小段程式，只負責其中一處程式設計的工程師永遠無法得知專案的全貌。

因此，賽伊得出了這樣的結論：分工是巧妙利用人力的一種模式，由此可增加社會的生產。換句話說，分工可增加人類的能力和享受。但另一方面，分工在一定程度上會讓人類的個人才能退化。

（二）財富的分配

賽伊認為，各種生產要素的所有者都應該依據自己所提供的生產性服務，取得各自的收入。所以工人應該得到薪資；資本家應該得到利息；土地所有者應該得到地租。

1. 可交換價值的本質

賽伊指出，要想了解財富分配，首先就要了解價值，更確切的說是可交換價值的本質。

社會財富專案之所以擁有價值，是因為要獲取它們就必須付出代價，

11《政治經濟學概論》—財富的生產、分配與消費

這種代價就是在生產過程中所做出的各種努力。在付出代價並獲取它們時，這種透過犧牲取得的獲取會讓付出方真正的更加富有，因為他擁有了可以滿足更多需求的財力。

同時，如果透過犧牲來獲取的物品不能滿足所有者的個人需求，他還可以透過交換，用此物品換取到能夠滿足需求的另一個產品，而另一個產品同樣也是努力生產的結果。因此，交換行為實際只是雙方生產的相互交換，因為這兩樣產品都是生產過程勞動力努力的結果。例如，3 斤小麥可以換取 1 斤生菜，只不過是用生產小麥的生產來換取生產生菜的生產。而生產的相對價值，如同其他一切貨品的相對價值一樣，隨著需求的增加而上升，並隨著供應的增多而下降。

2. 價值的分配

賽伊以手錶為例來說明一件產品的價值在所有參與生產的人之間是如何分配的，並從源頭追溯了它的最小零件是如何得到的，以及這些零件的價值是怎樣支付給許多共同參與生產的人作為報酬的。

- 首先，金屬商從原料生產者那裡購入金屬，再轉售給製錶商。這樣，這些金屬商不僅收回了墊付的資金，同時還得到了他們應得的利潤。
- 接著，組成手錶不同零配件的製造商，把他們的產品出售給錶匠。表匠支付貨款，償還他們預先墊付的資金和利息。此外，錶匠還需支付所花費的勞動薪資。
- 然後，錶匠以同樣的方式，與那些提供錶盤、玻璃以及所有他認為應該配備的裝飾品的製造商打交道，如鑽石、琺瑯或任何他喜歡用的東西。

第四章　財富的本質：金錢如何流動與分配

◉ 最後，購買手錶的客戶，要償還錶匠墊付的全部資金及各項墊付款的利息，同時也支付給他個人技能和勞動所應得的利潤。

賽伊發現，也許手錶在它還沒完工之前，它的總價值就開始在相關的生產者之間分配了，而這些生產者比描述和想像的要多得多。連那個對整個生產環節毫不知情的購買者可能也包括在這些生產者內。原因是，手錶購買者也許曾把資本借給一個開礦的冒險者、一個金屬商或一個大工廠的董事，或一個不具有這些任何身分，但曾經把從他那裡借來的一部分資金轉借給那些生產者中的一個或更多的人。

賽伊進一步闡述道，一件產品的多數共同生產者，不必一定等到產品完全製造好以後才獲得他們對這件產品所貢獻的那部分價值的酬勞。在大多數情況下，這些生產者，甚至在這個產品尚未完成之前早就把獲取的等值物消費掉了。每個生產者都把這件產品當時的價值，包括已經消費的勞動，墊付給了在他之前的生產者。按照生產次序，在他之後的生產者償還他的墊付，以及償還產品在經過他手時增添的價值。最後的生產者一般是零售商，由消費者給他償還所有這些的墊付款，以及他對產品所增添的價值。而社會總收入的分配方式也是這個原理。

創造的價值，按這個分配方式，歸地主獲取的資金稱為土地的利潤。有時是由農民付定額地租，這個利潤就轉移到了農民手中。分配給資本家或墊款者的資金，雖然款項金額很小且時間很短，但這部分資金都稱為資本的利潤。有時，資本是按借貸方式借出的，而資本家則按借貸約定來獲得利息。分配給技工或勞工的資金，稱為勞動的利潤，他們有時也會得到固定薪水。因此，每個階級都從生產出來的總價值中獲得屬於自己的價值，而這份價值就是這個階級的收入。

11《政治經濟學概論》──財富的生產、分配與消費

賽伊揭示了財富的分配規律，但並不意味著他完全認同這個規律給各個階層帶來的收入。以科學家為例，賽伊認為，對於科學家貢獻的產品價值，他們只獲得了極不充分的那一部分價值。鑒於這種不公平的待遇，賽伊極具先見性地表明，每個充分意識到科學研究帶來巨大利益的國家，都應該透過特殊恩惠或透過讓人愉悅的榮譽獎勵來補償科學家，以此來補償他們發揮先天或後天才能而獲取的微不足道的利潤。

（三）財富的消費

在財富的消費部分，賽伊著重描述了個人消費與公共消費。他認為，個人消費者和政府，都需要謹慎對比消費對他引起的損失和所提供的滿足之間的大小關係，進行理性消費。

1. 個人消費

個人消費主要用於個人需求與家庭需求。這些需求主要包括日常的食衣住行育樂，並透過各個家庭或各個消費者個人的收入，以及各方面所需的消費品來獲得滿足，不論這收入來自個人勞動、資本還是土地。家庭財富的增減或不增不減維持原狀，都要視其消費高於收入、少於收入或等於收入來確定。所有個人消費的總額加上政府為公共目的而進行的消費，就構成了國家的消費總額。

2. 公共消費

除了那些用於滿足個人需求與家庭需求的私人消費外，還有因人們聚集在一起而產生的新種類的需求──社會需求。公共消費的目的就是滿足這種社會整體的需求。公共消費不僅包括民政、司法、軍事以及教會等所有職能部門中公務員的個人勞務，還包括消費的土地和資本的生產力。

第四章　財富的本質：金錢如何流動與分配

例如，海洋與河道的航行、公用道路、公用廣場的效用，這些都是社會從土地中所得到的生產力。

政府可以以貨幣的形式，從納稅者手中抽取一定的稅收，然後再將這些財富進行價值轉移，用於進行社會管理與服務。政府往往是公共消費的活動主體，有主導和引領的功用。因此，在進行公共消費活動時，政府也要時刻考慮這種消費是否能夠償還它的生產價值。只有在犧牲的價值能給國家產生相當利益的條件下，這樣的公共消費才是適當的消費。從這個角度來講，版圖小的國家比疆土遼闊的國家更有優勢，因為前者可以一目了然的看到經費開支與獲利的結果，更容易做出國家費用與所得利益相稱的政策決定。

3. 理性消費

此外，賽伊強調要理性消費，而理智的消費原則要求把「節約」作為美德。國民勤儉節約的美德和經過深思熟慮的消費活動可以增進國民財富的累積，避免奢侈和浪費。他在這裡提到的「奢侈」是指為了炫耀而做出的消費行為。同時，賽伊認為有四種消費行為是合理的、值得提倡的。

- 第一，有助於滿足實際需求的消費，如保證生存和身體健康的食品、簡單的衣服等生活必需品的消費一定要滿足。
- 第二，最耐久、品質好的產品消費，例如堅固的房屋及製造業耐用商品的消費是值得投入的。
- 第三，公共消費，如學校、醫院、工廠等集體單位的消費活動。
- 第四，符合道德標準的消費，例如在貧富差距很大的經濟形勢下，富人揮金如土的消費方式便是不符合道德標準的，必須積極地加以制止。

《有閒階級論》——金錢文化與社會階層的競賽

制度經濟學的創始人和主要代表 —— 托斯丹・邦德・凡勃倫

托斯丹・邦德・凡勃倫（Thorstein Bunde Veblen，西元 1857～1929 年），出生於美國威斯康辛州，是美國著名的經濟學家。凡勃倫習慣用傳統的進化論思想分析制度與經濟的互動及整體的演進過程，並基於制度的社會心理文化視角分析社會經濟現象，因而以演化經濟思想而聞名，是制度經濟學的創始人和主要代表。

凡勃倫知識淵博、研究廣泛，在哲學、心理學、生物學和社會科學領域都取得了一定的成就，出版了《有閒階級論》(*The Theory of the Leisure Class*)、《企業論》(*The Theory of Business Enterprise*)、《現代文明中科學的地位》(*The Place of Science in Modern Civilisation and Other Essays*)、《工程師與價格制度》(*The Engineers and the Price System*) 等 11 本具有深遠影響並享譽世界的著作。

托斯丹・邦德・凡勃倫

凡勃倫把從其他社會科學中汲取的知識引入經濟學中，並透過這種方式拓展了經濟學研究領域，成為 20 世紀美國最富洞見的經濟學家之一。

第四章　財富的本質：金錢如何流動與分配

一、為什麼要寫這本書

19世紀末至20世紀初的西方世界，資本主義經濟發展迅速，當時的美國社會已形成了壟斷組織主宰社會經濟、政治、文化的格局。

身為資產階級經濟學的批評家，凡勃倫並沒有從根本上否定以往的資產階級庸俗經濟學，而是理智對待客觀存在的社會現實，並基於社會制度的發展和變化探討了階級分化、批判了有閒階級的歧視性本質。因此，凡勃倫所提出的經濟學說在資產階級經濟學界曾經引起激烈的爭論。

然而，從學術視角來看，凡勃倫突破了當時主流經濟學的思考框架，研究了經濟行為的非經濟意義，分析了制度與經濟的密切關係，強調了制度對經濟行為的重要影響以及制度在經濟分析和社會分析中的重要性，讓《有閒階級論》成為制度經濟學研究的奠基之作。

二、研究的起源：有閒階級的產生

有閒階級是一個經濟學名詞，是指擁有資產、不需要擁有固定職業、生活以社交和娛樂等休閒方式為主的階級，他們熱衷於非生產性消耗時間和炫耀性消費商品，是從事非生產性工作的上層階級。

有閒階級的英文為「leisure class」，在今天看來，「leisure」一詞最主要的含義是休閒。在現代社會中，我們每個人都有休閒時光，每年都會有一定的假期外出遊玩，平日也會在閒暇時間透過各種娛樂方式打發時間。那麼，我們是否也屬於有閒階級呢？

凡勃倫認為，「有閒」並不是懶惰或清靜無為，而是指非生產性的消耗時間。這是因為，首先，有閒階級認為生產工作是不值得去做的，對它

12《有閒階級論》─金錢文化與社會階層的競賽

抱輕視態度。其次,「有閒」能夠證明一個人的金錢力量,可以讓他安閒度日、衣食無憂。最後,有閒階級之所以不願意參加勞動,主要是由於他們的心理和勞動階級的心理不同。在習慣的道德標準支配下,他們把參加勞動看成有損體面的事情,因此只從事一些沒有實際作用的腦力勞動,如學習禮儀、講求修養等,同時認為享有一定程度的閒暇、避免生產性工作乃是社會地位和金錢的象徵。以上就是有閒階級所展現的基本特點,即「明顯有閒」。

在更加具體的研究中,凡勃倫繼續得出這樣的結論——有閒階級是和財產所有權同時出現的。在財產私有製出現以後,財產就成為證明人占有優勢地位的依據,是人取得榮譽和博得尊敬的基礎,是人滿足虛榮心與自尊心的必要手段,由此人與人之間便產生了占有商品的「競賽」。也就是說,在私有產權制度下,金錢財富成為評價一切事物的標準,因此有閒階級在生活中處處炫耀金錢。為了顯示自己的優越,有閒階級對日常用品的使用遠遠超過維持生活和保持健康所需求的數量,對錢財的消耗呈現出浪費性的消費,這個現象被稱之為「明顯消費」或「明顯浪費」。

然而一個人的鋪張浪費是有限的,為了更大程度地展示自己的財力,圍繞有閒階級還產生了一批不從事生產的主婦、僕從、門客等「代理有閒」和「代理消費」的群體。這個群體是一種附屬的或衍生的有閒階級,其任務是為了原始的或正統的有閒階級的榮譽而執行的一種代理有閒。這類群體越龐大就越能增進主人的榮譽,也就能更好的展示有閒階級的財富與地位,這是透過他人「代理消費」的方式證明主人的金錢實力。

第四章　財富的本質：金錢如何流動與分配

三、研究的核心概念：炫耀性消費

　　從有閒階級產生原因的分析可知，「明顯有閒」是有閒階級的慣常表現方式，「明顯消費」則是有閒階級繼續發展所產生的行為模式，二者均為有閒階級擁有財富和獲得尊榮的象徵，與「代理有閒」和「代理消費」共同構成有閒階級證明身分與地位的方法。而隨著愛慕虛榮與比較的心態愈演愈烈，人們甚至會透過浪費的方式彰顯自己的財富。「明顯有閒」與「明顯消費」共同具有「浪費」這個要素，前者是浪費時間和精力；後者是浪費財物。因此，「明顯有閒」與「明顯消費」成為「炫耀性消費」的起點。

　　隨著社會的發展與物質產品的豐富，人們會購買超出實用和生存所必需的物品，並藉以向他人炫耀和展示自己的財力和社會地位，以及這種地位所帶來的榮耀、聲望和名譽，這種消費行為就被稱為「炫耀性消費」。

　　在「炫耀性消費」的基礎上，凡勃倫將心理學、經濟學與社會學結合起來對消費實踐和消費偏好的形成展開了詳細的研究，剖析了現代消費行為，引發了後繼研究者對於「消費主義」的思考。在比較心的驅使下，人們不再看重物品的實用價值，而是更加看重物品符號價值所帶來的身分與地位的象徵性作用，炫耀性消費的目的並不僅僅是獲得直接的物質滿足與享受，而是在更大程度上獲得一種社會心理上的滿足。因此，炫耀性消費深刻揭示了市場經濟發展所催生的日益奢靡的消費傾向。

　　在這種消費理念的影響下，一種公認的消費準則悄然而生，即購買高價商品才能顯示出購買者的富有和地位，這種預設的規則使消費者在對物品的使用方面長久保持著高價購買與浪費的消費觀念。經濟學界將此現象稱為「凡勃倫效應」，就是說存在於消費者身上，一種商品價格越高反而越願意購買的消費傾向。

12《有閒階級論》─金錢文化與社會階層的競賽

著名人口經濟學家萊賓斯坦（Harvey Leeibenstein）因此定義了一種「凡勃倫物品」，該物品的效用不僅源於它的使用價值，也源於對它支付的價格，價格越高，炫耀價值越大，其市場需求還會隨價格的升高而上升。生活中最典型的「凡勃倫物品」就是那些限量版商品，限量版商品與同類型產品的材質和樣式相差無幾，只是加入了節日元素、明星簽名或品牌紀念標誌等特定要素。這些限量版產品往往引起瘋搶，甚至要從「黃牛」手中以原價好幾倍的價格購買，價格被越炒越高，需求者卻越來越多。

而且，炫耀性消費產生的根本原因是任何個體的行為都會受到周圍人際關係文化的影響，也會受到利益引導下形成的生活方式的影響。在虛榮心的驅使下，金錢至上原則是成為有閒的最基本條件，金錢代表了一個人在社會中的價值，也決定了一個人的生活品味與對事物的判斷標準。因此，在一定情境下，人們不會因為物質的缺乏而完全不顧面子，即使委屈肚子，也會裝點門面。

在現代社會，人與人之間進行名牌比較的現象十分常見，常常有人拿著不高的薪資卻節衣縮食的買名錶、名車、精品。這是因為擁有了這些物品，似乎就能躋身有閒階級，這對於一些人來說具有足夠的誘惑。於是，他們在生活的各個方面都競相效仿有閒階級，追逐財富、熱衷名牌、維持表面精緻的高水準生活等。

然而，平日工作繁忙的「非有閒階級」參加群體活動的機會較少，要想使日常生活中接觸到的人能即刻感覺到自己的財富，只能不斷的顯示購買力，尤其是購買精品，這樣才能讓別人透過自己身上的名牌符號來了解到自身有閒的身分地位，使旁觀者認可他的支付能力與金錢地位。

可以看出，「炫耀性消費」已經成為常見的社會現象，「凡勃倫效應」

第四章　財富的本質：金錢如何流動與分配

和「凡勃倫物品」充分揭示了經濟快速發展的現代社會人們需求和欲望的轉變。

四、研究的核心：有閒階級透過金錢文化展現「有閒」

炫耀性消費是有閒階級最典型的特徵，從這種生活方式可以看出，有閒階級的生活消費水準不僅遠高於其維持基本生存的需求，同時消費品也必須經過社會禮儀的認可，因此以對文化資本的占有為表現形式的消費壓倒了單純的物質消費。

有閒階級透過浪費和揮霍來證明自己有閒階級的社會地位，無論是浪費時間和精力（如禮儀），還是浪費物品和金錢（如住豪宅、消費精品），其最終目的都是比較財富和獲得聲譽。與此同時，有閒階級把炫耀性消費作為一種社會規範灌輸給下層階級，引領著下層階級的流行風潮，製造了展現金錢文化的媒介物，包括休閒、消費、禮儀、生活方式、服裝、運動、尚武、賭博、慈善和高級知識等方面，這些都是彰顯有閒階級身分和地位的事物或表現形式。

在這種生活方式下，金錢至上的理念逐漸遮蔽了人與人之間的真實關係，取而代之的是「金錢和名牌」之間的交換關係。可以說，時尚是最能體現有閒階級炫耀性消費的準則，而金錢就是時尚的風向標與話語權，是階級分野的產物。在凡勃倫看來，社會的進步促使了時尚的快速發展，然而較低的階層卻幾乎沒有時尚，只能不斷模仿較高階層的時尚品味。

具體來看，有閒階級展現財富、地位和身分的方式眾多，這些金錢文化的媒介主要有以下幾種。

12《有閒階級論》—金錢文化與社會階層的競賽

- 其中，服裝是最容易操作的展示時尚或金錢文化的消費方式。衣服除了有禦寒、遮蔽身體等實用性功能外，還有「裝飾」這個重要的非經濟動機，炫耀性消費促使人們忽視了服裝的舒適感，以此來展現自己不凡的社會地位與無須操勞的閒暇，這個內在含義繼續促成了時尚的變化，以不斷迎合有閒階級與眾不同的時尚品味。高貴的服飾不僅必須呈現出炫耀性的昂貴和不方便，同時還必須跟得上潮流，擺脫下級階層的模仿與跟風。

- 有閒階級不僅需要使用奢華的消費品，還需要對事物有一定的審美與鑑賞能力，能夠區分消費品的名貴或低劣。鑑別能力的培養需要花費大量的時間和精力，而有閒就是非生產性的消耗時間，因此，非生產性的利用時間與精力正是有閒階級身分與地位的象徵。

- 禮儀也是有閒階級制度衍生物的典型代表，展現了有閒階級的榮譽性，也表現了對人的控制與從屬的象徵性。禮儀的起源，大部分是出於要得到對方的敬意或向對方表示善意的願望。而隨著社會制度的發展與變遷，禮儀的內容也在不斷擴充並向複雜的方向發展，禮儀中的儀態、禮貌，上流社會的風度、家族的禮法等都是在身分制盛行時充分滋長、蔓延的。

- 另外，飼養寵物也是展示金錢文化的一種方式。飼養寵物開銷巨大且通常沒有生產的任務，同時由於貓、狗等寵物在人類中獲得了高度認可，且品種越純粹、名貴就越受歡迎，這就使寵物成為替主人贏得榮譽的一種工具。同時，細心呵護這些動物的習慣會讓人呈現出富有愛心的特質，這也是仁慈的象徵，這些社會規範不斷指引著人們以塑造有愛心的個人形象的方式飼養寵物，並產生了寵物競賽以及對寵物進行畸形審美的馴化。

第四章　財富的本質：金錢如何流動與分配

- 此外，凡勃倫還認為高級學識也是金錢文化的一種表現。所謂的「高級學識」具體指的是沒有經濟或工業意義上的榮譽性學識，與可以促進工業生產或提高物質生活的「低階學識」相對應，因此對於高級學識的掌握本身也是一種有閒階級的象徵。

由此可見，生活中存在展示金錢文化的諸多媒介，人們熱衷於追逐的潮流、努力去滿足這些潛在社會規範，往往是上層階級展示其有閒有錢的一種方式。

五、研究的分析基礎：制度理論

制度是思想和習慣長期累積的產物，制度演進的過程也就是人類思想和習慣淘汰的過程，或人類應對外界環境的心理變化過程。凡勃倫提出，經濟學說研究的對象應該是人類在經濟生活中的各種制度，因此他對有閒階級的分析是立足於制度及其發展理論的基礎上的，透過分析制度的起源和演進，描述和探討了人類從野蠻時代到工業時代所產生和經歷的生活方式。

有閒階級最初表現在業務分化上，即男、女由於生活習慣的不同擔任著不同的工作，在生產業務和非生產業務之間出現了區別，進而出現了身分的差別。因此，我們從男、女勞動分配上可以看出有閒階級會隨著制度演化而發生改變的特點。

- 在野蠻及未開化時代，一個健壯男子在社會經濟中的任務是打獵或搶奪財產，透過擁有妻子和若干的奴隸獲得有閒的標籤，此時，妻子不論在事實上還是理論上都是丈夫的苦工和財產，其任務是生產可供丈夫消費的物品。

12《有閒階級論》──金錢文化與社會階層的競賽

- 在封建時期，貴族或富人透過迎娶漂亮的妻子或者侍妾來表明其財富。此時，主婦的功用大部分體現在她們明顯脫離生產勞動，由此證明其主人的權勢及地位。隨著制度的演化，妻子成為禮儀方面的消費者，需要進行「代理有閒」和「代理消費」來消耗丈夫的財產，本質上仍為丈夫的附屬品或無自由的僕人。

- 在現代社會中，有閒階級的丈夫樂於妻子流連高級會所，並在高級商場中任意揮霍，以及向他人展示妻子身上精品的價格，這些精品乍看是時代發展與文明進步的產物，然而本質上依舊是丈夫「主人」式的自豪感，達到了有閒階級炫耀性消費的目的，依舊無法脫離「代理消費」的特點，可以說，古時的社會基因深刻的印在了現代人的消費行為中。

從上述例子中可以看出，在人類發展初期的野蠻時代，尚不存在經濟特權和業務分化，因此也就不存在「有閒階級」，但原始部落的風俗、習慣和文化特徵等促使了「有閒階級制度」的初步湧現。早期的人類社會透過掠奪、征戰等方式來獲取生產資料，隨著財富累積逐漸形成個人所有制，有閒階級的萌芽與個人所有制的開始同時發生，二者是同一套經濟力量的產物。隨著人類文明的推進，政治、戰爭、宗教信仰和運動比賽這些非生產性業務都歸上層階級掌管，因此和這些相關的行為是光榮的、值得尊敬的。生產性業務則由下層階級擔任，相關的行為也遭受鄙夷與歧視。

可見，人類的掠奪性本能是對事物占有的最初動因，到了未開化時代的後期，上層階級進一步在與他人的抗爭中展示自我，強者開始搶奪財產，掠奪本能取代工作本能而支配社會。

因此，掠奪文化的形成過程，也是階級制度出現與成長的過程。從這個意義上說，階級的產生是人們生活習慣演變的結果，在原始野蠻時代的

第四章　財富的本質：金錢如何流動與分配

和平生活習慣轉變為堅決好戰的生活習慣以後，侵占和勞役之間產生了職能分化和業務區別。此時，有閒階級和平民的職業之間出現了明顯的區別：一個人占有的越多，就越可能贏得尊重並被賦予更高的社會地位。

此外，有閒階級制度不但對社會結構有影響，對社會中成員的個人性格也有影響。

隨著人類的演進產生了財富的累積和所有權制度，社會也從直接的劫掠和搶占獲得食物的階段發展到以私有財產為基礎的生產的初期組織階段，被動取得財富比透過搶劫以及侵占獲得的戰利品更受尊敬。不從事生產、熱衷於征服與掠奪的光榮是有閒階級文化心理的本質，也是遠古殘存下來的性格，具體包括現代社會中的政治職務、好鬥的氣質、體育競賽、賭博心理，以及對高級學識的研究等，這些都是人類古時基因的現代化展示，那些由制度發展而形成的文化以「約定俗成」的方式留存於人們的行為中。

在現代社會的經濟發展中，這種從事不同業務之間的歧視性區別仍然變相存在，這都是和金錢制度相結合而由遠古遺傳下來的有閒階級的特性。有閒階級不斷傳遞著其古老的性格特徵：一是透過階級內部遺傳，以及透過有閒階級血統向階級以外的滲透；二是保存並鞏固古老制度的傳統。因此，有閒階級與經濟過程的關係是金錢的關係，是營利而不是生產的關係，是剝削而不是服務的關係。有閒階級制度透過強制實行一種金錢禮俗的方案，不斷向下層階級汲取生活資料，使金錢性格特徵得以在人民中保存。

簡而言之，有閒階級是人類文化自然演進的結果，而隨著時代的發展，人們的日常經濟行為背後仍留有祖先的印記，對生產資料的本能占有驅使人們在物質生活中不斷炫耀和比較。

13 《財富的分配》——解析財富分配的內在法則

邊際效應學派的重要代表人物 ——
約翰・貝茨・克拉克

約翰・貝茨・克拉克（John Bates Clark，西元 1847～1938 年），出生於英國，曾是哥倫比亞大學教授、美國經濟學會創始人、美國經濟學會第三任會長、邊際主義經濟學家。

西元 1887 年年底，克拉克發表了一篇涉及效用思想的論文。他詳細討論了「需求」問題，其中許多方面都涉及了效用思想。甚至，他在解釋如何滿足需求的時候，幾乎已經發現了邊際效應遞減規律。克拉克還了解到了邊際效應的重要意義，進而成為邊際效應學派的重要代表人物。

約翰・貝茨・克拉克

為了紀念他對經濟學的貢獻，美國經濟學會設定了約翰・貝茨・克拉克獎，該獎項俗稱「小諾貝爾經濟學獎」，以獎勵青年經濟學家。

第四章　財富的本質：金錢如何流動與分配

一、為什麼要寫這本書

對一般勞動者來說，簽訂勞動合約並按照規定完成工作量，之後獲得應有的薪資，是一個比較常見的經濟學現象。但是，付出的勞動如何能夠在勞動力市場上獲得應有的薪資呢？長期以來，社會收入分為利息、利潤和薪資等幾種形式，並被人們所預設。但這種分配的背後，是否有自然規律在發揮作用呢？如果有的話，這個規律應該怎樣描述呢？財富又是如何在要求獲得應得權利的個體間進行分配的呢？這些問題對於從事研究工作，尤其是經濟學研究的人來說，無疑是非常重要的。

對於很多人來說，勞動是主要的謀生方式，而財富往往以薪資的形式分配到個人手中。且每個人獲得薪資的多少，往往是由勞資雙方討價還價的力度所決定的。然而，克拉克卻認為這是一種假象。他認為，薪資本身應該是受市場標準支配的。也就是說，儘管工人可以透過機智或者堅持不懈的討價還價從雇主那裡獲得更豐厚的報酬，但是這種報酬的數量是有限的。事實上，勞動力市場看似混亂無序，其背後卻存在著深奧的自然規律。

克拉克認為，在自由競爭的情況下存在一種傾向，那就是將全社會的收入總額分為了幾處來源。例如，資本家以資本要素參與收入分配，勞動者以付出的勞動參與收入分配，而企業家則以調和資本與勞動的能力參與收入分配。從這個角度來看，對財富進行全面研究，就等於對個別生產要素進行研究，從中尋找出資本要素、勞動付出，以及企業家能力這三個生產要素各自對它們所共同生產的產品的貢獻比率，進而透過這個貢獻比率對財富進行分配。

社會是否按照每個人應得的數額而給予他應得的報酬，是值得研究的。

這是因為當工人生產的數額與其獲得的收入不相等時，公民的財產權就會受到侵犯，這時，社會公平是很難體現出來的。這就像一種制度強迫工人們把勞動創造的、理應屬於工人的財產留給了雇主，那麼這種制度就是一種赤裸裸的掠奪。為此，克拉克寫作本書的目的就是要解決財富的合理分配這個問題，也就是做到避免這種掠奪性的制度產生，以有效保證社會的穩定。

二、分析的對象：勞動、資本、調節與分配

克拉克認為，參與財富分配的各大要素分別是：勞動的所有者，即工人；資本的所得者，即資本家；調節勞動與資本的雇主，也可以理解為企業家。那麼，這三者是如何分配生產出總財富的呢？這就涉及基本的財富分配規律和各要素參與財富分配的決定因素。

(一) 基本分配規律

一般來說，分配規律包含交換規律，主要說的是經濟社會中生產團體和生產團體中工人、資本家和雇主的形成過程，以及相互之間是如何實現交易的。

分配規律又分為靜態規律和動態規律，靜態規律提供了各個經濟團體和經濟主體收入的分配依據，靜態規律受到勞動資本占比影響，在沒有動態因素影響的情況下，會產生一個靜態財富標準，勞動和資本按照這個標準進行分配；動態規律說明，實際所獲收入與靜態規律所提供自然標準的差異，以及自然標準隨經濟環境發生變化的情況，動態因素有很多，其中包括技術進步等因素。動態分配規律與靜態分配規律，涵蓋了經濟學領域

第四章　財富的本質：金錢如何流動與分配

的大部分內容，各種動態經濟活動實際上也受到了靜態規律的支配，所以我們對勞動在財富分配中的研究，主要集中在靜態分配規律中的薪資標準。

同時，克拉克認為，經濟學本身就是關於交換的理論。在現實生活中，我們會發現隨處都在發生物品的交換，每一次交換所需要付出的成本都是需要衡量的，且這個衡量標準是最後效用規律，而最後效用規律和效用規律緊密相關。

所謂最後效用規律，是指在通常情況下，人們在使用相同一種物品時，獲取每單位物品都需要付出相應的成本，同時物品效用會隨持有數量的增加而減少，持有最後一個單位的物品帶來的效用越多，人們願意為此付出的成本就越多。所以，克拉克認為，一個理性的人，在進行買賣交換時，會遵循最後效用規律，會用這個物品最後一個單位的效用所值得付出的金額，對該物品進行定價。人們會把單位貨幣消耗在能給他帶來最大效用的物品上，同樣的，人們在出售自己的勞動時，也會使用最後效用規律來判斷價格的合理性。

（二）三大要素參與財富分配的決定因素

勞動和商品一樣具有價格。工人是提供勞動的主體，工人的薪資就是勞動的價格。資本是生產要素，同樣具有價格。資本家將資本借給雇主投入生產中，會收取相應的利息，所以利息就是資本的價格。然而，企業家身為雇主，從資本家那裡借到了生產經營所需的資金，僱用工人進行勞動，在產生收入後，對資本家借給他的資本支付利息，向工人支付薪資，剩餘的財富就是企業家為了調節資本與勞動所獲得的收入，一般用利潤表示。但是，在完全競爭市場中不存在利潤。那麼，這一點在經濟學中又是

13《財富的分配》—解析財富分配的內在法則

如何解釋的呢？

在經濟學中，勞動力就像商品一樣擁有價格，而這個價格就是工人的薪資。勞動力市場上的雇主扮演著消費者的角色，向勞動者提供雙方商量好的價格。而勞動者身為勞動的提供者，收取薪資並提供勞動。眾所周知，商品的價格取決於其成本，而認為，當商品的成本與價格相等時，這時商品的價格就是自然價格。在資本的原始累積以前，薪資就是勞動者的全部所得，也就是說，在不考慮資本參與生產的情況下，所有產出的收入都歸勞動者所有，勞動產出即是薪資。而從農業社會發展到工業社會的過程來看，克拉克認為，農業工人的薪資決定了社會其他產業工人的一般薪資。但是，移民和人口的增加造成了土地價格的變化，這讓政府不得不對土地加以管理。結果就是：優質的土地需要繳納租金，貧瘠的土地不需要繳納租金。這時在貧瘠土地上工作的農民的產出，就決定著社會工人的一般薪資。

我們有時簡單的認為資本就是大量的金錢，其實在經濟學中，資本有著更深層次的含義和存在的邏輯。首先，資本與資本貨物是兩個不同的概念。這兩者的區別主要表現在以下兩方面。

- 第一，資本是永久存在的，資本貨物卻容易受損而消亡。這裡也有例外，土地就是唯一一類不會像機器一樣損毀的資本貨物。所以，資本貨物除了土地以外，大多是無法永久存在的，而資本卻是可以永久存在的。

- 第二，資本具有流動性，而資本貨物則無法隨意流動。例如，我們現在隨時可以把錢轉帳到任何一個人的帳戶，而機器雖然可以移動，但是不能一直在移動，總得停下來進行生產或者停放。

第四章 財富的本質：金錢如何流動與分配

那麼，利息與租金又是什麼關係呢？對於資本來說，它所賺到的獲利就叫做利息，但對於各種工具來說，由它的獲利則稱為租金。並且，只有先算出所有工具能夠賺取的絕對總獲利，才能進一步算出利息。一般情況下，利率作為比率，可以用租金總額除以資本總額來計算。

克拉克對資本的變化與存在狀態有著更為深刻的理解。克拉克認為，節約這種行為就是放棄娛樂方面的消費，而投向能夠使財富得以增加的物品的消費。換句話說，克拉克認為，如果想要保持原來的資本和補償被消耗掉的資本，是不需要節約的，除非需要產生全新的資本才需要節約。節約所得的資本才是真正增加的資本，節約導致的社會總資本增加是一種動態現象。

在現實生活中，完全競爭市場是不存在的，所以各行各業都會存在利潤，企業家自然也就會參與到財富的分配中。企業家參與財富分配的決定性因素在於他進行組織活動時所獲得的報酬。但是，在完全競爭的市場中是沒有利潤存在的，所以企業家獲得的利潤實際上就是從資本的收入中分出的一部分。這一點可以聯想上市公司中股東與總經理之間的關係，股東身為資本的提供者，將公司交給總經理進行經營，相對的，股東會給予總經理一定的報酬作為補償。

三、研究的思路：邊際理論下的分配問題

克拉克在邊際規律的視角下，對勞動與資本的財富分配問題進行了研究，得出勞動和資本分配比例的產生邏輯與運用。在報酬遞減規律的理論基礎上，克拉克提出了兩個重要觀點。

13《財富的分配》—解析財富分配的內在法則

第一個觀點：要辨識勞動生產和資本各自特有的產品

克拉克認為，自然或靜態的價格，就是成本價格或沒有利潤的價格，它們使各個產業中每單位的勞動和資本的報酬都相等。但在經濟生活中，產業依靠的是勞動和資本的合作，因此區分勞動的全部產品與產業的全部產品非常重要，也就是說，勞動產生的全部產品是產業產生的全部產品中的一部分。這樣，要用完全由勞動產品來確立薪資標準，就必須排除資本、土地等因素創造的產品價值，並且使勞動產品可以單獨衡量。

在勞動力市場上存在著一種決定薪資價格的區域，這個區域被稱為勞動力邊際區域，也叫剩餘勞動力市場。這個區域能夠無限地接受剩餘勞動力，同時決定薪資。在勞動力邊際區域中存在這樣一些工人，他們耕種貧瘠的土地和使用廢舊的機器，並且不需要為此繳納租金，這些勞動者被克拉克定義為邊際工人，而是否需要繳納土地與機器的租金也成為邊際工人與一般工人的重要區分。且如果由一般工人確定薪資標準，那麼這將不會為雇主帶來利潤。反過來，如果由邊際工人確定薪資標準，卻能夠為雇主提供利潤。

克拉克提出，由邊際工人樹立的薪資規律是：邊際工人的收入等於自己生產的產品，而所有與邊際工人同等能力的工人，二者的收入是相等的；前者決定了薪資的自然標準，後者決定了市場標準。

第二個觀點：最後生產力決定薪資和利息

克拉克認為，人和資本貨物一樣會消失，但勞動和資本則永久存在。作為兩個永久存在的生產要素，勞動和資本一定要變更自己的形式，以適應彼此的需求。在一定數量的資本下，倘若使用的勞動有所增減，則資本的形式便要變更。同樣，一定量的勞動隨著資本的增減，也要改變形式。

第四章　財富的本質：金錢如何流動與分配

例如說，一臺機器本來需要兩個人操作就可以完成工作，如果這時引進了一批工人，每個機器平均安排 4 個工人，那麼這樣的生產效率肯定不如 4 個人操作兩臺機器那樣高，所以工廠會引入更多的資本，使生產效率進一步提高。同理，如果工廠引入了一批機器，那麼為了更高的生產效率，一定會產生引入更多勞動的需求，這就是勞動和資本互相調整的體現。

克拉克強調，薪資和利息由勞動和資本的最後生產力所決定，而研究這些生產要素的生產力，就需要應用最後效用原則，將一連串同種物品的價值都由最後一件的效用來決定，也就是說，勞動和資本在分配共同生產出的產品價值時，由兩者實際創造的產品價值占總產品價值的比例決定。打個比方，如果一個產品單位價值 50 美元，在這個產品的生產中，資本在沒有勞動力參與的情況下，對單位產品做出的貢獻是 40%，勞動在沒有資本參與的情況下，對單位產品做出的貢獻是 60%，那麼創造出一個單位產品時，相應的薪資和利息應該分別為 30 美元和 20 美元。

四、核心的思想：財富分配的意義

資本和勞動在團體中的分配意義重大，直接關係到產品生產、要素報酬及財富的累積。

（一）資本分配的意義

資本在團體生產過程中不斷增值，團體根據其產業特點採取了特定的方式，促使資本獲取更多的利益，例如現實生活中，各行各業的公司都會想方設法做大做強，擴充公司市值，實際上這就是一種資本為獲取更多利益而擴充資本的方式而已。

13《財富的分配》──解析財富分配的內在法則

克拉克認為，資本能夠從一個很小的規模，成長到巨大的規模，這裡面存在著很多原因，其中，生產工具效能的優化是一個因素，集體生產制度也功不可沒。在擁有資本的各個不同的團體之間，常常由於從事產業的特點，導致其為了更好的生存和發展而採取具有獨特性的措施。在對獨特性的產品進行生產的過程中，需要經歷一定的時期。在此期間，團體需要資金維持生產和生活，因此資本的正確分配具有重要的意義，它能使生產和消費同時存在。

資本的流動使時間間隔的限制得到了消除，各行各業可以更健康發展。只要組織、資本和勞動三個要素同時存在，勞動者在進行勞動的同時，就可以得到自身需要的商品。克拉克拿種樹與砍樹的例子，來說明是如何在生產中使時間間隔消失的。假設一棵樹需要 20 年才能從樹苗成長到可以作為木材的程度，那麼我們是不是要砍完所有的樹，然後等到 20 年後再收穫木材呢？很明顯正常的生產不是這樣進行的。我們可以先砍 1/20 的樹，然後種等量的樹，如果每一年都如此循環，就不會產生 20 年的時間間隔了。克拉克認為，資本正是利用流動性改變了生產方式，從而消除了時間間隔。

(二) 勞動分配的意義

克拉克認為，勞動創造的財富以薪資和利息的方式進行分配。工人們獲得薪資作為報酬，企業家，也就是雇主，獲取投資利潤作為報酬。工人的薪資會隨著工人人數的增加而發生改變，工人薪資的標準由最後一位工人的生產量決定，經濟學家邱念運用最終生產力假設來分析了這個變化，得出了舊有工人會受到新增加工人的影響而受到剝削的結論。

第四章　財富的本質：金錢如何流動與分配

　　邱念的主要想法是：原來的工人假如共有 10 個人完成一定量的工作，這時候會得到相應的薪資，但是如果雇主再僱用 10 個人參加原來的工作，那麼這時每個人生產的產品價值就會下降，原來就在這裡工作的工人做著同樣的工作，但是拿到的薪資卻變少了，於是表現出了工人受到雇主剝削的現象。

　　克拉克在進一步研究後發現，舊有工人生產量的減少，並不是由於工作量的變化，而是由於資本的差額，也就是說，只要這時候加大資本的投資，舊有工人的薪資就不會減少，也就不會受到剝削。

　　總之，生產量的變化受到資本和勞動兩個變數的影響。實際上，這種影響也沒有明確的數學關係，因為還有「可有可無的地帶」存在，而這個「可有可無的地帶」為薪資的制定和人員的變化提供了一個緩衝，同時還由於其邊界的模糊性而提供了一個可以衡量社會所有勞動生產力的標準。勞動分配的意義就在於，參與生產的各要素可以按它在所生產的產品中所佔有的部分來獲得報酬，讓每個人都獲得合理的薪資，進而保障每個人的財產，最終達到保障社會穩定發展的目的。

　　那麼，財富分配究竟有何意義呢？以電視機生產生產線為例，社會需要有人進行電視機的生產，但是也需要有人進行食物的生產，這裡面是勞動與資本在發揮作用，組織的作用就是讓電視機生產線的工人，在每天工作完後，可以拿薪水去食物部門購買需要的食物，而食物生產線的工人每天獲得的薪資，也可以用來購買食物，食物工人與電視機工人都可以拿購買食物以外的剩餘薪資來購買電視機。這也就是財富為什麼要進行分配的意義所在，也就是在生產的過程中，要不斷為參與生產的各要素分配收入，維持它們的存在，這樣生產才能進行下去。

14

《資本的祕密》——通向繁榮的資本運作模式

秘魯著名經濟學家 —— 埃爾南多‧德‧索托

埃爾南多‧德‧索托（Hernando Soto Polar，1941～），出生於秘魯的阿雷基帕，之後在日內瓦國際高等教育學院完成了他的研究生學業，曾擔任過關貿總協定的經濟學專家、銅輸出國組織執行委員會主席，以及通用工程公司執行董事、瑞士銀行組織顧問團負責人、秘魯中央儲備銀行總裁。

在秘魯前總統藤森（Alberto Fujimori）執政時期，索托曾身為藤森的私人代表和首席顧問，制定了400多份法案和法令，使秘魯的經濟和政治制度實現了現代化，並使秘魯重新實現了民主選舉。

埃爾南多‧德‧索托

索托被《時代》（Time）和《富比士》（Forbes）雜誌稱為世界上最具號召力的改革家之一，曾擔任總部位於秘魯利馬市的自由與民主學會的主席，該組織被《經濟學人》（The Economist）列為世界上兩個最重要的「智囊團」之一。

第四章　財富的本質：金錢如何流動與分配

一、為什麼要寫這本書

埃爾南多・德・索托和自由與民主學會一起為亞洲、拉美和中東的貧困國家制定和推行了資本形成計畫，為全世界 20 多個國家和政府首腦制定了所有權改革計畫，並一直致力於探索開發中國家貧困問題的解決之道。為了尋找開發中國家的經濟發展道路，索托試圖透過實證研究和歷史研究，找尋西方先進國家的繁榮之鑰，《資本的祕密》（*The Mystery of Capital*）就是在這樣的背景下創作出來的。

書中，索托透過對比先進國家與開發中國家資本經濟的運作模式，創造性的闡釋了資本的運作規律，並稱之為「資本的祕密」；他揭示了西方先進國家之所以繁榮，是因為他們透過資產確權的方式，建立起了法律體系，將資產啟用為資本，以此來增加資產的市場流動性；而多數開發中國家並沒有建立起資產與資本的轉換機制，它們所有的資產都只是僵化的資產，無法進行市場流通。他認為，合法的所有權制度就是資本主義助推市場經濟發展的祕密。

二、資本的定義：被啟用的資產

「資本」最初是指，資產的物質存在方式和它們創造剩餘價值的潛能。在本書中，索托認為資本是一種資產，是能夠在運動中發生增值、給所有者帶來剩餘價值的「活」的資產。也就是說，資產要成為資本必須具備兩個條件。

- 一是必須賦權，即明確財產所有權，這是先決條件。這裡的產權包括占有權、使用權、支配權、獲利權和處理權等五個方面的所有權，並

14 《資本的祕密》──通向繁榮的資本運作模式

且這些權利能夠在所有權文件中擁有清晰的表述，特別是在所有權文件中要對資產的自然屬性、權益歸屬有清晰的描述。

◉ 二是必須有完善的市場體系，來保證所有者的各種權益，能夠透過市場交易得到實現，即必須有完善的資本市場。

第一個條件是制度基礎，是先決條件，是第二個條件的保障；而第二個條件則是第一個條件的具體體現和延伸。這兩個條件缺一不可。

正是有了所有權制度和市場體系，資本才得以產生。索托認為，由於資本具有提高勞動生產力、為社會創造財富的力量，並可以為國家發展和社會進步提供根基，使得西方先進國家從資本主義制度中受益。

索托和他的研究團隊，在亞洲、非洲、中東地區及拉丁美洲等地區，做了大量的實地調查研究，收集了大量數據和事實，證明了大多數發展中地區已經擁有了可以使資本主義獲得成功的資產，但是這些資產通常以非正式的方法被持有，例如他們的房屋可能建築在所有權紀錄不夠完善的土地上，他們的公司可能沒有法人地位和清晰的職責，他們的財產權利可能沒有得到可靠的登記和確認，因此他們的資產無法被啟用後轉化為可流動的資本，這也意味著他們的交易只能在彼此了解信任、範圍狹隘的熟人圈子中進行，而無法延伸到更加廣闊的市場上。他們的資產無法作為抵押物來獲得投資，也不能投資為股票。

與之形成鮮明對比的是，在西方國家，每一塊土地、每一座建築、每一臺設備、每一件庫存，都詳細記錄在所有權文件中，這使得他們的資產與其他領域的經濟活動緊密相連。所有權制度成為這個龐大、潛在的生產過程的可見標誌。得益於所有權制度，資產可以被啟用轉化為資本，能作為貸款抵押物，進而獲得投資、進行投資或作為繳納稅款的保障。

第四章　財富的本質：金錢如何流動與分配

三、資本的運作規律：從資產賦權到制度建立

　　想像一下，如果有這樣一個國家：沒有人知道誰擁有什麼；沒有人能準確描述自己的居住地址；人們可以欠債不還；資產不能順利轉化成貨幣；所有權不能分割為股票；對於資產的描述沒有統一的標準，也無法進行比較；居民區之間乃至街道之間，管理財產的制度各式各樣……

　　有些人，他們儘管表面上貧困，事實上卻擁有難以置信的資產，可是由於缺少表述所有權和創造資本的過程，無人能準確記錄下他們累積資產的能力，這就導致了他們的資產不能得到表述，無法產生附加值，最終成為「僵化的資本」。這一點往往被大多數人所忽略，索托稱之為「遺漏的資訊」。

　　之所以存在大量「僵化的資本」，是因為在這些國家想要透過資本確權的方式來獲得資產的合法所有權，存在著重重障礙。例如，索托的研究團隊想要在秘魯首都利馬開設一家新型的、完全合法的小型服裝加工廠，他們需要填寫各種表格，經歷長時間的排隊等候，要經常乘坐公共汽車，到利馬市中心領取各種證明文件，以便按照法律規定獲得足夠的資格而合法經營。他們每天花 6 個小時，總共經過了 289 天才完成了註冊。而要想獲得在一塊國有土地上建造一座房屋的許可證，則需要花 6 年 11 個月，與 52 個政府部門打交道，完成 728 道手續。同樣的，私營公共汽車、小公共汽車和計程車司機，想要獲得營運線路的官方許可，也需要 26 個月才能完成官僚主義者規定的層層手續。

　　正是由於這些客觀事實的存在，這些國家中大多數潛在的資產沒有得到確認，資產也就無法變為資本，而資產本身潛在價值的經濟屬性沒有得到描述和組織，資產也就無法透過多重交易產生剩餘價值，最終就導致了

14《資本的祕密》─通向繁榮的資本運作模式

經濟交流受到限制，以至於國家陷入經濟落後、發展緩慢的局面。也就是說，開發中國家不能將資產附加於生產性用途上，產生附加值的根本原因就在於他們的資本不足，且無法啟用資產的潛在價值來產生資本。

那麼，如何才能將「僵化的資產」變為「活」的資本呢？必須使資產賦權，並在所有權文件上得到表述，透過使它們在紀錄系統中得到確認的方式，將資產的潛在價值概念化，對所需的相關資訊加以掌握和組織，使人們在所有權範圍內確認和開發他們的資產。具體來說，在確認了資產所有權後，可以產生六種影響，這些影響也是資本的運作規律。

一是所有權制度可以確定資產的經濟潛能，使所有者極其容易的發現隱藏在資產中最具創造力的特質。

例如，一片山間湖泊的潛能得到確認後，就可以轉化成具有使用價值的能量；一處房屋所具有的潛在價值被加以釋放後，就可以轉化為活躍的資本。在這兩種情形下，一種狀態轉化到另一種狀態都需要一個確權的過程，借助於這個過程，一種有形的實體就可以轉換為一種人為的表述方式，借助於這種表述，我們就能夠將資源從沉重的物質束縛中釋放出來，並將著眼點放在資源的潛能上面。

也就是說，資本可以透過文字形式的表述而產生，這些表述形式包括：所有權憑證、有價證券、協議、合約以及其他類似的紀錄，表述的對象是圍繞資產在經濟和社會中的價值特性，而不是資產在外觀上最引人注意的方面。藉由所有權憑證，資產的潛在價值第一次得到了描述和記錄。在先進國家，透過提供必要的資訊、參考規章和執行機制，這種合法所有權可以作為從其他方面獲取利益、建立責任制度的方法，例如貸款抵押、投資擔保等。這種所有權制度使得西方國家獲得了創造剩餘價值的工具，超越了資產的物質屬性。所有權表述不僅使得資產可以由物理特性來衡

第四章　財富的本質：金錢如何流動與分配

量，更可以從潛在的經濟和社會特性中產生更大的價值。

二是所有權制度能將分散的資訊綜合的融入一個制度之中，使有關所有權的資訊全部實現了標準化的管理，資產所有者對資產的運用也能從這種制度中受益。

這種所有權制度的核心，就是將大多數資產接納進一套正規的表述制度之中，使得這些資產的所有權明晰。正因為實現了所有權制度的統一化，先進國家的公民即使沒有看到資產本身，也能獲得資產的經濟和社會性質的描述，而不用走遍全國訪問每一個資產擁有者及其鄰居。資產的潛力變得更容易評估和交流，這大大促進了資本的產出。

三是建立責任制和信用體系，使資產從具有限制性的地方規定中解脫出來，進入全國統一的法律制度體系之中，以便資產所有者在全國範圍內負起責任。

這種制度把享有所有權權益的人轉變為承擔責任的個體，把個體從群體中分離出來，使得人們不再需要依賴鄰里關係或地方性協議來保護資產權利。人們置身於一種正規的所有權制度中，資產所有者失去了匿名的可能性，個人的責任感得到了鞏固。

也就是說，如果有人沒有為他們獲得的商品和服務付款，那麼他們的身分就能被確認，並遭到扣息、罰款、禁運、降低信用等級等懲罰，政府部門也能夠了解到違法現象和合約詐騙，並依法暫停當事者的經營權，對財產行使留置權，剝奪其對合法財產的部分或全部權利。正規所有權制度保護的並非僅僅是所有權本身，還保護交易行為的安全性，這使得公民心悅誠服的遵守著法律，去尊重所有權憑證並兌現商業合約。他們可以透過合約從事一切合理的交易行為，並同時承擔相應的義務。

14《資本的祕密》─通向繁榮的資本運作模式

　　四是所有權制度的確認，為市場交易提供了法律保障，使得資產能夠互換。在西方國家，對資產的標準化描述會被記錄下來，用以促進資產的組合。

　　正規的所有權制度規定，資產的描述方式不僅要體現出資產的獨特性，更要體現與其他資產的相似性，只有這樣，資產的潛在組合才能更容易實現。只有透過標準化記錄，資產才能突破區域限制，發揮出最大效益。事實上，所有權的表述能在不動用資產的情況下，對資產進行分割。在現實世界裡，儘管像工廠這樣的資產是不可分割的實體，但在正規所有權表述的概念化空間裡，它可以被任意分割成多個部分，而不影響資產的物理性和整體性特徵。也就是說，正規所有權表述可以作為自然資產的移動替代物，方便所有者任意進行分割和組合，透過流通和交換創造出更大的價值。

　　五是透過對資產明確所有權的方式，可以建立起人際關係網，使人們可以方便的得到有關資產的全部資料和歷史紀錄，從根本上促進資產的交流。

　　確權的過程中會將資產所有者與資產、資產與地址、所有權地位與執行機制建立關聯，使資產及其所有人的歷史資訊更容易獲得，這一系列的行為，將西方國家的國民編入一張網路之中，這張網路由可辨識的個體和需要履行責任的商業代理人組成，就像鐵路的調車廠一樣，使資產像火車一樣在車站，也就是在資產所有者之間，安全的執行。這張網路不僅僅是資產網路，更是信用網路，它使得普通公民能夠與政府及私人機建產生關聯，進而得到額外的商品和服務。

　　六是有一套正規的所有權制度，不僅保護了所有權，還保護了交易行

167

第四章　財富的本質：金錢如何流動與分配

為的安全性，可以幫助人們去探索資產的潛能，完成資本的實現。

西方國家對於交易行為安全性的強化，使得這些國家的公民能夠透過少量的交易行為調動大量的資產，這也使得交易更加便利。例如，想要交易大批次的豬，只需要把對豬的所有權表述帶到市場上，即可完成交易，而不必擔心交易的安全性。

綜上所述，正規的所有權制度超越了資產所有人的物主身分本身，提供了一套工具，可以把「僵化的資產」累積轉化成「活」的資本，而資本的祕密就在於此。

四、制度的發展路徑：所有權制度的整合統一

在開發中國家，法律制度的不足阻礙了勞動分工，把未來的企業家局限在經濟專業化水準和生產率都很低下的圈子裡，這阻礙了資產的互換和更大的人際網路的創立，無法使資本的潛力大規模的提高。

隨著這些國家社會生產力的提高，人口數量的迅速增加，相當多的人也從封閉的社會和家庭轉移了出來，參與到從未有過的、規模空前的經濟和智力交流之中。這意味著，許多城市隨著生產力和生產方式的發展，發生了驚人的經濟和社會鉅變，而這種發展超越了其政治和法律制度的變革速度，使得法律體制落後於這種發展，迫使法律之外的規章制度被建立起來，進而替代了現有的法律並發揮著作用。

因此，人們並沒有意識到，在現實生活中，規模組織由小向大發展，產生了大量資產高效確權方面的需求，而這種快速成長的需求，導致了不合法部門的成長和現存法律秩序的崩潰，直到政府提供給他們一個合法的所有權制度，才使得他們能擴展勞動分工並創造大量資本。究其原因，一

是現有合法的所有權制度已經過時了，二是幾乎無人意識到他們所面臨的問題由來已久，官方也沒有注意到法律制度強加的規則，大大降低了資產確權制度執行的效率，而這種低效率一旦超過了社會可接受的範圍，就會改變那些排除在法律之外的人們的願望，導致大量的不合法經濟的存在。

而這些不合法的活動，所產生的資產無法接近產生資本所需的任何合法的所有權體制，限制了資本的流動，降低了資本流動的速度。對很多人來說，時間意味著生存，走法律制度規定的過程，所需要耗費的時間足以拖垮他們。為了生存，這些資產所有者只能跳出法律的管轄範圍，去從事貿易、生產、運輸或者消費活動，建立起屬於他們自己的「不合法制度」。所以說，造成這些非法的、「僵化」的資產根源，在於政府成文法律和大多數國民的生產方式不協調。為此，政府必須把所有社會資源融入一個有秩序的、前後一致的法律框架之中，使不合法的協定變得充滿理性。

因此，官方必須建立起一套廣泛的、合法的所有權制度，它們必須區分什麼是主要因素、什麼因素能帶來生產力、什麼因素在長期發展過程中不可取消，以此來使所有權制度找到新的平衡點，同時把損失減少到最低限度。

綜觀18、19世紀美國的所有權制，在融合不合法的和正規的所有權制度時，所產生的分歧和壓力，我們得到的啟示是：第三世界國家可以採取多種新方式，在鬆散的、不合法協定的基礎上，創造出一套全新的、正規的所有權制度，把整個國家的「僵化的資本」啟用，進而創造出大量「活」的資本，建立起富有活力的市場經濟。

美國非正規所有權制度現象的出現、不合法定居現象的成長，使得政府為限制不合法的財產所有權付出了代價。於是，美國政治家運用優先權法案，將非正規組織融入美國新的正規法律制度之中，將資產權利發展成

第四章　財富的本質：金錢如何流動與分配

為財產所有權。其基本做法是採取漸近式的方式，接受最窮的美國人所創造的所有權標準和協定，把它們融入土地法案之中，使人們可以把全部的資產轉化為資本，將所掌握的資產全部納入正規的法律制度之中。

第五章
行為經濟學：
探索人類決策背後的邏輯

第五章　行為經濟學：探索人類決策背後的邏輯

15
《道德情操論》──行為經濟學的哲學根源

「古典經濟學之父」、「現代經濟學之父」
── 亞當斯密

亞當斯密（Adam Smith，西元 1723 ～ 1790 年），英國經濟學家、哲學家、作家，經濟學的主要創立者。

亞當斯密強調自由市場、自由貿易以及勞動分工，被譽為「古典經濟學之父」、「現代經濟學之父」。

世人多將亞當斯密的《國富論》奉為經濟學聖經，但是鮮少有人知道，斯密的另一本嘔心瀝血之作──《道德情操論》（*The Theory of Moral Sentiments*），才是他致力於終身研究的「心頭好」。《道德情操論》的問世先於《國富論》近 17 年，亞當斯密先後對該書進行了 5 次大修。在即將離世之際，他將自己畢生所知所想記錄於內，進行了最後一次的修改，並將其稱為「對人世最後的告別」。

亞當斯密

15《道德情操論》─行為經濟學的哲學根源

一、為什麼要寫這本書

在 17～18 世紀，英國率先進行了資本主義工業革命，傳統的手工業開始被工業機械所代替，社會生產力空前提高，卻形成了資本家與工人關於財富分配的巨大矛盾，資產階級與舊貴族的抗爭逐漸升級，社會秩序被打亂了。而且，法國主張解放人性的思想啟蒙運動進入英國後，給英國民眾的思想帶來了巨大影響。於是，自由貿易理論與重商主義的爭論開始在英國擴散開來。與此同時，傳統的為宗教神學服務的思辨哲學，也不再適合用於解讀新世界秩序下的人類道德動機和社會秩序的成因了。於是，學者們開始拋棄人類是從神那裡獲得道德理解的看法，轉而研究人類的自然感情與道德的關聯。

亞當斯密「集多家之大成」，編織成一個層層遞進、環環相扣的思想理論體系，成就了《道德情操論》。

- 英國哲學家沙夫茨伯里（Anthony Ashley Cooper, 3rd Earl of Shaftesbury）在《論德行與價值》中提出，道德起源於情感而非理性。他認為，人的自然情感和激情是人性的基礎，並且人的自然情感是道德的來源，也是整個人類社會生活建立的基礎。因為，世間萬物的執行均有其目的性，而人本性的最終目的就是德行。於是，人類才擁有了道德感。在人類滿足個人需求而追求個人利益的同時，道德感能使人類同樣關注社會利益，做出利他的行為，並最終獲得相應的個人利益。

- 與亞當斯密同時代的蘇格蘭哲學家大衛・休謨（David Hume）提出了「有限的慷慨」的概念。他認為，在資源相對匱乏的情況下，人都有自私的一面，但是人類的自私不是絕對的，而是有限的、相對的，所以在一個容納較多個體的社會中，會體現出有限慷慨的一面。人們透

過同情他人，獲得他人的認可，這可以保證自身的利益得到更有效的保護。就像是捐贈行為，很多企業和名人非常願意參加公益行動，包括將自己的資金和物品進行無償贈予，因為這種利他行為不僅可以使自己獲得道德滿足感，同時也可以獲得他人的認同和更大的社會性效益，這就是人們在自私和慷慨之間所做的協調與平衡，也就是休謨所說的「共同利益感」。正是這種「共同利益感」構成了人類政治社會的動力泉源，而由此產生的「對財產權的確定」、「協商財產轉移」以及「履行承諾」這三個基本經濟學規則的論述，就構成了休謨的經濟哲學，這也對亞當斯密的理論造成了相當大的影響。

⊙ 同時，被亞當斯密稱為「永難忘懷的老師」的英國哲學家哈奇遜（Francis Hutcheson）對亞當斯密經濟哲學思想的形成，有著更大的影響。哈奇遜表示，對於我們所認為的尊敬、樂善好施等具有高尚品格的行為，常常被看作是無私的，但是這種看法只來自在我們的道德感標準衡量下所感受到的，而其行為本身並不能說是無私的。所以，在他看來，任何與利己有關的動機都可以與利他行為相結合和相適應，也就是說，只要我們利己的目標與公共利益的目標趨同，且利己的程度是有節制的，其結果就可以被認為是符合公共道德的。當將這種思想嵌入經濟學時，人的道德品格就被認為是經濟活動的基本前提條件了。

二、研究的基點和鑰匙：同情論

亞當斯密極為推崇「同情論」，這也是他整個理論體系的基點和鑰匙。

亞當斯密認為，同情是人類與生俱來的自然情感。即便一個人看起來多麼自私，但是他依然具備這種情感，而看起來無私的人則是因為擁有更

15《道德情操論》──行為經濟學的哲學根源

加發達的此類情感,也就是說,無私的本質並不是道德感,而是自然情感。斯密所說的同情,更像是心理學中的「同理」,即我們不僅會因為別人的悲傷而產生憐憫之情,也會因對方的喜悅產生快樂的感覺。事實上,那些能被人們「同理」的文學作品將會流傳下來,並對社會產生更加深遠的影響;而我們一旦從周圍人那裡得到了理解,我們便會與那些人發生更緊密的關聯。同情論也被亞當斯密認為是社會秩序的根本成因。

而我們與小說的作者或者電影的導演明明擁有不同的感情、大相逕庭的經歷,甚至相距遙遠的年代,但是為什麼我們可以與他們的感情產生共鳴呢?亞當斯密認為,雖然旁觀者不能真正理解當事人的情感,但是當事人可以用一種比較好的表達和理解的方式講述給旁觀者,也就是將原本的情緒感降低,這就構成了情感表達的合宜性。人們會在交往中不斷追求這種合宜性,以滿足自己的內在情感需求,這種追求會逐漸變為情感自律,例如憤怒的人努力控制自己的情緒,甚至學會以德報怨,這就形成了我們慣常理解的美德。

但是,很多人沒想過,這種合宜性其實還有一種社會標準存在,這種標準又被稱為「公正的旁觀者」。其實,情感的合宜性與當事人和旁觀者自身的想法並不一定相契合,更多的是來自社會要求和文化薰陶。而且,基於我們的生活經驗所形成的、被普遍認可的道德準則,也被認為是這種合宜性的社會歷史化的存在形式。

值得注意的是,亞當斯密從現實生活中整理出了三個特殊的行為合宜性情況。

- 第一,我們通常對悲傷情緒比對快樂情緒更容易產生同理,但是同理後的悲傷程度卻不如當事人那麼強烈,而同理後的快樂情緒則更加接近當事人所感受的程度。

- 第二，我們會對擁有才華和優越地位的人產生更多的同情。例如，一個被認為是優等生的學生和一個被認為是普通的學生一起落榜時，我們會更加同情那個優等生。因為追求財富、地位是人們的天性，而在想像中與這類人同理可以滿足我們的願望。
- 第三，我們的同情會更常給予富人和大人物，同時會怠慢貧窮者和小人物。但是亞當斯密表示，如果大家只嚮往財富和地位，而忽視智慧和德行，必定要承擔道德敗壞的後果。

亞當斯密的同情論其實是人們內在情感逐漸社會化的過程，即我們從原始情感出發，不斷控制自己的情緒，逐漸趨向社會性活動的需求，最終產生了社會化標準，進而將大家的情緒和諧統一起來，產生了普遍性認可的秩序。

三、研究的核心：正義論、良心論、德性論、「看不見的手」

亞當斯密的整個理論涵蓋了社會倫理底線「正義論」，當正義的標準無法評判時，良心論就會作為「公正的旁觀者」來修正我們的行為。人們常說的德性則包含了完美的審慎、嚴格的正義和合宜的仁慈，疊加上完善的自制，建構成了最優的德行架構，以此來促進社會向完美的秩序發展。

(一) 正義論

正義論是社會倫理的底線，是社會秩序穩固的最低標準，是構成社會公認法律的基礎，違者將遭到懲罰。由同情的自然情緒演變為社會秩序之後，就誕生了亞當斯密的「正義論」。在亞當斯密看來，「正義論」是社會倫理的底線，是社會秩序穩固的最低標準，它也被後人認為是法理學的重

要依據。

正義與我們之前所說的以德報怨的高尚情操是不一樣的概念，而且對正義的執行應該優先於情操的實現。因為以德報怨完全基於自身的思想和道德的限制，而亞當斯密認為的正義卻是具有強制性的。

並且，正義的標準首先是一切以犧牲、損害他人利益來滿足自己需求的想法和行為都不能被公眾所認可，其次是對傷害自己和傷害他人的非正義行為都應該持反對且制止的態度。例如，我們都認可殺人凶手必須得到懲戒、損壞他人財物的人應該予以賠償。由此可見，正義的目的是保護社會中每個個體都能不受其他個體的壓迫或非正義的對待。一旦觸犯這個標準，就意味著需要經受強制性的懲罰。只有這樣，才能保證社會成員的基本利益不受侵害，每個個體也會明白利己行為的限度和邊界。基於此，對內維護社會秩序的國家法治系統和對外保護國人生命財產安全的軍事系統就出現了。

當然，這個觀點也被用在了亞當斯密的經濟理論中，因為商業社會中的正義就是維護商業交易的正常秩序，以及維護商品交易的所有權規則。那麼，我們又是怎麼判斷這個懲罰是否合理呢？亞當斯密認為，最無可爭議的評判有三個層面可作為依據：第一是內心意圖，第二是內心意圖所引發的外在行為，第三是該行為最後產生的結果。其中，只有後兩個層面才可以作為讚揚和責備的依據，因為外部行為和產生的結果往往不以人的意志為轉移，而會因其他各種客觀原因變得偏離人原本的意願。

例如，司機開車撞傷行人，因為撞人並不是他的意圖，沒有人能將其稱為凶手；如果此時，他駕車逃離了事故現場，而不是選擇救人，那麼他就是有意識地對傷者棄置不顧，甚至可能因他的逃離而導致傷者的死亡，我們則會稱這樣的人為凶手。當然，不管他的內在意願被如何判定，損害

第五章　行為經濟學：探索人類決策背後的邏輯

他人利益的結果並沒有改變。

因此，為了避免招致懲罰，亞當斯密還特別強調，不僅要以善意去做善行，也要保持對正義標準的敬畏和尊重。事實上，旁觀者很難對人的內心意圖進行評判，所以人類社會的法律也往往會依據後兩個層面來制定，而第一層面則往往留給良心進行審判。

至此，亞當斯密認為，人的良心和經驗就可以塑造起完整的賞罰機制了，這種機制可以一邊引導社會向更有秩序的方向發展，一邊更能保證群體的延續性，就像我們認可的「敬人者人恆敬之，殺人者人恆殺之」。

(二) 良心論

良心論作為「公正的旁觀者」，在內心中對人們的行為進行審判，違者將獲得良心的譴責。當人的內心意願難以評判時，良心的審判則會成為重要一環，這就是亞當斯密的良心論。

亞當斯密)認為，我們同情別人，是因為站在自身的立場上能理解對方的所思所想。於是，我們就學會了站在別人的立場上去判斷，對方是否會同情自己。而就像我們之前所說的那樣，人生來就需要被別人認可。因此，我們就會站在別人的立場上來修正自己的行為，以獲得別人的認可。亞當斯密將良心也稱作「公正的旁觀者」。

當我們用「公正的旁觀者」眼光來評判自己的行為時，就會因得到自己覺得應得的認可而欣喜。反之，也會因遭到自己覺得應得的否定，而感到慚愧、悔恨，乃至產生痛苦的感覺，就如跟我們被叫做良心的審判者懲罰了一樣。於是，人們會因為懼怕良心的懲罰，而向我們所認為的、被認可的行為方向無限趨同，且會透過了解眾多他人的想法來不斷修正這個行

為的方向。而我們這裡所說的「眾多他人的想法」，最後就構成了人類社會的普遍準則，這種普遍準則可以讓個人不需要去花費太多時間和精力去了解社會上的每個人，就能知道大家認可的行為清單。

當然，在不同時代和不同國家的不同境況下，這些行為也會略有不同。在文明社會中，人們往往會處於相對安寧的環境之中，所以帶有善良、仁慈特質的行為就極容易受到推崇。而在需要不斷面臨生存威脅的環境下，人們會更加認同英勇不屈的行為。在面對那些歷史上出現過很多殘酷的時期和殘暴的政府時，斯密認為，我們並不會因為那些暴行普遍存在就扭曲人們對善惡特質的認同感，只是因為承襲的緣故，才導致人們沒能察覺到他們所面對的行為的殘暴性，並且該行為也會在社會中得到更大的原諒。

至此，亞當斯密認為，支配著人性的的正是我們對普遍準則的尊重，人類社會的執行也依賴於我們能否在最大程度上尊重普遍準則。亞當斯密甚至認為，我們對普遍準則的遵從，可以促成世間安定、人性完美的最終目標。因此，當我們想將別人的財物據為己有時，我們的良心審判者就會讓我們透過別人認可的方式來得到夢寐以求的財物，這也是商業社會運轉的普遍準則。

(三) 德性論

德性論是由審慎、正義、仁慈和自制的德性構成的，也被認為是人類追求幸福的主要德性。

亞當斯密的德性論源自兩個問題：第一，個人德性是如何讓我們生活得幸福的？第二，個人德性是如何讓他人感到幸福的？亞當斯密對前者的

回答是：具有審慎的德性，而對後者的回答則是：需要具有正義和仁慈的德性。

1. 何為審慎的德性

亞當斯密認為，審慎是在自己做決定的時候要經過再三考慮，將個人的生命、財產安全看作首要因素。除此之外，審慎與其他德性融合，還可以形成不同的優秀特質。

例如，與勤勞融合，審慎可以被視為認真勤奮，因為審慎的人「不打無把握之仗」，所以他會充沛知識，並作好準備；與理性融合，審慎可以被視為真誠坦然，因為審慎的人認為虛妄做作有被揭穿的風險，所以他們常常表現出真實的自己，並以此為榮；與溫柔融合，審慎可以被視為隨和友善，因為審慎的人不願輕易製造敵人，所以他們會保持禮貌，且拒絕貿然表達激烈的觀點……

亞當斯密表示，如果審慎只是被用作保護個人安全和財產安全，那麼就是最低等的審慎德性；而能夠在各種情況下讓自己保持最合宜的行為和傾向，則是高級的審慎，這種高級的審慎德性可以將個體的智慧和品德塑造得盡善盡美。但是審慎德性對於個體而言是好品格，但是該品格並不利他，所以也不能因為審慎德性而獲得讚賞。

2. 何為正義的德性

亞當斯密表示，正義的奉行不取決於自身的意願，因為它的客觀性很強，所以也可以稱其為其他德性的基礎。也就是說，我們在考慮其他德性之前要先滿足正義的德性。就如跟我們之前所討論過的正義論那樣，正義德性將受到外部環境的嚴格約束，其最低效用就是防止人們互相傷害，因此斯密又將其稱為「消極的德性」。

3. 何為仁慈的德性

與正義不同，仁慈也是作用於整個社會的，但它沒有明確的普遍標準來予以界定，也不會因為觸犯而被懲罰。仁慈可以使我們更加關心別人的情況，更願意做出利他的行為，也就是合宜的仁慈，亞當斯密又將其稱為「社會德性」。

從實際情況來看，我們的仁慈是有次序的。首先我們會將最多的仁慈德性賦予我們的家人，其次是朋友，依此類推。同時，這種仁慈的程度也會隨著感情的逐漸疏離而逐漸淡薄。斯密認為，如果將這個次序套用到社會團體中，那麼首先就是民族大義，之後是愛國之義，最後是階級或者團體之義。還有一種是普惠萬物的人間大愛，亞當斯密認為這是人力所不能及的，因此它只能源自神性。

正義德性與仁慈德性從保證人們不相互傷害到關心他人的權益，可以將個體與社會執行的關係完整搭建起來。但是，即便個體理解了完美的審慎、嚴格的正義和合宜的仁慈，如果沒有完善的自制德性，也不能提升社會幸福感。天主教認為，人類具有七宗原罪，分別為傲慢、嫉妒、憤怒、懶惰、貪婪、暴食和淫慾。亞當斯密認為，傲慢、嫉妒、憤怒會促使我們背離責任感的因素，懶惰、貪婪、暴食和淫慾則是引誘我們背離責任感的因素。這兩類因素都需要我們用自制德性來進行控制，而且自制德性儼然成為實踐其他德性的基礎。

至此，個體的審慎德性、社會的正義、仁慈德性以及必備的自制德性，建構起了亞當斯密的完美德性論。後世學者認為，需要兼具審慎、正義、仁慈、自制四種德性的完美德性論，本質上是聖人式的德性理論，它或許真的能實現全社會的幸福，但從其本質上來講，卻也是最難完成的。

(四)「看不見的手」

「看不見的手」讓人們發揮人性中自私一面的時候，卻成了達到利他效果的「造物主之手」。亞當斯密認為，「看不見的手」其實就是自然之手，或者可以稱之為「造物主之手」，因為這隻手是在人性體現出極端自私的情況下產生的，卻又並不為人所知。

例如，當一個擁有大量土地的地主，希望能讓這片土地生產出最大價值的產品，以滿足自己的貪慾時，他一定不得不為此僱用其他人，以及購買農具，如此一來，這個地主的經營所得就有部分變成了經營成本而分享給了其他人，來幫助這些人生存下來。亞當斯密認為，這正是造物主利用人性的自私而做出利他貢獻的表現。在亞當斯密看來，如果國家的管理者能充分理解並運用這個方法，將社會人的人性加以合理引導，將既有益於個人，又自然而然地有益於社會。

《國民經濟學原理》——揭示人類經濟行為的規律性

現代邊際效應理論的創始者之一 ——
卡爾·門格爾

卡爾·門格爾（Carl Menger，西元 1840～1921 年），是奧地利著名經濟學家、現代邊際效應理論的創始者之一，同時也是 1870 年代新古典經濟學的三大發起者之一，是經濟科學中奧地利學派當之無愧的開山鼻祖。

作為這個學派偉大的開端，《國民經濟學原理》樹立了門格爾一生的學術聲望。1880 年代，他的周圍聚集了一大批追隨者，並形成了強而有力的奧地利學派。至此，門格爾與英國的傑文斯

卡爾·門格爾

（William Stanley Jevons）、法國的瓦爾拉斯（Léon Walras）同時成為「邊際效應」的真正倡導者和奠基者，門格爾當之無愧地成為現代經濟學的開創者之一。

第五章　行為經濟學：探索人類決策背後的邏輯

一、為什麼要寫這本書

19世紀後期，人類欲望的存在和滿足欲望的物質，成為人類經濟生活中的兩個基本要素。人們為了滿足欲望而不斷奮鬥，然後又抬高欲望，但是能夠滿足人們欲望的物質卻非常有限。這兩個基本要素之間存在著巨大的矛盾，急待解決。

身為一名經濟學家，門格爾發現了這一系列急待解決的問題。於是，他全神貫注的研究這些問題，把建立一個統一的價格理論作為主要目標，企圖用一個主導的概念來解釋一切價格現象，尤其是利息、薪資和地租。為了給這個目標奠定堅實的基礎和鋪陳，門格爾花費了大量的時間和精力，致力於研究出一些新概念，例如主觀價值和個人感覺。

但是，值得注意的是，門格爾對這些概念的闡述，不是列舉或定義，而是成為一種強而有力的分析工具。而且，他對基本問題的語言表述也毫不遜色，在許多方面還明顯地優於他那些後期的著作。經過不斷的研究和整理，他最終完成了《國民經濟學原理》這本書的創作。

門格爾認為，在19世紀後期，人們對自然科學領域上的進步，都予以一致的、欣然的承認。但對於社會科學，尤其是經濟學，人們並沒有給予應有的重視，反而對其價值產生了疑問。這讓門格爾感到不可思議。因為縱觀來看，一般人重視經濟的利益，從來沒有像當時那樣的強烈；一般人想為經濟行為求得科學的基礎，也從來沒有像當時那樣的深切。

面對這樣的疑問，他陷入了深思並進行了研究。最終發現，實踐家之所以不注意經濟學的發展，在其進行經濟活動時之所以只依靠自己的體驗，並不是因為他們輕率或沒有能力，也不是因為他們過於傲慢，而拒絕真實科學為他們提供的深刻見解。事實上，他們不關心的原因，應歸於經

16《國民經濟學原理》─揭示人類經濟行為的規律性

濟科學本身的落後現狀，以及那些想為經濟學獲得經驗基礎而努力的一次次失敗。所以，對於為了探索經濟學的發展基礎而進行的任何嘗試，不管以怎樣微弱的力量進行，都是值得讚許的。因為這意味著經濟學家們奉獻出了一己之力，去解決與人類福利和公共利益密切相關的種種問題。

但是，為了避免這種嘗試引起人們的不信任，門格爾堅定的表明了自己的研究初心和立場。他認為，一方面，對於以往在經濟科學領域開拓的一切方向，須勿忘並加以細密而高度的重視；另一方面，對於前人的見解，甚至對那些經濟領域的牢固成就或流行的各種學說，也須進行獨立的判斷，並勇於加以批判。因為只有站在巨人的肩膀上，經濟學家們才不至於拋棄各國各時代許多卓越學者，在向著同一目標上所累積的全部經驗。只有透過審視與批判，經濟學家們才不會從一開始就放棄深入研究並改革經濟學科基礎的一切希望。

也就是說，經濟學家們必須承前啟後，一方面將前人的見解作為自己的精神財產，但同時也要勇於檢驗，勇於讓人類思想了解事物的本質。這就是門格爾及其學派的立場。

二、研究的視角：人的行為及其對自我欲望的滿足

究竟要如何撥開層層複雜的經濟生活現象呢？門格爾給出了自己的答案，即注重對人，尤其是人的行為進行研究。在他看來，所有的活動，包括政治的、社會的、經濟的、文化的等，都是由人來參與的，這是一個由人形成的世界，因此所有問題的根本出發點必須追溯到「人的本身」。

所謂「人的本身」，指的是人對自我欲望的滿足，是人從初欲望望到更高級欲望的感知和追求，正是基於此，才形成了豐富且複雜的現代經濟

第五章　行為經濟學：探索人類決策背後的邏輯

和現代社會。所以，門格爾認為，經濟學研究的不是需求與供給，也不是貨幣的鬆緊，而是「人」。

門格爾反覆強調，人對欲望的滿足，才是經濟活動的重心。推動現代經濟執行以及自由市場形成的也不是分工，而是人們對欲望滿足的升級，人對自己欲望的滿足，以及對更高級欲望的感知和追求的過程，就是人類經濟活動和社會進步的動力。可以說，將經濟看成「人」而不是物，將經濟研究的對象聚焦於人的行為及欲望，是門格爾乃至整個奧地利學派的根基。

那麼，以「人類欲望」這個視角，門格爾又開展了哪些方面的研究呢？

首先，門格爾在開篇就探討了人類欲望及其滿足方式之間的因果關係。

門格爾認為，一切事物都受因果規律的支配，這個大道理是不可否認且沒有例外的。然而人的自身性格及每一狀態，也是這個巨大世界關係的一環，所以人的欲望從萌芽到滿足的狀態過渡過程，也必須依從因果規律。門格爾稱，與人類欲望滿足有因果關係的物，叫做有用物，我們了解了這個因果關係，並在事實上因為獲得此物而滿足了我們的欲望時，就可以稱此「物為財貨」。例如，我們所食用的麵包以及製造麵包的麵粉、磨成麵粉的穀物、生長穀物的耕地等，這一切都是財貨。

其次，由不同財貨對欲望滿足的因果關係的「遠近」，門格爾推匯出了著名的財貨區分理論。

因為僅僅對財貨性質有所認知，對經濟科學來說是不夠的，還應該致力於用內在原理來梳理財貨的內涵，去了解每一財貨在其因果關係中所占的位置，最後才能探索出那些支配著財貨的各種規律。

透過研究發現，在對人類欲望的滿足保持著因果關係的各種財貨之

間，不同用途的財貨對欲望的滿足會存在不同的「較近的」或「較遠的」的因果關係。因此，財貨也有級別的區分。

- 那些與我們欲望的滿足有直接因果關係的物，就稱為第一級財貨，例如麵包、飲料、衣服、裝飾品。

- 在市場中，那些與我們欲望的滿足雖無直接的因果關係，但卻具有不亞於第一級財貨性質的許多物，例如麵粉、燃料與鹽、製造麵包的設備和工具、製造麵包時所必需的熟練勞動力等，雖然它們沒有直接滿足人類欲望的能力，但卻對製造第一級財貨有用，這種對人類的欲望滿足有間接因果關係的物，可稱為第二級財貨。

- 同理類推，不難指明，被我們認為具有財貨性質的物的範圍可以繼續延伸，就之前選用的例項來講，磨坊、小麥、黑麥及製作麵粉所用的勞動力等，就可稱為第三級財貨。

- 而耕地、耕種耕地所需的工具與設備及農民的特殊勞動力等，則可稱為第四級財貨。

再次，對這些滿足欲望的不同等級的財貨，人類可以進行直接支配或間接支配。

事實上，我們支配著第一級財貨，就可以直接用它來滿足我們的欲望。我們支配著相應的第二級財貨，就可以將它變形為第一級財貨，而使它間接地滿足我們的欲望。我們支配著第三級財貨，我們也可以先將它變為相應的第二級財貨，然後再將它變形為相應的第一級財貨。這樣，雖然採用的是更加間接的方法，但我們也可以將第三級財貨用來滿足我們的欲望。其他的一切高級財貨也是同樣如此。

例如，假定有一個「經濟人」，雖未直接支配著麵包，但卻支配著製造

第五章　行為經濟學：探索人類決策背後的邏輯

麵包所必需的一切第二級財貨，那麼毫無疑問，這個人仍然是能夠滿足他對麵包的欲望的。以此類推，人類若能不斷增加對高級財貨的間接利用，那麼對直接支配物質材料的能力就會變得越來越大。

最後，人類對於自己欲望滿足的籌劃，和對生命與福利的籌劃同等重要。

門格爾談到，欲望生於我們的衝動，衝動則基於我們的體質。欲望若沒有得到滿足，將傷害我們的體質；欲望僅僅得到了不充分的滿足，將萎縮我們的體質。欲望若得到了充分的滿足，就意味著我們是在生活著並繁榮昌盛著。所以，我們對於自己欲望滿足的籌劃，算是最重要的努力了，因為它是其餘努力的前提和基礎。

那麼，什麼是籌劃呢？門格爾給出了自己的看法。他認為，在實際生活中，我們對於凡是可以滿足自己欲望的東西，都想將其置於自己的權力之下，這個行為就表現為籌劃。同時，一個人為了滿足其欲望所必需的財貨數量，就叫做這個人的需求。因此，人們對於保持生命與福利的籌劃，就變成為人們對於自身需求滿足的籌劃了。由此可見，假如人們不預先做好籌劃，而是臨時才去考慮對財貨的需求，則其欲望勢必很難得到滿足，從而他的生命與福利的保持，也將很難得到保證了。因此，在我們所見到的一切地方，都可以發現文明人為其欲望的滿足，而有組織的進行著大規模的預籌活動。

三、研究的核心：對價值、價格、商品及貨幣原理的闡述

門格爾對於複雜經濟現象規律性的剖析，是以人的行為和欲望滿足為起點來展開的。基於此，他相繼對價值、價格、商品及貨幣相關的理論做了闡述。

16《國民經濟學原理》─揭示人類經濟行為的規律性

(一) 主觀價值論

　　門格爾發現了這樣一個普遍原理：財貨的價值，在於滿足人們的欲望。一種財貨對我們來說之所以有價值，是因為支配這種財貨，對我們欲望的滿足具有一定的意義。所以，在我們意識到欲望的滿足依存於一種財貨的支配時，我們就不得不承認這種財貨具有價值。所以，當「經濟人」意識到了這種情形時，即意識到了他們欲望的滿足及其滿足程度的大小，是依存於他們對某財貨的一定量的支配時，該財貨對經濟人而言，就有價值。

　　也就是說，財貨的價值，是基於財貨和我們欲望的關係，並不是基於財貨本身。這個關係若有變化，價值也會隨之產生或消滅。因此，價值的本質是主觀的，它既不附屬於財貨，也不是財貨應有的屬性，更不是獨立存在的，而是人們對財貨能夠滿足欲望的強度的一種主觀評價。

　　一般來說，一件東西值不值錢、值多少錢，就得看這件東西對這個人欲望的滿足，發揮到了怎樣的作用。如果對這個人欲望的滿足非常重要，那麼，這件東西就非常值錢；如果對他欲望的滿足沒有什麼作用，那這件東西就不值錢。所以，一個東西值不值錢，看的不是東西本身，更不是所謂的生產成本、勞動價值、交換價值等，正如門格爾所說，「並不基於財貨本身」，而是看它對人們欲望滿足的作用。

　　同時，這種財貨價值原理，產生於上述的財貨需求量與支配量的關係。門格爾進一步認為，只有當財貨的需求量大於財貨支配量時，此時的經濟財貨才對人有價值；而如果財貨的需求量比其支配量小，這樣形成的財貨就只具有非經濟性質的數量關係了，是沒有價值的。

　　也就是說，在非經濟財貨中，人類對某一部分財貨是沒有欲望的，因而這部分財貨就會失去其經濟性質。對於這些不具有經濟性質的財貨，我

189

第五章　行為經濟學：探索人類決策背後的邏輯

們縱然對其加以支配，也無益於我們欲望的滿足，所以這些非經濟財貨，對我們來說就沒有什麼價值。這也是後來邊際效應價值理論的起源。

(二) 交換與價格理論

門格爾認為，一個正確的價格理論所應說明的，是經濟人在企圖盡可能滿足其欲望的努力上，是如何以一定量的財貨相互交換的。而財貨交換的可能性，是以這樣的條件為前提：即某經濟主體所支配的財貨對他的價值，比另一經濟主體所支配的其他財貨對他的價值更小；而同時，另一經濟主體對這兩種財貨的評價則正相反。此刻，雙方就構成了產生交換關係的條件，然後在這個條件上，就會存在著一個價格形成的界限。在這裡，舉一個例子說明。

對甲來說，假定 100 單位的穀物與 40 單位的葡萄酒，其價值正好相等，則很顯然，無論在何種情況之下，甲都不願意以 100 單位的穀物與 40 單位的葡萄酒相交換。因為這樣交換以後，他的欲望滿足度並未增加。因此，若要他同意交換，必須在交換以後，他的欲望滿足度能比以前有所增進。如果他能以少於 100 單位的穀物換得 40 單位的葡萄酒，他就願意用穀物與葡萄酒交換了。

因此，假如我們在這種交換關係之下來確定葡萄酒的價格，就可以相信，在這個例子中，40 單位葡萄酒的價格將絕不會達到 100 單位的穀物。相反，對於乙而言，如果乙認為 80 單位的穀物與 40 單位的葡萄酒具有同等的價值，那麼從乙的立場來說，則 40 單位葡萄酒的價格當然也應定於 80 單位的穀物以上。

所以，當甲、乙兩人進行交換的時候，40 單位葡萄酒的價格將必然定在 80 單位穀物與 100 單位穀物之間。但是，在這種情況下，對甲來說，

16《國民經濟學原理》──揭示人類經濟行為的規律性

例如就以 99 單位的穀物與 40 單位的葡萄酒相交換,對其欲望滿足,也較以前有所增進;同樣,對乙來說,譬如以 40 單位的葡萄酒只換得 81 單位的穀物,也算合乎經濟的目的。

但兩人是否認為這樣就算滿意呢?很顯然,這種情況下,兩人明明還有得到更大經濟利益的可能,因此兩人必將為獲得更多的經濟利益而努力。這樣,就引發了我們日常叫做「議價」的現象,兩人都將盡量利用這個機會,為獲得更多更好的經濟利益,而要求盡可能對自己有利的價格。在這裡,就發生了兩人之間的價格競爭。

這種價格形成原理,也同樣適用於其他情況。

(三) 商品與貨幣理論

門格爾稱,生產者或中間商準備用以交換的生產物,依照通常的用語,人們把它叫做「商品」。

具體而言,在科學的敘述上,對於這些用以交換的生產物,若不管其物體性、可動性、勞動生產物性及其供應者等方面的區別,可將商品統一理解成「用以交換的各種經濟財貨」。從這個商品概念中,同時可以明確的是,財貨的商品性質並非附著於財貨之物,也不是財貨的屬性,而是財貨與其支配者之間的一種關係。而且,這種關係一旦消滅,財貨的商品性質也將隨之失去。

也就是說,支配一種財貨的經濟主體,一旦有了放棄買賣這種財貨的想法,這種財貨就不能被稱為商品。一種財貨如果落到不想出賣它,而只是想消費它的人的手裡,那麼這種財貨也不再是商品了。例如,制帽者或綢緞商,如果以銷售為目的,將帽子或綢緞陳列於店鋪,那麼這些自然都

第五章　行為經濟學：探索人類決策背後的邏輯

是商品，但制帽者若自用其帽子，綢緞商若贈其綢緞給其妻友，則二者就不再是商品了。

這樣，我們就可知，商品性質不是財貨的屬性，只不過是財貨與經濟主體之間一時的關係而已。一種財貨的所有者將其財貨用來與其他經濟主體的財貨相交換，在脫離其原所有者到其他所有者的這段移轉時間之內的貨物，我們才稱它為商品。若它實現了其經濟目標，即它已落到消費者的手中時，它就不再是商品了。若它還沒有落到消費者的手中，就還未喪失構成商品性質的關係，所以就還是商品。

但是，門格爾又提出了另一個問題。即最開始的商品交換的目的，針對的都是眼前的需求，透過交換所能獲得的各種財貨的使用價值。

例如，甲有一把劍，乙有一把鋤，甲認為一把劍的使用價值比一把鋤的使用價值更小，乙則認為一把鋤的使用價值比一把劍的使用價值更小。在這種場合或類似的其他場合中，甲、乙二人自然就發生了交換。事實上，在剛有交換的時候，一切交換也都限於這種兩物直接交換的場合。因此，不難明白，這種情況下所發生的交換數目是非常微小的。並且，即使有這樣的交換需求，交換的雙方也未必能夠及時會合。如果要解決這個困難，就必須要有一種輔助工具。

那麼，輔助工具是如何出現的呢？事實上，隨著各個經濟人對其經濟利益了解得越來越多，縱使沒有任何協約與法律強制，各經濟人都情願提供其商品，用來與那些雖非自需，但銷售力較大、流通性較強的商品交換，以求得自身交換條件的改善。在習慣的強力影響之下，隨著經濟文化的發展，就會出現這樣一種現象：在當時當地銷售力最大的財貨，在交換中最容易被一般人樂於接受，也最能與其他任何商品相交換。那麼，這樣一種

16《國民經濟學原理》─揭示人類經濟行為的規律性

財貨，就會在許多不相關的經濟文化中心同時出現。這就是我們今天所稱的「貨幣」。

因此，可以說，隨著國民經濟的發展，貨幣不過是人類經濟的自然產物，所以它的表現形式也是由各地各時的經濟狀態所決定的。在同一國家內，不同的時代可能有不同的財貨在交易中占據著貨幣的地位；在同一時代內，不同的國家也可能有不同的財貨在交易中占據著貨幣的地位。這就是在貨幣發展過程中，曾以家畜、棉花、鑄幣、銅鐵金銀等不同形態呈現的根源。

第五章　行為經濟學：探索人類決策背後的邏輯

17

《人類行為的經濟分析》——社會現象的新視角

芝加哥經濟學派代表人物 ——
蓋瑞・貝克

蓋瑞・貝克（Gary Becker，1930～2014年），出生於美國賓夕法尼亞州的波茨維爾，是美國著名經濟學家、芝加哥經濟學派（Chicago school of economics）代表人物之一，他是芝加哥大學教授、1992年諾貝爾經濟學獎得主，被譽為「20世紀最傑出的經濟學家和社會學家」之一。

貝克著述頗豐，主要論著有《歧視經濟學》

蓋瑞・貝克

（*The Economics of Discrimination*）、〈生育率的經濟分析〉（*An Economic Analysis of Fertility*）、《人力資本》、《人類行為的經濟分析》、《家庭論》（*A Treatise on the Family*）。

17 《人類行為的經濟分析》─社會現象的新視角

一、為什麼要寫這本書

研究人類的行為一直是社會學家們關注的任務之一。隨著時代的發展，社會學家的觀點也在不斷發生變化。

在早期的社會學家中，法國社會學家杜爾凱姆的觀點頗具代表性。他為社會學確立了有別於哲學、生理學、心理學的獨立研究對象和方法，這個方法就是社會事實。社會事實具有不同於自然現象、生理現象的特徵和特殊的決定因素，它先於個體的生命而存在，比個體生命更持久。杜爾凱姆認為，一切社會的觀念都具有這種強制力，他堅持用「社會事實」解釋「社會事實」，主張摒棄主觀臆測，堅持在「價值中立」的前提下研究非個體層次上的社會行動。

在近期的社會學家中，美國社會學家柯爾曼（James Samuel Coleman）認為，社會科學的主要任務是解釋社會系統行動，而不是解釋個體行為，但系統行動間接源於眾多的個人行動。他指出，對社會系統的解釋有兩種模式：一種是整體方法論，另一種是個體方法論，他主張採用後者。柯爾曼主張的個體方法論是用系統的不同組成部分，如個人、群體、組織、制度，用這些組成部分的行為來解釋系統的行為，他稱之為「系統行為的內部分析」。

只有貝克毫不猶豫的宣稱用「經濟分析」的方法可以解釋人類的一切行為，他認為經濟學的發展已經進入了第三階段。

- 在第一階段中，人民認為經濟學僅限於研究物質數據的生產和消費結構，也就是傳統市場學。
- 在第二階段，經濟理論的範圍擴大到了全面研究商品現象，就是研究貨幣交換關係。

第五章　行為經濟學：探索人類決策背後的邏輯

⊙ 在第三階段，經濟研究的領域可以囊括人類的全部行為及與之有關的全部決策過程。

貝克認為，經濟學的特點就在於，它研究問題的本質，而不是該問題是否具有商業性或物質性。因此，凡是涉及如何分配及選擇稀缺的、多種用途的資源決策問題，均可以納入經濟學的範圍，均可以用經濟分析加以研究。

二、研究的方法：
以「假定──推論」為核心的經濟分析方法

在經濟學史上，因為自然科學歸納法的推論結果無法避免邏輯上的局限性，經濟學在研究方法上經歷了巨大的變革。

德國經濟學家奧本海默（Franz Oppenheimer）等人提出了「假定──推論」模式並很快被認可，認為這個模式是經濟學進行科學解釋和預測的最合理模式。這種模式的邏輯結構是一般規律加上對有關起始或邊界條件的闡述，組成了闡釋或前提，也就是得出規律前的假定；從這個前提出發可以推論出待做的解釋，就是說推論出關於所要解釋的事件的闡述。在這個推論過程中，我們不需要借助任何其他的幫助，而只需要推理邏輯。

貝克就是這種模式的擁戴者，他在研究美國白人對黑人歧視的社會現象時，首先假定了白人和黑人是兩個獨立而又相互關聯的「社會」，白人代表資方，黑人代表勞方，然後再利用純粹的推理研究了各方因為歧視對收入的影響，最終得出了一個結論：歧視造成雙方的收入下降，並且黑人身為「少數民眾」，收入下降更為嚴重。在此研究的基礎上，他又運用了美國和南非國家的社會實際來檢驗他的研究推論。

17《人類行為的經濟分析》─社會現象的新視角

類似的，在研究犯罪現象時，貝克認為人們的犯罪行為用不著以道德的頹廢、心理機能的欠缺和遺傳特徵等因素來解釋，他先入為主的假定了犯罪行為是人們對犯罪成本和獲利進行理性權衡後的選擇行為，並認為這種選擇行為遵循效用函數最大化原理。也就是說，當一個人將時間和其他資源用於犯罪活動帶來的預期效用，超過非犯罪活動帶來的效用時，他就會選擇去犯罪。在研究其他行為，如婚姻、生育問題時，貝克所用的研究方法也如出一轍。

實際上，貝克在進行理論檢驗的時候，不斷採用了證偽的思想。

在他分析家庭收入和生育力之間的關係時，巧妙利用了英國生物學家達爾文的遺傳學理論，認為父母的主要興趣在於存活下來的子女本身，而不是胎次，否定了英國政治經濟學家馬爾薩斯關於「收入的增加會導致家庭規模擴大」的結論。

同樣，由於「市場」上子女的成本是一定的，因此貝克也否定了社會壓力與家庭規模的相關性。在此基礎上，他提出子女是一種耐用消費品，而這種耐用消費品由於數量和品質、給父母帶來心理滿足感的不同會產生一種現象，就是富裕家庭更加重視子女的品質。

整體而言，貝克的基本假設是人們的理性選擇行為的基礎是「穩定的偏好和效用最大化」。當然，對於這個假設，貝克並沒有採用過多的篇幅來闡述，他更關心的其實是規律對事實的解釋本身，而不是對前提的檢驗。這一點表明，他受到了證實主義的影響，所謂證實主義，就是類似如下的推斷：如果 A 正確，那麼 B 正確，我們可以推出來，因為 B 是正確的，所以 A 也是正確的。因此，他也很難擺脫這種證實主義本身具有的邏輯謬誤。

第五章　行為經濟學：探索人類決策背後的邏輯

三、研究的結論：社會觀察的新視角

貝克用經濟分析方法對歧視問題、政治問題、時間和家庭生產問題、非理性行為問題、婚姻與生育問題、社會相互影響問題進行了分析，並得到了一些有趣的結論，並且這些結論給了人們一個觀察社會的新視角。

第一，對於歧視問題，貝克指出：在市場經濟中，收入差異是可以預測的，除去學歷、技術、工作經驗等因素造成的差異後，剩下部分就是由純粹的「歧視」造成的。

為此，貝克提出了一個「市場歧視指數」來衡量歧視的大小，而歧視實際上是符合個體自身偏好的一種消費行為。簡單來說，歧視對方就是消費自己的偏好，歧視者需要付出一定的金錢。

經過分析後，貝克發現，一個群體 A 對另一個群體 B 的歧視，減少了 B 的收入，也減少 A 自身的收入。在現實生活中，處在市場經濟中的兩個集團，例如白人與黑人、男人與女人之間，一方對另外一方的歧視行為，實際上會損害雙方的利益。

第二，對於政治問題，貝克論述了理想條件下民主政治的執行狀況。

在理想的民主政治中，個人或政黨在定期選舉中向選民提出政見發表來競選公職，而不存在昂貴的費用或人為的壁壘，能夠妨礙個人競選公職或妨礙個人向選民申明主張。也就是說，理想的民主政治和理想的自由企業制度一樣需要完全競爭。這也就體現了政治和市場的相通性，政治問題也就可以用經濟分析的方法去分析。任何政黨的直接目標都是為了選民能夠接納自己，正如任何廠商的直接目標都是為了消費者能夠接納自己一樣。

經過這種分析後，貝克又指出，現實中，民主政治的壟斷因素及其他

17《人類行為的經濟分析》──社會現象的新視角

不完備性,至少與市場領域一樣突出,甚至更為嚴重。而現實中的市場往往是不完備的,這種不完備性如果超過了政府行為的不完備性,那麼國家干預就是不合理的。因為相比於調節經濟壟斷而蒙受更大的政治不完備性帶來的影響,不去調節經濟壟斷而受經濟壟斷的不利影響,對於國家來說更為有利。

第三,對於時間和家庭生產問題,貝克圍繞人力資本、時間分配和家庭生產展開了討論。

貝克為人力資本理論構造了個體經濟基礎,使人力資本理論數學化,並把人力資本的觀點發展為確定勞動收入的一般理論。貝克認為,不應把閒暇看作一個獨立的範疇,所有的閒暇都含有某種消費,所有的消費活動都含有某種閒暇。人們不是在工作和閒暇之間進行選擇,而是在不同消費活動之間進行選擇。

此外,貝克還重新構造了家庭理論,不再認為家庭是從市場購買商品和勞務的被動消費者,而是健康、聲望等非市場商品的積極生產者。家庭透過綜合運用市場商品與勞務、家庭成員的時間、教育及其他「環境」變數等形式來生產出非市場商品。

第四,對於非理性行為問題,貝克認為,非理性行為是對獲利最大化的偏離,包括處於極端情形的怠惰行為和衝動行為。也就是說,非理性行為不利於獲利最大化。

透過對衝動行為和惰性行為的分析,貝克得出,非理性的人或廠商會因為效用的差異,被迫做出理性的反應。例如,由於一種商品價格的上升會讓購買機會偏向其他商品,即使會衝動購買這種高價格的商品,這種商品的購買機會也比便宜的商品更少。

第五章　行為經濟學：探索人類決策背後的邏輯

第五，婚姻與生育問題。雖然家庭分析一向是社會學的研究問題，但是貝克把經濟學的分析方法應用到了家庭分析上，突破了傳統經濟學的框架，創立了家庭經濟學。

他「用研究人類行為物質方面的工具和結構去分析結婚、生育、離婚、居民戶的勞動分工、聲望和其他非物質方面」，把人力資本理論、最大化行為理論、穩定偏好理論和市場平衡理論貫徹其中，對家庭生活的很多重要問題做了科學的解釋。

貝克對家庭研究的出發點是，假設當男、女雙方決定結婚、生育與離婚時，雙方會透過成本獲利分析的形式，設法使自己的「效用」最大化。當「合夥」的預期獲利大於單身或繼續尋找配偶所擔負的成本時，個人便會選擇結婚；反之，就會保持單身或選擇離婚。

而對於生育問題，貝克認為：「對於絕大多數父母來說，子女是一種心理收入或滿足的來源，按照經濟學的術語，子女可以看成一種消費商品，有些時候，子女還可以提供貨幣收入，因此，他們還是一種生產品，而且，由於用於子女的支出和子女帶來的收入不是一成不變，而是隨著子女年齡的變化而有所不同，使得子女既是一種耐用消費品，有時也是一種生產品。」也就是說，如果生育一個孩子的成本大於獲利，人們就會決定不生育；反之，則選擇生育。據此，貝克解釋了先進國家生育率的下降問題，以及不同國家或同一國家不同地區之間的不同生育率問題。

第六，對於社會相互影響問題，貝克認為，在市場經濟活動中，個人行為主要是利己的，但也有利他的一面。尤其是在家庭內部，利他主義更普遍。

貝克指出，在家庭中，即使是自私的家庭成員，有時對其他成員似乎

17《人類行為的經濟分析》—社會現象的新視角

也會採取利他主義行為，而這種對親戚的利他主義行為是人類和動物本性的、持久的遺傳特性。對此，經濟學家的個人理性同社會生物學家的群體理性的結合，能夠形成更有說服力的分析。

從數學模型的分析中，貝克得出以下結論。

- 在許多情況下，具有合作傾向的人，都比其他人更可能分享合作夥伴的好處。
- 在其他人的實踐有可能被模仿時，那些自覺選擇其他人行為的自私理性個體，也會覺得做利他主義的事合乎他們的利益。
- 如果某些個體是在集團競爭中延續下來的話，那麼捨己救人的利他主義者的遺傳基因就不會消失。
- 理智的利他主義者的利他主義，小於不理智的利他主義者的利他主義，他們將比不理智的利他主義者和自私的個體更適於生存。

第五章　行為經濟學：探索人類決策背後的邏輯

18

《創新者的窘境》──為何卓越企業仍可能失敗

「破壞性創新」之父 ──
克萊頓・克里斯坦森

克萊頓・克里斯坦森（Clayton Christensen，1952 ～ 2020 年），出生於美國鹽湖城，他是「破壞性技術」（Disruptive Technology）的首創者，這個概念被評為「21 世紀初最有影響力的商業理論」之一，也奠定了他在創新技術管理領域的權威地位，因而他被稱為「破壞性創新之父」。

克里斯坦森的研究和教學領域集中在新產品的研發、新技術的開發管理以及如何為新技術開拓市場等方面，曾獲得「威廉・阿伯內西獎」、美國管理科學研究院頒發的 1992 年「最佳學術論文獎」、「麥肯錫獎」等各類學術獎項，其代表作有《創新者的窘境》（*The Innovator's Dilemma*）、《創新者的解答》（*The Innovator's Solution*）、《創新者的基因》（*The Innovator's DNA*）等。

克萊頓・克里斯坦森

18《創新者的窘境》——為何卓越企業仍可能失敗

一、為什麼要寫這本書

　　1979 年，克里斯坦森在哈佛商學院以優異成績獲得 MBA 學位，畢業後在波士頓諮詢公司擔任顧問和專案經理。1984 年，他與幾位麻省理工學院的教授共同創辦了一家高科技製造公司，克里斯坦森任董事長兼總裁。克里斯坦森在進行公司管理和創業經驗累積的過程中，短短十幾年間，他見證了一系列市場分化，各種公司和各種技術由誕生、成熟再走向衰落的過程。於是，他開始了探索之路。

　　透過研究，克里斯坦森驚奇的發現，許多優秀的企業，包括那些曾經被人們崇拜並竭力仿效的企業，最終卻在市場和技術發生劇烈變化時，喪失了產業領先地位。例如，曾經，IBM 公司主導了大型電腦市場，卻長時間忽略了在技術上更為簡單的微型電腦，所以未能在後來的微型電腦市場占有重要地位。並且，讓克里斯坦森更奇怪的是，導致這些領先企業衰敗的決策，都是在它們普遍被視為世界上頂尖的企業的時候做出的。

　　帶著重重疑問，克里斯坦森以硬碟產業為對象展開了研究。因為縱觀硬碟產業在短短幾十年間的技術變革，其技術更新速度非常之快。從 14 英寸硬碟、8 英寸硬碟、5.25 英寸硬碟、3.5 英寸硬碟、2.5 英寸硬碟再到 1.8 英寸硬碟，伴隨著技術的變革，硬碟產業的市場格局經歷了翻天覆地的快速變化。

　　然而，在這個過程中，出現了一個非常怪異的現象：在從 14 英寸硬碟向 8 英寸硬碟技術過渡的過程中，那些在 14 英寸時代的主流製造商全部被淘汰出硬碟產業，沒有任何一家能夠轉型成為 8 英寸硬碟的主流製造商；在從 8 英寸硬碟向 5.25 英寸技術過渡的過程中，4 家主要製作 8 英寸硬碟的製造商中，只有 1 家成功成為 5.25 英寸硬碟的主要製造商；同樣

第五章　行為經濟學：探索人類決策背後的邏輯

的現象發生在 5.25 英寸向 3.5 英寸硬碟過渡、3.5 英寸硬碟向 2.5 英寸硬碟過渡的過程中。歷史總是驚人的相似，上一代技術的主流製造商，只有極少數能夠順利地轉型為下一代硬碟的主流製造商。

並且，當克里斯坦森將研究的領域擴大後仍然會發現，這種現象不僅僅發生在硬碟產業，同樣也發生在零售、鋼鐵、汽車等多個產業，他不禁思考：這麼多產業均出現了相同的現象，是否背後一定隱藏著某種共性原因？

二、研究的問題：為什麼管理良好的企業往往會遭遇失敗

透過對市場分化、各種公司和技術的變革的研究，克里斯坦森發現，那些管理良好、努力提高競爭力、認真傾聽客戶意見、積極投資新技術研發的企業卻在被譽為世界上頂尖企業時逐漸走向沒落。於是，他提出了這樣一個問題：為什麼管理良好的企業會遭遇失敗？

當然，導致一家企業被市場淘汰的原因有很多。事實上，特別是我們在談及很多大企業失敗的原因時，都會提到官僚主義橫行、傲慢自大、管理隊伍老化、規劃不當、投資短視等，這確實代表了一部分企業走向沒落的原因。但是，克里斯坦森想研究的並不是存在上述問題的企業，恰恰相反，他想探索的企業是那些管理良好、積極進取、認真傾聽客戶的需求、大力投入技術研發，但仍然喪失了市場主導地位、錯失城池，也就是面臨著窘境的企業。所謂的窘境，就是指越是管理良好的企業，在發生市場變化和技術變革的時候越容易遭遇失敗。

克里斯坦森認為，良好的管理恰恰才是導致優秀企業「馬失前蹄」的主因。克里斯坦森提到，這些管理良好的企業之所以經常遭遇失敗，是因

18《創新者的窘境》——為何卓越企業仍可能失敗

為推動它們發展為產業領先地位的管理方法的同時,也阻礙了它們發展破壞性技術。

與破壞性技術相對應的詞語是延續性技術。克里斯坦森表明,所謂延續性技術,是指企業在創新過程中,根據市場主流客戶所看重的效能層面來進行成熟產品的改善,以實現更好的效能和更高的利潤率的技術。例如,在硬碟產業技術變革中,製造商透過製作更加精確的尺寸,或在磁碟表面使用更小、分布更均勻的氧化顆粒等來實現硬碟效能的改善。因而,延續性技術的特徵與意義是,它幫助製造商延續了客戶所希望看到的效能改善幅度。並且,歷史表明,幾乎在硬碟產業的每一次延續性技術變革中,成熟企業都在技術的研發和商業化運作中處於領先地位。但是,破壞性技術給市場帶來的卻是截然不同的價值主張和效果。

克里斯坦森談到,發生在硬碟產業的大多數技術創新都是上文所述的延續性技術。相反,只有其他少數幾種技術創新被稱為破壞性技術,然而,正是它們顛覆了硬碟產業的領先企業。例如,縮小了硬碟大小的結構性創新就是一項最重要的破壞性技術。這些技術使得硬碟的直徑從14英寸先後縮小到8英寸、5.25英寸、3.5英寸、2.5英寸,然後又從2.5英寸縮小到1.8英寸。

簡而言之,一般來說,破壞性創新並不涉及特別複雜的技術變革,其主要表現形式就是將成品元件組裝在一起,但相比之前的產品,產品結構通常會變得更加簡單。破壞性技術並不能為主流市場的客戶提供更好的產品,因此這種創新首先發生在主流市場的可能性很小。破壞性技術提供的是一種完全不同的產品組合,只有遠離主流市場或對主流市場沒有太大意義的新興市場,一些邊緣客戶(通常也是新客戶)才會重視這些產品組合的屬性,如價格更低、效能更簡單、體積更小。

第五章　行為經濟學：探索人類決策背後的邏輯

那麼，為什麼管理良好的企業往往會遭遇失敗？為什麼領先企業都擅於發展延續性技術而無法應對破壞性技術帶來的衝擊？克里斯坦森從以下幾個方面進行了具體分析。

第一，過於傾聽客戶的需求導致市場的短視。一般而言，在市場競爭中，「以客戶為中心，深入了解客戶的需求，根據客戶的需求來提供相應的產品」，這個理念一直以來被認為是企業想要取得成功的金科玉律和必須遵守的商業法則。事實上，頂級企業獲得成功往往是因為認真聽取了客戶的建議，並積極投資於能滿足客戶需求的技術、產品和生產能力。但克里斯坦森卻提出：「認真傾聽客戶的需求，在某些情況下能夠讓企業取得巨大成功，但是在某些情況下卻也能毀滅一家企業。」面對一個客戶明確不需要的新產品，對於一個管理精良的企業來說，顯然不會做出生產和銷售這款新產品的決策。但是，簡單、死板的按照客戶的需求去做是一件非常危險的事情。

第二，假如公司躲開了「過於傾聽客戶的需求」這樣的陷阱，看到了新技術可能帶來的潛在市場，那麼是否有可能做出進入新市場的決策呢？不一定，因為在這個過程中還會遇到另一個陷阱──小市場無法解決大企業的成長需求。一般情況下，當一個新技術或新產品出現的時候，它有一個成長和發展的過程，新市場需要慢慢培育，因此一開始的時候新市場的規模往往比較小，能夠給企業帶來的獲利也比較小，因此優秀的大企業極易做出忽視新市場的決策，就如同一頭大象不會想著去吃腳下的螞蟻。事實上，當一個能將公司管理良好的決策者來決定是否要進入一個新的、規模較小、不確定性較大的市場的時候，就會發現理性的決策者很難找到充分的理由來做出進入市場的決定。

第三，組織中有一隻「無形的手」在控制著資源的分配，造成創新性

技術的開發很難得到足夠的資源支持。例如，我們把企業原有的業務叫做「成熟業務」，把計劃新開拓的業務叫做「新業務」，在發展新業務的過程中，需要銷售人員、技術人員、資金等資源的投入，在此過程中，「成熟業務」和「新業務」之間就會發生資源的爭奪，並且資源會不可避免的被吸引到「成熟業務」這一側。在得不到足夠多資源投入的情況下，新業務的開拓一定會面臨問題，導致大企業的創新失敗。所以，克里斯坦森提到，正是這種企業的價值網路，推動著企業資源流向能夠給企業帶來更高利潤率、更高收入和進入更大規模市場的成熟業務的產品提案。

所以，那些管理良好的領先企業在發展的過程中，能否看得到技術的潛在機會、能否做出進入新市場的決策、能否有效執行新技術實施策略，對他們能否發展破壞性技術或應對創新技術的衝擊來說至關重要。但是，這些管理良好的企業內部所蘊含的強大力量，事實上會一步步阻礙它們開發破壞性技術，結果就是，能夠順利越過這一道道檻的領先企業是極少的。

三、研究的核心：利用破壞性技術原則建立競爭優勢

克里斯坦森總結了破壞性技術的五大原則，以及管理者可以採取什麼措施來利用或適應這些原則，這為企業有效進行技術開發、尋求未來發展機會和建立競爭優勢提供了重要的指導。

第一，企業的資源分布取決於客戶和投資者。

硬碟產業的歷史表明，成熟企業總是能在一輪又一輪的延續性技術中保持領先地位，但往往在面臨更為簡單的破壞性技術時遭遇失敗。源頭在於，我們從表面上看以為是管理者控制著企業資源的流向，但最終，真正

第五章　行為經濟學：探索人類決策背後的邏輯

決定資源流向的實際上是客戶和投資者，投資模式無法達到客戶或投資者要求的企業將難以為繼，事實上，那些表現優秀的企業正是深諳此道。

因此，這些企業已經發現，在客戶產生相關需求之前，它們很難投入足夠的資源來發展破壞性技術，但當客戶一旦產生某種需求時，一切為時已晚。對管理者來說，這項原則的意義就在於，成熟或領先企業基本只有在一種情況下能夠在破壞性技術變革中確立市場地位，這個情況就是企業管理者設立一個獨立的機構，專門面向破壞性技術獨立開展新業務。

這樣的獨立機構擁有一定的資源，但是可以設定較低的盈利目標，因為破壞性技術初期是低利潤的，它可以進行多次嘗試，不斷找尋發展方向或探索新市場。同時，這種機構不受主體企業的客戶的力量所制約，能夠自由接觸不同類型的新客戶群體，即那些認可破壞性技術產品的顧客。克里斯坦森認為，這是成熟企業利用這個原則的唯一可行方式。

第二，小市場不能解決大企業的成長需求。

在追求盈利的過程中，優秀企業為了保持成長率，為了維持它們的股價，以及為了替員工創造擴大內部機遇，它們的確需要專注大市場。

舉個例子，一個市值為 4,000 萬美元的企業只需要獲得 800 萬美元的收入，就能在隨後一年實現 20% 的成長率，但一個市值為 40 億美元的企業就需要獲得 8 億美元的新增銷售收入，才能達到 20% 的成長率，然而，沒有哪個新市場具有如此大的規模。因此，當一個企業發展得越大、越成功，新興市場所發揮的企業利潤成長引擎的影響就會越弱。

但是，大量證據表明，相對於後來進入市場的企業，最早進入新興市場的企業擁有顯著的「先行」優勢。但隨著這些「先行」企業取得成功並逐漸發展壯大，它們進入更新的小型市場的難度也變得越來越大。然而，不

可忽視的是，破壞性技術通常會推動新市場的產生，而這些新市場注定將在未來發展為大市場。

因此，克里斯坦森認為破壞性技術應被看作是一個市場行銷挑戰，而不是一個技術挑戰。例如，Honda 的小型摩托作為貨運摩托不是大型摩托的對手，卻成為年輕人越野的好選擇；更小尺寸的硬碟不被大型電腦所需要的，卻為個人電腦所青睞；噴墨印表機縱然有諸多的缺點，卻成為學生、大學教授、家庭的需求。所以，對管理者來說，這項原則的意義就在於，等到新市場的規模發展得足夠大時再進入市場的等待策略是錯誤的。

因此，克里斯坦森給出的結論是，應對小市場無法解決大企業短期成長率問題，行之有效的方法是讓小機構去利用小機遇，或建立獨立分拆機構，或收購一家與破壞性市場規模相匹配的小企業，將破壞性技術的商業化推廣職責交給規模足夠小的機構。

第三，無法對並不存在的市場進行分析。

克里斯坦森談到，詳實的市場研究數據和良好的規劃，以及按計畫執行流程的良好管理模式，是成熟企業能夠引領產業每一次延續性技術創新的主因。這些合理的方法能夠有效應對延續性技術變革，是因為企業面對的市場規模和成長率一般都是已知的，技術進步的軌道是有跡可循的，而且主要客戶的需求通常都非常清晰、明瞭。

但是，在面對能夠催生新市場的破壞性技術時，市場研究人員和企業規劃者卻一直苦於找不到行之有效的應對策略，問題在於，對那些需要依據市場數據才能做出決策的成熟企業而言，它們要求獲得數據的市場實際並不存在，所以這些企業通常會在面對破壞性技術時變得束手無策，或是犯下嚴重的錯誤。對管理者來說，這項原則的意義在於，用管理延續性技

第五章　行為經濟學：探索人類決策背後的邏輯

術時的發展規劃和市場行銷方法來應對破壞性技術，是痴人說夢。既然針對破壞性技術變革，企業無法分析尚不存在的市場，那麼，就須儘早行動，主動去發現市場。

這個原則要求管理者，一要假設在沒有人能夠了解新技術或產品市場的情況下，去制定業務計畫和目標；二要走出實驗室，並且跟蹤調研小組，去直接了解有關新客戶和新應用領域的知識。

第四，機構的能力決定了它的局限性。

當管理者在處理創新問題時，會本能的選派有能力的員工從事這項工作。一旦他們找到了合適的人選，絕大多數管理者就會認定，他們選派的人員即將入主的機構，也具備完成這項任務的能力。這樣的想法是非常危險的，因為機構所具備的能力，獨立於機構內部工作人員而存在。原因是，人的可塑性很強，經過培訓後可以成功從事不同的職業。

例如，一名IBM公司的員工可以非常從容的改變他的工作方式，來適應小型創業型企業的工作環境。但是，這並不代表IBM公司具備處理創新問題的能力。為什麼呢？克里斯坦森認為，一個機構的能力主要表現在兩個方面：一是流程，也就是將勞動力、資源、原料、資訊、現金和技術投入轉化為更高價值的產出的方法；另一方面為價值觀，就是機構管理人員和普通員工在做出優先決策時遵循的原則。

然而，流程與價值觀相對是固定的。例如，能夠有效管理微型電腦設計的流程，就不適用於臺式個人電腦設計的管理；同樣，推動員工優先發展高利潤率產品項目的價值標準，就不會促使他們將低利潤率產品的開發置於優先發展的位置。所以，同樣的流程和價值觀，在某種環境下構成某個機構的能力，但在另一種環境下則決定了這個機構的局限性。

18《創新者的窘境》─為何卓越企業仍可能失敗

基於這個原則的闡述，克里斯坦森的結論是，當機構能力不適於執行破壞性技術新任務時，可選擇採取三個方法創造新能力以應對變革──（1）收購另一家流程和價值觀與新任務匹配的公司（2）試圖改變當前機構的流程和價值觀，但這兩者本質上是固定的，所以讓同一機建構立兩套完全不同的流程或價值觀是很難的（3）成立獨立機構，針對新問題開發一套新的流程和價值觀。

第五，技術供給並不等同於市場需求。

市場趨勢表明，消費者選擇產品的邏輯通常都是從功能性演變成可靠性，再發展到便捷性，最後至價格。然而，克里斯坦森分析到，領先企業在沿著技術演進時，為了保持領先地位，會努力開發具有更大競爭力的產品，所以，隨著它們競相參與更高效能、更高利潤率市場的競爭，企業追逐高階市場、提高產品效能的速度，很容易超出主流市場中老顧客的實際需求。因此，在這個階段，為了滿足主流市場客戶現實需求，求得更大的市場占有率，領先企業會暫停技術突破的步伐。

但是，也就是在這個階段，採用了破壞性技術的競爭對手正好可以乘虛而入。並且，不可否認的是，儘管破壞性技術最初只能應用於遠離主流市場的小型市場，但它們具備破壞性的原因是，它們日後將逐漸進入主流市場，而且其效能將足以與主流市場的成熟產品一爭高下。所以，對管理者來說，這項原則的意義就在於，面對破壞性技術，領先企業需要深刻理解客戶需求和技術供給，重視其產品屬性的新市場。並且，市場競爭的歷史也證明，只有那些認真分析了主流客戶如何使用自己的產品以及客戶需求的細微變化的企業，才能快速洞察到市場競爭的趨勢。

第五章　行為經濟學：探索人類決策背後的邏輯

第六章
經濟與社會福祉：
如何實現更美好的生活

第六章　經濟與社會福祉：如何實現更美好的生活

19

《人口原理》——人口成長與社會發展的關係

第一位劍橋經濟學家 ——
湯瑪斯・羅伯特・馬爾薩斯

湯瑪斯・羅伯特・馬爾薩斯（Thomas Robert Malthus，西元 1766～1834 年），英國人口學家和政治經濟學家，著名經濟學家凱因斯曾稱讚他為「第一位劍橋經濟學家」。

西元 1805 年，馬爾薩斯成為經濟學誕生以來英國第一位（也可能是世界上第一位）執教於東印度學院的政治經濟學教授。

他的代表作有《人口原理》（*An Essay on the Principle of Population*）、《地租的性質和成長及其調節原則的研究》、《政治經濟學原理的實際應用》、《價值尺度，說明和例證》（*The Measure of Value Stated and Illustrated*）、《政治經濟學定義》（*Principles of Political Economy*）等。其中，《人口原理》是馬爾薩斯最負盛名的代表作。1985 年，在法國巴黎召開的聯合國人口統計學大會上，來自全球 60 多個國家的 300 多名代表，以 99.8% 的贊成率通過了再版馬爾薩斯《人口原理》的提議。

湯瑪斯・羅伯特・馬爾薩斯

19《人口原理》—人口成長與社會發展的關係

一、為什麼要寫這本書

1760～1849年代，第一次工業革命使英國經濟迅速發展，人口也迅速增加。據悉，西元1801～1821年，短短20年間英國人口就從1,094萬增加到1,439萬。但資本主義機器工業的發展，又使人們的生活狀況不斷惡化，失業和貧困成為英國嚴重的社會問題，越演越烈的社會矛盾使得底層人民的反抗運動遍及英國各地。

在這樣尖銳的社會矛盾下，社會改革思想應運而生，英國出現了威廉・葛德文（William Godwin）等人的主張社會改革的著作。葛德文相信人性的完美，提倡採用理性平等的制度來解決失業和貧困等問題。葛德文認為，理性是支配人類生活的真正動力，正是因為理性，人類終將走上不斷改良和日益完善的道路，也是由於理性，人類將會控制男、女兩性之間的情慾，所以人口成長這件事並不值得擔心。

但是馬爾薩斯認為葛德文所提倡的理性平等的制度雖然令人嚮往，但是這種制度不過是「空中樓閣」，永遠無法實現，而貧困是一種自然現象，它是基於人口和生活資料不平衡關係的自然規律而產生的。同時，馬爾薩斯反對葛德文過分將人當作純粹理性的生物看待，他認為人是複合生物，情慾總是在理智做決定時扮演干擾性的力量，因此，馬爾薩斯認為兩性間的情慾不會消除，而是人口成長的重要因素之一。

與此同時，英國的鄰國──法國正在如火如荼的進行大革命和啟蒙運動。西元1789年，法國大革命爆發，孔多塞（Nicolas de Condorcet）成為法蘭西第一共和國的重要奠基人，他起草了《吉倫特憲法》（*Girondin Constitutional Project*），也是法國革命領導人中為數不多的幾個公開主張女性應該擁有與男性相同的財產權、投票權、工作權以及接受公共教育權

第六章　經濟與社會福祉：如何實現更美好的生活

的人之一。孔多塞認為隨著理性和社會秩序的進步，醫學和人類生活條件也將不斷取得進步，人類壽命將「無限」增加。

馬爾薩斯同意人類未來壽命會增加的推論，但是他認為任何的改良進步都是有最大限度的，人類壽命不可能無限增加。孔多塞也對人口和生產資料之間的關係做出了論述，與馬爾薩斯相同，他認為人口數量超過生活資料的情況肯定會發生，而且會是週期性貧困持續存在的一個原因。但是孔多塞認為這個困境只可能在一個極其遙遠的時期才是適用的，而馬爾薩斯則認為人口數量超過生活數據的時期早就到來了。

整體而言，英國經濟的迅速發展並未能提高勞動階級的生活品質，反而使失業和貧困加劇，社會矛盾愈演愈烈。同時，在思想界，以葛德文和孔多塞為代表的社會改革派和現存秩序維護派也產生了激烈的爭論。在社會矛盾和思想矛盾雙重激化的背景下，馬爾薩斯寫下了《人口原理》的第一版小冊子《論影響社會改良前途的人口原理，以及對葛德文先生、孔多塞先生和其他作家推測的評論》。很顯然，馬爾薩斯寫作《人口原理》的最初目的並不是研究人口問題，而是反對葛德文和孔多塞的社會改革理論。

二、研究的核心：「兩個假設」、「兩個級數」、「兩種抑制」和「三個主張」

《人口原理》的核心思想邏輯性極強，而且非常簡潔，包含「兩個假設」、「兩個級數」、「兩種抑制」和「三個主張」。

(一) 兩個假設

「兩個假設」是支持馬爾薩斯人口理論的基礎。馬爾薩斯的第一個假

設是：食物是人類生存所必需的；第二個假設是：兩性間的情慾是必然的，而且這種情慾是不會消除的。

馬爾薩斯在《人口原理》中反覆強調，這「兩個假設」是關於人類本性的永恆不變法則。離開食物，人類將無法生存；而情慾，是人類延續後代、生兒育女的基礎。

(二) 兩個級數

「兩個級數」指的是人口以等比級數增加，而生活資料只能以算術級數增加，因此人口的成長速度必然超過生活資料的成長速度。

馬爾薩斯以小麥和綿羊為例。假設地球表面的土地同樣肥沃，小麥可以在上面自由生長，並且一粒種子也不浪費，那麼1粒小麥種子可以產出6粒小麥。理論上，小麥的產量每年能夠成長5倍，14年之後，全世界產出的小麥就能完全覆蓋地球陸地表面。同樣，假設全世界的土地都可以用來養綿羊，綿羊也可以自由生長，算上通常的死亡率和偶然事故，人類飼養的綿羊數量平均兩年可以翻一倍。也就是說，不到76年時間，綿羊就可以完全覆蓋地球陸地表面。

馬爾薩斯也表示，以上計算只能在理論上成立。在實際生產當中，小麥或者綿羊都不可能有這麼大的成長能力。土地的生產力其實是有限的，食物的成長率只能保持在一定範圍內，過了一定時期，成長率必然下降或者保留在最好的成長率，這就是馬爾薩斯的「土地肥力遞減規律」。

所以馬爾薩斯得出結論——食物的生產只能以算術級數的速度成長，但是人口成長的速度就不一樣了。1790～1820年這30年裡，美國政府每十年就會做一次人口普查。馬爾薩斯以這四次人口普查的數據為依

第六章　經濟與社會福祉：如何實現更美好的生活

據進行分析，在第一個10年裡，美國的人口增加了36.3%。馬爾薩斯說，經過他的計算，照這樣的速度發展下去，美國人口總數會在22年半的時間裡翻一倍，即使考慮了其他導致人口減少的因素，這個速度也會在25年左右。因此，馬爾薩斯斷定，人口的成長是一種等比級數，速度非常驚人。

（三）兩種抑制

人口自然法則要求人口數量和生活資料保持平衡，因此必然會產生強大的抑制來阻止人口的增加，馬爾薩斯將這強大的抑制分為預防性抑制和積極抑制兩種。所謂預防性抑制，就是人類出於養家餬口、個人愛好、身體健康等因素的考慮，選擇不結婚或者推遲結婚，那麼人口自然會減少。當今社會年輕人晚婚、不婚等引起的出生率下降就是預防性抑制的典型案例。所謂積極抑制是指戰爭、瘟疫、饑荒、貧困等災難的發生導致的人口減少。馬爾薩斯認為戰爭、疾病等災難只是一時的，但是貧困時時刻刻都發揮著抑制作用。

馬爾薩斯所處的第一次工業革命時期，英國經濟發展迅速，人口增加速度很快，但是大批工人失業，社會底層百姓的生活急遽惡化。為了緩解底層人民的生活，英國頒布了《濟貧法》（*English Poor Laws*），規定貧民可以到他出生的教區領取補助金。但是，馬爾薩斯卻反對這項幫助窮人的政策。以炸魚薯條為例，原本吃不上炸魚薯條的窮人，在接受了救濟之後，幾天就可以享受一頓炸魚薯條，窮人的生活應該會變得更好。但是，事實並非如此，因為僅僅給窮人捐款，並不能使得炸魚薯條的數量增加。當這個國家炸魚薯條的總量不變時，誰出價高，誰就會獲得炸魚薯條，最後能夠吃上炸魚薯條的人的數量還是不會得到增加。

從宏觀上，馬爾薩斯認為無論是預防性抑制還是積極性抑制，都可以

歸為「苦難」或者「罪惡」。例如，由於兩性之間不可磨滅的天然情慾使得合乎道德的同居傾向會非常強烈，馬爾薩斯認為預防性抑制幾乎必然會產生罪惡。而積極抑制中的戰爭、瘟疫、饑荒、貧困都可以歸為苦難。

此外，馬爾薩斯之後又增加了「道德抑制」，就是說，人們出於謹慎的考慮，在獨身期間嚴格遵守道德規範，不發生性行為或者不結婚可以抑制人口成長。

(四) 三個主張

三個主張高度概括了人口成長和食物成長之間的動態關係。第一個主張是，人口增加必然受到食物的限制；第二個主張是，食物增加，人口必然也增加；第三個主張是，讓人口與食物保持平衡的抑制力量可以歸納為道德、罪惡和苦難。

三、研究的價值：毀譽參半的鴻篇鉅製

《人口原理》是一部巨作，但是學術界對《人口原理》的思想和結論的評價褒貶不一、毀譽參半，既有極度的批評，也有至高的頌揚。

西元 1810 年葛德文對《人口原理》這篇論文進行了回應，他讚賞了馬爾薩斯本人並且肯定了《人口原理》在經濟學上的地位，但他反對《人口原理》所得出的結論。西元 1820 年葛德文寫作〈人口論 —— 人類增殖力的研究〉一文來批評馬爾薩斯的《人口原理》的結論。

除了葛德文，法國經濟學家西斯蒙第 (Jean de Sismondi)、英國空想社會主義者羅伯特·歐文 (Robert Owen)、法國空想社會主義者查爾·傅裡葉 (Charles Fourier)、英國經濟學家馬歇爾等都反對馬爾薩斯的觀點。

第六章　經濟與社會福祉：如何實現更美好的生活

西斯蒙第認為「馬爾薩斯先生主張的原則是，任何國家的人口都受著這個國家所能提供的生活資料的數量限制，但這種主張只有對一個完全不能從其他國家取得一部分生活資料的國家來說，才是正確的。」羅伯特・歐文和夏爾・傅立葉都認為改造社會制度和提高科學生產力是避免人口成長速度超過食物成長速度的有效方法，因此都對馬爾薩斯的人口理論持反對態度。而到了英國新古典經濟學派創始人阿爾弗雷德・馬歇爾生活的時代，即 19 世紀中後期，英國生活水準提高，完全沒有出現馬爾薩斯所說的人口成長速度超過食物成長速度的危機，因此馬歇爾也不支持馬爾薩斯的觀點，相反他認為人口的縮減會產生經濟停滯的嚴重後果。

馬克思也曾對馬爾薩斯的人口論進行了尖銳的批評，馬克思指出馬爾薩斯的人口學說是資本主義方式所特有的人口規律。事實上，每一種特殊的、歷史的生產方式都有其特殊的、歷史的、發揮作用的人口規律。抽象的人口規律只存在於未受過人為干涉的動植物界。馬爾薩斯在《人口原理》中描繪的失業、貧困和罪惡，事實上都是資本主義社會存在的特殊現象，而不是人口成長超過生活資料的結果。

但是，仍然有大部分學者和公眾還是接受了馬爾薩斯的人口原理，例如功利主義者約翰・斯圖亞特・彌爾（John Stuart Mill）、著名經濟學家凱因斯和大衛・李嘉圖、日本人口學家南亮三郎等都認同馬爾薩斯的觀點。許多支持馬爾薩斯的學者繼承了他的人口理論並對人口論進行不斷深化發展。19 世紀初，英國社會學家弗朗西斯・普雷斯（Francis Preston Blair）積極宣揚馬爾薩斯的理論，但是他所提出的「以避孕來控制人口成長」的觀點是馬爾薩斯所反對的。因此，以避孕方式來控制人口成長的思想被稱為「新馬爾薩斯主義」。

第二次世界大戰之後，現代馬爾薩斯主義開始興起，許多經濟學家和

19《人口原理》──人口成長與社會發展的關係

人口學家對馬爾薩斯的理論加以改造並進行傳播。其中比較著名的有「人口危機論」、「適度人口論」、「人口零成長論」等。

- 「人口危機論」：1968 年，史丹佛大學昆蟲學教授保羅・埃利希（Paul Ehrlich）出版了《人口爆炸》（*The Population Bomb*）一書。他認為，隨著人口的迅速成長及工業經濟的不斷發展，全球性的饑荒和資源耗竭將很快到來，資源價格也將隨之日益攀升，這符合「人口危機論」中人類已經面臨末日，除非停止人口成長的論調。但是，樂觀派代表人物、美國馬里蘭州立大學的經濟學教授朱利安・西蒙（Julian Lincoln Simon）認為，環境悲觀派關於人類生存環境現狀的數據是不可靠的，人類未來的前景會越來越好。

- 「適度人口論」：「適度人口論」是 19 世紀末由英國經濟學家愛德溫・坎南（Edwin Cannan）提出的，他認為人口過剩和人口不足都會影響社會進步，只有適度人口才能實現社會福利最大化，適度人口理論是馬爾薩斯主義的又一個分支。

- 「人口零成長論」：1970 年代中期，世界人口成長率有所下降，馬爾薩斯人口論又有了進一步的發展與深化，1970 年諾貝爾經濟學獎得主、美國著名經濟學家保羅・薩繆森提出了「人口零成長理論」，他在肯定了馬爾薩斯理論的同時提出了修正意見。薩繆森認為，馬爾薩斯的觀點是以獲利遞減規律為基礎的，現在仍然適用，但是馬爾薩斯在論及獲利率遞減時未預料到工業革命的奇蹟，即科學技術延長了人類的壽命，減少了人口的積極抑制；科學技術也可能使生產邊界向外移動，使更多的人享受更高的生活水準。而「人口零成長理論」是指儘管生育率下降了，但世界總人口仍在增加，所以目前依然要限制多餘生育，使人口成長達到零成長的全球性平衡。

第六章　經濟與社會福祉：如何實現更美好的生活

　　整體而言，《人口原理》自誕生以來就備受爭議，馬克思、阿爾弗雷德・馬歇爾等著名經濟學家反對馬爾薩斯的人口理論，但是也有許多學者支持人口理論，並且發展了「人口危機論」、「適度人口論」、「人口零成長論」。這些理論都沒有脫離馬爾薩斯學說，並在原基礎上對馬爾薩斯的理論進行了改進和創新，可見馬爾薩斯理論影響之深遠。

20 《福利經濟學》——經濟福利的最大化之道

福利經濟學的創始人 ——
亞瑟・賽西爾・皮古

亞瑟・賽西爾・皮古（Arthur Cecil Pigou，西元 1877～1959 年），英國著名經濟學家、福利經濟學的創始人、劍橋學派的主要代表之一。

皮古出生於英國的一個軍人家庭，青年時代進入劍橋大學就讀，期間師承馬歇爾教授，畢業後先後擔任過英國倫敦大學傑文斯紀念講座講師和劍橋大學經濟學講座教授，被認為是劍橋學派領袖馬歇爾的繼承人。他致力於傳播馬歇爾的經濟思想，使馬歇爾的經濟思想成為劍橋學派在 1920～1930 年代最正統的信條，也使自己成為一位有影響力的劍橋學派正統人物。

亞瑟・賽西爾・皮古

另外，皮古還曾擔任英國皇家科學院院士、國際經濟學會名譽會長、英國通貨外匯委員會委員和所得稅委員會委員等職。其主要著作有：《財富與福利》(Wealth and Welfare)、《福利經濟學》(The Economics of Welfare)、《產業波動》(Industrial Fluctuations)、《失業論》(Lapses From Full Employment)、《社會主義和資本主義的比較》(Socialism Versus Capitalism)、《就業與均衡》(Employment and Equilibrium) 等。

第六章　經濟與社會福祉：如何實現更美好的生活

一、為什麼要寫這本書

青年時代，皮古進入劍橋大學主修歷史。一次偶然的機會，他結識了當時英國著名的經濟學家馬歇爾，在來往中，馬歇爾發現皮古在社會或者經濟問題方面有著獨特認知和想法，於是在馬歇爾的鼓勵和影響下，皮古轉學經濟學。1900 年，皮古畢業後選擇留校任教，開始了漫長的教學生涯，並成為宣傳他的老師馬歇爾經濟學說的一名學者。

19 世紀後期，隨著美國、德國經濟異軍突起，英國的霸主地位危在旦夕。為了與美德對抗，英國掀起了一場技術革命。然而，技術雖然給英國帶來了繁榮，同時也造成了大量的工人失業，導致工人運動此起彼伏，社會矛盾加劇。面臨殘酷的國家現實，在老師馬歇爾的帶領下，皮古一頭栽進了對國家經濟福利的研究中。

20 世紀初，皮古 31 歲那年，他接替了老師馬歇爾任劍橋大學政治經濟學教授。那時候，第一次世界大戰爆發、俄國十月革命勝利，無數的重創令資本主義陷入了經濟和政治的全面危機。當時的許多地方，隨著經濟的成長個人所得雖不斷提高，但收入分配的不公平程度卻在日益加大，貧富差距鴻溝愈演愈烈。

對此，有人認為這恰好反映了市場經濟的客觀規律，甚至反映了自然界物競天擇、適者生存的自然規律，再加上人與人之間能力、性格及所擁有資源稟賦的不同，人類就應該心安理得的接受這種優勝劣汰下的現實，甚至不少人推波助瀾並想去分得一杯羹。但是，時任劍橋大學經濟學教授的皮古的觀點卻與此大相逕庭，因深受老師馬歇爾關於社會福利、消滅貧困思想的影響，以及悲天憫人的情懷油然而生，他選擇站在弱勢群體的一邊，來探討財富分配和社會福利問題。

皮古希望，能像普羅米修斯那樣，給內外交困的英國帶來火種，驅走黑暗。這個「火種」就是 1920 年出版的《福利經濟學》。可以說，福利經濟學的出現，完完全全是世界，尤其是英國階級矛盾和社會經濟矛盾尖銳化的結果，憂國憂民的經濟學家夜以繼日的展開了以建立社會福利為目標的研究，最終導致了福利經濟學的誕生。

二、研究的問題：如何實現經濟福利的最大值

福利經濟學（Welfare Economics）是研究社會經濟福利的一種經濟學理論體系，它是一門從福利觀點或最大化原則出發對經濟體系的執行予以評價的社會學科。皮古身為福利經濟學體系的創立者，他把福利經濟學的對象規定為對增進世界或一個國家經濟福利的研究。

皮古認為，福利是對享受或滿足的心理反應，福利有社會福利和經濟福利之分，社會福利中只有能夠用貨幣衡量的部分才是經濟福利。皮古根據邊際效應基數論提出了提高社會經濟福利的兩大因素。

- 一是增加國民收入，就是把蛋糕做大，即國民收入總量越大，社會經濟福利就越大。
- 二是收入均分化，就是把蛋糕進行平分，即國民收入分配越是平等化，社會經濟福利就越大。

第一個概念好理解，大家共同賺的錢多了，每個人分得的錢自然就增加了；第二個概念是基於邊際效應基數論來實現的，基數效用論認為商品的邊際效應是遞減的，因而貨幣也必須服從邊際效應遞減規律。如此的話，由於富人持有的貨幣量大於窮人，所以前者的邊際效應小於後者。通俗來說，同樣額度的收入引起的滿足程度在富人那裡低，而在窮人那裡高。

第六章　經濟與社會福祉：如何實現更美好的生活

舉個例子：如果富人手中再增加 100 元，對他而言影響可能不大或不明顯，但是增加 100 元對極度貧困的窮人來說，影響就非常大了。事實也是如此，富人可以讓酒肉臭掉，窮人卻往往因為少一兩口米飯而餓死。所以，從整個社會福利角度來看，國家透過某些政策拿走富人的錢投入社會公共產品的生產中或再分配給窮人，那麼就會大大提高整個社會的效用和福利。

皮古認為，經濟福利在相當大的程度上取決於國民收入的數量和國民收入在社會成員之間的分配情況。要最大化實現經濟福利，在生產方面就必須提高國民收入總量，在分配方面就必須消除國民收入分配的不平等，由此就會出現「福利國家」。

三、研究的思路：
以「國民收入」為研究線索，挖掘經濟福利的增進方法

對於如何闡述經濟福利問題，皮古給出了一個明確的研究核心，即「國民收入」。皮古探討了國民收入的增加方法，也就是資源配置達到最優狀態。接著，皮古提出國民收入大小的決定因素為勞動，那麼對於國民收入最大化，勞動的配置問題就至關重要了，因此又論述了勞動在各地區各職業間的配置問題。最後，皮古又闡述了國民收入分配與經濟福利的關係，提出了經濟福利的增進方法。具體而言，《福利經濟學》分為四篇。

第一篇為「福利與國民收入」，這部分主要論述的是經濟福利與國民收入的關係。

皮古定義了福利的概念，限定了社會總福利與經濟福利的範圍。具體來說，皮古認為福利有廣義和狹義之分，廣義的福利涉及影響福利的一切

因素。但是我們細想，關於這種廣義福利的測量與核算是複雜且沒有具體標準的，難怪皮古表明該書的福利經濟學關注的是用科學的方法直接或間接的用貨幣測量的那部分狹義的福利。

因此，在這種經濟福利的概念之上，如果福利有高低程度之分，那麼在大多情況下，經濟福利是會隨著收入的增加而增加的。這樣，經濟福利就會有一個「客觀的配對物」，那就是國民所得。所以，皮古論述了經濟福利與國民收入的關係，把對經濟福利的研究變為對國民收入的研究。

第二篇為「國民收入的大小與資源在不同的用途之間的分配」，這部分主要論述的是社會資源的最優配置問題。

皮古把對經濟福利的研究變為對國民收入的研究，那麼經濟福利怎樣才能增加呢？因為國民收入總量的增加才是經濟福利增加的主要泉源，所以如何增加國民收入就是福利經濟學的中心問題之一。那麼問題又來了：如何有效增加國民收入呢？

皮古運用獨創的邊際社會淨產品和邊際私人淨產品的概念分析了資源配置的效率。只有當邊際社會淨產品的所有用處得到均等使用時，國民所得才能最大化。當邊際私人淨產品和邊際社會淨產品出現差異時，國民所得就不能最大化。因此，皮古強調，要使國民收入增加或最大化，就必須有一些力量使得邊際社會淨產品的所有用處得到均等使用，即使生產資料在各個生產部門中的配置達到最優狀態。

第三篇為「國民收入與勞動」，這部分主要談的是國民收入與勞動的關係問題。

皮古認為決定國民收入大小的主要是勞動，這個觀點怎麼理解呢？皮古認為，國民所得的數量和掌控勞動力市場營運的結構是有關係的。例

第六章　經濟與社會福祉：如何實現更美好的生活

如，如果工人罷工或企業倒閉的話，是不是就會降低直接受影響的產業產量？對其他產業的原料或設備供應也會減少甚至被切斷？甚至失業者就會減少對其他產業產品的需求，以及工人的孩子可能由於營養不良引發傷病？再例如，超時工作會給女工和童工造成很多有害影響，不利於他們的身心健康，且降低了工作效率。這些都會減少國民所得以及經濟福利。因此，對勞動配置問題的探討，企圖尋求提高國民收入的方法，這是皮古探討的重點內容之一。

第四篇為「國民收入的分配」，這部分論述的是國民收入分配與國民所得、經濟福利的關係。

既然國民所得分配給富人和窮人的絕對占比與國民所得之間是有關係的，那麼如果透過改變收入分配來提高國民所得，富人與窮人都將從中受益。所以最後，皮古把對如何實現經濟福利的最大化的探討轉移到了國民收入的平衡分配上來。

四、研究的核心：重視政府對資源配置的干預效果

一切問題都要尋求合理的解答。皮古認為，經濟福利的實現，有一個關鍵的方法，即重視政府對資源配置的干預效果。我們分兩個方面來說明。

首先，皮古透過分析得出國民收入的大小及國民收入在社會成員中的分配情況是影響經濟福利的兩大因素，因此，他對國民收入的分配進行分析後，研究了收入的轉移問題，建立了「收入平等化」學說。

這個學說的基本論點是如果把富人的收入的一部分轉移給窮人，那麼

20《福利經濟學》──經濟福利的最大化之道

社會的福利就會增大。皮古的立足點在於經濟福利與心理滿足或者效用直接相連，富人從收入增加中獲得的效用比窮人少，因此國民所得由富人轉移向窮人，能夠增加經濟福利。那麼，如何實現這種收入的貧富轉移呢？

皮古認為，最優方法就是政府向富人徵稅，再補助窮人。具體操作方式是一方面，政府向富人徵稅。舉個例子，政府可以徵收累進所得稅，讓稅率隨個人收入的增加而上升，這樣富人就能以更多的賦稅標準納稅，窮人則以低賦稅標準納稅，這樣就能調節社會成員收入分配的不平等。另一方面，政府可以採取一些社會福利措施補助窮人，將貨幣收入從富人那裡「轉移」一些給窮人。例如，在國家基金的幫助下，保證每個家庭都享有足夠的最低生活標準補助。以此，可以實現收入的貧富轉移，增進貨幣的邊際效應，促使社會經濟福利總量的增加。

其次，轉移收入的措施雖然可以緩和貧富之間的矛盾，但如果要徹底解決社會貧困問題、促進經濟福利成長，則要增加國民收入總量，那麼就必須增加社會生產，使生產資源在各生產部門中的配置達到最優狀態。

皮古透過用私人淨邊際產品和社會淨邊際產品的關係說明了社會資源最優配置的標準。皮古認為，在完全競爭的市場條件下，競爭與資源的自由流動最終會使得私人淨邊際產品與社會淨邊際產品相等，據此可以實現國民所得最大化，但現實中兩者往往相互背離。在一些產業之中，社會淨邊際產品高於私人淨邊際產品，對這些產業的投入就會不足；而在那些社會淨邊際產品低於私人淨邊際產品的產業，又會出現損害社會整體福利的過度投入。

那麼，如何平衡私人淨邊際產品與社會淨邊際產品的關係呢？皮古主張政府應當採取適當的政策對資源配置進行干預：對私人淨邊際產品大於

第六章　經濟與社會福祉：如何實現更美好的生活

社會淨邊際產品的部門進行徵稅，而對私人淨邊際產品小於社會淨邊際產品的部門進行補助。皮古認為，透過這種徵稅和補助，可以減少私人淨邊際產品和社會淨邊際產品之間的差距，最終將使經濟福利增加。具體而言，就是重視市場經濟行為的外部效應。

皮古指出，外部效應問題是市場本身無法克服的內在缺陷，如果政府始終恪守傳統的「守夜人」職責，那麼這個外部效應問題將始終構成市場有效執行的一種威脅。

因此，一方面，政府應該對那些存在負外部性的行為予以干預，舉個例子，例如工廠排汙造成空氣、農田、河水汙染，這就給空氣、農田、河水帶來額外的成本，然而工廠的私人企業主占了社會的便宜，但是他沒有為排汙支付應有的成本，這就是典型的負外部性。那麼政府就應該對這種高能耗、高汙染性產業及企業等環境汙染者課以重稅（又稱「皮古稅」），以提高這些企業的私人成本，增加其私人邊際成本，使之與社會邊際成本相當，還可對事關全國性的產業，如鐵路、電力、自來水等實行國有化，由政府經營。

另一方面，政府對存在正外部性的行為應予以支持，對農業、植樹進行補助，減少其私人邊際成本以使之與社會邊際成本相當，可以透過經濟補助鼓勵更多的人從事這樣一些正外部性的行為。例如，經濟學表明，商品的價格是由市場的供給需求來自發調節的，那麼糧食也一樣，因此，常會出現「穀賤傷農」，即糧食豐收反而可能會給農民帶來收入下降的現象。但是，「民以食為天」，糧食價格的保證對於國計民生至關重要。因此，政府就可以對糧食收購提供支持價格或對農業生產進行直接補助，實質上就是為了降低農業生產的私人成本，以保證農民從事農業生產這種正外部行為的積極性。

20《福利經濟學》—經濟福利的最大化之道

總之,透過這兩個方面,就能借助於國家的干預和政府強制性的手段,讓市場秩序得以重建,以最大化的實現國家經濟福利。

第六章　經濟與社會福祉：如何實現更美好的生活

21

《以自由看待發展》——自由與發展的內在關係

經濟學界的良心 ——
阿馬蒂亞・森

阿馬蒂亞・森（Amartya Sen，1933～），出生在印度西孟加拉邦的一個名叫聖蒂尼克坦的小鎮，曾執教於印度德裡大學、倫敦政治經濟學院、牛津大學、哈佛大學等高等學府，並於1998年獲得諾貝爾經濟學獎。

阿馬蒂亞・森的學術研究取得了大量成就，他在經濟發展、福利經濟學、社會

阿馬蒂亞・森

選擇理論等方面的研究成果斐然，他也是研究饑荒與貧困問題的大師，出版了《貧困與饑荒》(*Garibi Aur Akaal*)、《理性與自由》(*Rationality and Freedom*) 等10幾部專著。除此之外，他還擔任過不少重要的學術組織的主席，也曾經為國際事務做出貢獻，例如擔任過聯合國祕書長的經濟顧問，以及幫助聯合國開發計劃署編製「人類發展報告」等。

21《以自由看待發展》─自由與發展的內在關係

一、為什麼要寫這本書

阿馬蒂亞‧森的自由發展觀思想並不是空穴來風的空想，也不是閉門造車的結果，而是在吸收、借鏡他人研究成果的基礎上，結合現實發展和自己的研究而得出的結論。

阿馬蒂亞‧森 17 歲開始主修經濟學，他深深受到古典經濟學家以及古典自由主義思想的影響。

從發展脈絡上看，古典經濟學與古典自由主義一脈相承，古典經濟學中崇尚自由主義的隱性基因，在 17～18 世紀脫胎成為古典自由主義思想，那個時候工業革命也進入高潮階段，所以古典自由主義通常被認為是工業革命和隨之而來的資本主義制度催生的一種意識形態。似乎在經歷了長期封建統治的黑暗後，對自由的渴求再次指導著人類的思想向前發展。這種古典的自由主義思想提出了言論自由、信仰自由、思想自由、市場交易自由以及自我負責等概念，反對集權、君權神授、世襲制度、國教制度等傳統的政治學說，後來逐漸被別的意識形態所接納。

阿馬蒂亞‧森對自由的認知可以追溯到古希臘哲學家亞里斯多德和「現代經濟學之父」亞當斯密的思想。亞里斯多德思想中有關經濟發展、自由、倫理的部分，推動了阿馬蒂亞的自由發展觀的形成。尤其是在阿馬蒂亞的自由發展觀形成的早期，亞里斯多德關於「人的功能」與「生活品質」的論述就對阿馬蒂亞的認知產生了非凡的影響。而亞當斯密擴充了生活必需品的內涵，則為後世的阿馬蒂亞‧森對自由內涵的擴充打下思想基礎。

除了對亞里斯多德、亞當斯密的思想有過詳盡研究以外，阿馬蒂亞‧森還研習過德國思想家、哲學家、經濟學家卡爾‧馬克思的著作，並深受

第六章　經濟與社會福祉：如何實現更美好的生活

他的影響。馬克思基於唯物史觀，從「現實的個人」的角度出發，提出人的發展應當是自由而全面的，他強調了人在社會發展過程中的主體地位。馬克思的思想深刻地影響著後世的經濟發展理論，也影響著阿馬蒂亞‧森自由發展觀的形成。具體來說，馬克思提出的「人的自由而全面的發展」的思想，讓阿馬蒂亞‧森站在自由的視角重新審視以往只看重經濟的發展觀念。

除了亞里斯多德、亞當斯密以及卡爾‧馬克思，還有許多古典經濟學家、新古典經濟學家以及現代經濟學家的思想對阿馬蒂亞‧森自由發展觀的形成和發展產生過影響，例如肯尼斯‧阿羅（Kenneth Arrow）關於理性和自由的思想，約翰‧羅爾斯（John Rawls）、阿特金森（Anthony B. Atkinson）關於不平等的思想等。

阿馬蒂亞‧森對亞里斯多德、亞當斯密、馬克思等人的自由主義思想進行了繼承與發揚，在不斷吸收、借鏡他人研究成果的基礎上，重新審視了自由與發展的意義，結合現實的發展和自己的研究形成了自己的自由發展觀。

二、研究的對象：對傳統發展觀念與發展本身的思考 —— 發展是一個涉及眾多方面的綜合過程

在自由主義思想的引領下，阿馬蒂亞‧森不斷加深對自由本質的認知。與此同時，他開始思考到底什麼才是「發展」？阿馬蒂亞‧森對傳統的「唯經濟成長」的發展觀念、「滿足需求」的發展觀念以及「永續發展」的發展觀念進行反思與批判。

首先，阿馬蒂亞‧森認為傳統的「唯經濟成長」的發展觀念是狹隘的。

「唯經濟成長」的發展觀念只注重經濟總量和社會財富的增加，它以 GDP 為主要指標衡量經濟成長，不能全面反映社會問題。支持這個理念的人們認為透過「涓滴效應」，經濟成長就能惠及社會發展的各方面。然而「唯經濟成長」觀念卻存在兩個問題：一方面，現有研究發現，在多數情況下，「涓滴」的管道是堵塞的，沒有辦法透過「涓滴」實現平衡的經濟發展；另一方面，「唯經濟成長」僅僅關注總量的累積，忽視了人類對於正義的追求和對公平的重視。身為社會的主體，人類自身的發展和需求沒有得到重視，因此在經濟成長的同時，社會中許多不平等問題也越發嚴重。

阿馬蒂亞‧森還指出，經濟總量或社會財富的增加無法保證人們實際享受的福利的增加，「唯經濟成長」的發展觀扭曲了人類發展的本質，誤把經濟的成長看作「本」，將人自身的發展當作「末」，本末倒置不符合客觀規律，必然會被淘汰。

其次，阿馬蒂亞‧森對「滿足需求」的發展觀念進行了反思。

在 1970 年前後，隨著人力資本、發展經濟學等理論的演化，經濟學界逐漸注意到了人在經濟發展過程中的影響，經濟發展的觀念也開始把人的影響納入其中，為了保障人能在經濟成長的過程中發揮出影響，於是理論界慢慢形成了一種「滿足需求」的發展觀念。

這種觀念認為，發展的過程需要滿足人的基本需求，例如食、衣、住、行等，滿足了基本的物質需求，人們才能夠發揮好自身對於經濟成長的影響。但是，阿馬蒂亞‧森認為，這種只追求「滿足需求」的經濟成長有兩點局限。第一，這種觀念對人的關注是片面的，只停留在物質層面。然而，人的滿足不僅僅有基本的生活物質滿足，還應該包括對擁有能力的渴望以及參與各類活動的願望。第二，這種發展觀念認為人只是被動的接受者，完全忽視了人的主觀能動性。實際上，人之於這個世界是一種實際

第六章　經濟與社會福祉：如何實現更美好的生活

的存在，其意義在於去獲取更全面的自由與能力，而非單單將人視作「人道主義」的資助對象。如果人們始終被商品或物質所裹挾的話，就不能獲得更好的發展了。

最後，阿馬蒂亞・森對「永續發展」也進行了批判。

1980年的聯合國大會首次使用了「永續發展」的概念，從字面意思來看，永續發展就是「連續不斷發展」，聯合國世界環境與發展委員會主席格羅・布倫特蘭（Gro Harlem Brundtland）在1987年發表了一篇名為〈我們的未來〉一文中，對這個名詞進行解釋，他說：「永續發展就是既保證當代人的需求，又不損害未來一代需求的能力。」這段表述是最有影響力的解釋。但是，在阿馬蒂亞・森看來，永續發展理念的目標僅體現了人類對世世代代生活品質保證的追求，顯然這個發展目標依舊是單一的。由此觀之，永續發展與「唯經濟成長」和「滿足需求」的發展觀念沒有本質區別。

三、研究的核心：自由是發展的最終目的和重要方式

阿馬蒂亞・森在《以自由看待發展》（Development as Freedom）中所要表達的核心思想是什麼是自由？自由與發展有怎樣的相互關聯性？

首先，阿馬蒂亞開宗明義的把發展的目標看作一種判定社會所有人福利狀態的價值標準，並且認為，以人為中心的最高價值標準就是自由。那麼在阿馬蒂亞的眼裡，什麼才是自由呢？阿馬蒂亞借鏡和吸收了自由主義的思想，他將自由重新定義，認為自由應當是具有實質性的，也就是可以擁有和享受人們所珍視的那種生活的可行能力。在這個意義上，自由的含義被充分擴展，實質自由就是阿馬蒂亞提出的全新的自由構念，它包含了人們免於困苦的能力，免於諸如飢餓、營養不良、疾病、過早死亡等基本

21《以自由看待發展》──自由與發展的內在關係

的可行能力；還包含了人們具備識字算術、參與社會生活的自由，以及各種政治權益的自由享受，例如有資格獲得補助、享受教育等。

其次，阿馬蒂亞繼續完善了他的理論框架，提出自由具有建構性和手段性兩種影響。在經濟發展的過程之中，自由本身就構成了經濟的發展，是整體發展的一個部分，自由本身的價值也在這種整體發展之中體現出來，這就是自由的建構性影響。而自由的手段性則體現為自由可以被賦予工具的性質，它的影響在於能夠直接或間接幫助人們按自己合意的方式來生活，工具性自由一般被歸納總結為以下五種，它們分別是政治自由、經濟條件、社會機會、透明性擔保，以及防護性保障。

- 政治自由，在廣義上是指人們應當具有規則明確的政治參與機會，包括擁有執政機會、監督與批評、政治表達和言論自由。
- 經濟條件指的是人們為了達成消費、生產、交換的目的，而享有的調配和使用自身經濟資源的機會。
- 社會機會，是指社會教育、醫療等方面的安排是否能讓個人享受更好生活的實質自由。
- 透明性擔保，是指在社會交往中，保證資訊明確且公開的信用，有了這種信用，社會才能良好運作。
- 防護性保障，是為了給社會提供一張「安全網」，透過制度性的、臨時性的安排來救助面臨困苦境地的人們。

對自由有了新的了解之後，關於自由與發展的關係，阿馬蒂亞簡潔而精確的指出：「經濟發展本質上是自由的成長。」與此同時，他提出了兩個基本主張。

第一個主張：自由是發展的首要目的。

第六章　經濟與社會福祉：如何實現更美好的生活

人類社會是複雜的，人們總是在追求各種目的和尋求某種價值，那麼縱觀整個人類社會，什麼樣的目的或價值應當被視為判斷標準呢？阿馬蒂亞對社會的價值標準進行了深刻而犀利的哲理性分析，基於資訊基礎的可獲得性視角，在對比分析了功利主義和自由至上主義等現代價值觀之後，創見性的提出了以實質自由作為價值標準的理論，得出了第一個主張 —— 自由是發展的首要目的。

阿馬蒂亞認為功利主義只考察了人們的「效用」是否滿足，在這個理論框架下，只有效用資訊才被看作唯一的基礎，用來評價事物的狀態或行為，這種評價標準是十分有限的，於是造成了功利主義價值觀具有顯著的局限性。這種局限性表現為以下三點。

- 第一，漠視分配，只關注幸福的「總量」。
- 第二，忽視權利、自由和其他非效用因素的重要性。
- 第三，這種幸福感帶來的效用很容易就被適應性行為和心理所改變，並不穩定可靠。

關於自由至上的理念，阿馬蒂亞認為這種「自由權優先」的思想採取了一種激進的形式，這種理念認為個人的自由應當完全優先於社會目標的追求，具有絕對優先性。阿馬蒂亞並不認同這種自由至上的理念，他認為不能簡單的按照一個人從其自由權中得到了多少好處，來評價自由權的社會意義。就這個理念的基礎而言，是非常局限的，它忽視了許多具有重要意義的變數，也忽視了人類追求更好生活所要求的最基本的能力自由。

在分析討論了以上價值觀念後，阿馬蒂亞進一步考察了實質自由的含義，確定了以可行能力為視角，評價實質自由的資訊分析方法，這種方法具有的廣度和敏感度讓它有寬闊的適用範圍，能夠對一系列諸如效用、自

21《以自由看待發展》—自由與發展的內在關係

由、人的能力等重要因素給予評價性關注。於是，在以實質自由為價值標準的基礎上，阿馬蒂亞提出了「自由是發展的首要目的」的主張。

第二個主張：自由是促出發展不可缺少的重要方法。

阿馬蒂亞認為自由是各種可行能力的擁有，如果這種能力遭受剝奪，人們就會失去發展的自由，阿馬蒂亞把貧困看作對可行能力的剝奪。

阿馬蒂亞拿印度和非洲南部地區的貧困問題來舉例。世界上經濟最不發達的國家集中在南亞和撒哈拉沙漠以南的非洲。在 1991 年，全世界有 52 個國家、約 16.9 億人口的預期壽命低於 60 歲，其中有 46 個國家在南亞和撒哈拉以南的非洲，而位於南亞的印度一國就占了其中一半以上的人口。印度和南部非洲的成人識字率和嬰兒死亡率的差別都不大，但是印度人口的預期壽命近 60 歲，南部非洲僅有 52 歲。另外，印度營養不良兒童的比例達到極高的 40%～60%，南部非洲則為 20%～40%，這主要是因為由購買力所決定的市場需求量低於印度國內對糧食的需求量，因此印度營養不良的實際情況要比南部非洲嚴重。我們還應該注意到印度和南部非洲有一個共同的問題，那就是長期存在的地方性文盲狀況，兩者的識字率相似，每兩個成年人中就有一個文盲，就跟預期壽命低下一樣，這個特徵使得印度和南部非洲區別於世界上別的國家和地區。

這個例子中，印度和南部非洲成人識字率的低下和文盲的高占比問題，主要是由於國家和社會提供的國民基礎教育不足所致，嬰兒死亡率較高、大量兒童營養不良，以及國民預期壽命低下的問題，則是因為國家對國民醫療衛生健康的保障不足造成的。

在阿馬蒂亞看來，基礎教育、醫療衛生等問題，使得國民追求美好生活的可行能力受到了剝奪，失去了實質自由，這種大規模、多樣化的能力

第六章　經濟與社會福祉：如何實現更美好的生活

剝奪使人民難以擺脫貧困，使國家長期陷入經濟困境之中。這也正說明，實質自由的缺失嚴重阻礙了發展，唯有實現對實質自由的成長，才能獲得更好的發展。

　　簡而言之，在阿馬蒂亞看來，自由是更具包容性質的，體現在人們實現美好生活所必需的可行能力的擁有和使用上。他還指出，實質自由的增加是發展的最終目的，自由的實現能促進社會的發展。

第七章
農業經濟的演變與現代化道路

第七章　農業經濟的演變與現代化道路

22

《孤立國》——假想國度中的區位經濟理論

經濟地理學和農業地理學的創始人 —— 約翰・馮・邱念

約翰・馮・邱念（Johann Heinrich von Thünen，西元 1783～1850 年），他被認為是經濟地理學和農業地理學的創始人，也是農業區位理論的開山鼻祖。

著名的政治經濟學家約瑟夫・熊彼得曾評價邱念的純粹理論能力超過了英國古典政治經濟學家的主要代表、古典經濟學理論的完成者 —— 大衛・李嘉圖。

邱念出生在德國的奧爾登堡，他早年喪

約翰・馮・邱念

父，繼父是一個數學愛好者，所以從小時候開始，邱念在數學方面就深受繼父的影響，並因此打下了良好的數學基礎。後來，邱念去了德國漢堡附近的弗洛特貝克農業學院求學，師從該學院的院長陶丁格爾（Hermann Staudinger）教授。西元 1803 年秋，邱念進入德國哥廷根大學讀書，後來他還購買了一座莊園，並親自管理莊園的收入與支出。這些經歷都為邱念後來系統研究農業與國民經濟的相關問題打下基礎。西元 1826 年，邱念的《孤立國》（Der isolierte Staat）一經出版，就在德國廣受歡迎。

22《孤立國》—假想國度中的區位經濟理論

一、為什麼要寫這本書

邱念在求學時期曾說過：「我總有一種責任感，將我們看到的農業和國家經濟方面的、可作為孤立國基礎的觀念的問題，加以條理化。」邱念為什麼會在心裡生出這樣一種「責任感」呢？這和邱念當時所處的時代背景不無關係。

邱念寫作這本書的時間跨度相當大，從西元 1803 年經營莊園研究農業算起，到西元 1850 年第二卷的出版，經歷了近半個世紀，大致可以分為兩個階段。

第一個階段：18 世紀末～19 世紀初期。

在 18 世紀末期，由於受到法國資產階級革命及拿破崙戰爭的影響，歐洲各國紛紛發動了革命。當時的德國國內也接連發生農民起義，同時國內的資產階級也不斷發出不滿的聲音。在這樣暗流湧動的形勢下，包括普魯士在內的德國各邦諸侯和封建農奴主的統治地位受到了嚴重威脅。

除了國內的社會動盪以外，德國對外也面臨著戰爭的威脅，因此普魯士政府不得不實行一系列具有資產階級性質的改革：一方面是為了穩定國內局勢，防止政權被推翻、國家遭滅亡；另一方面是想藉機利用農民充實軍隊，以此來和拿破崙的軍隊作戰。

在這場改革中，首先實施的就是「農奴制改革」。改革的開始，是以普魯士政府在西元 1807 年 10 月 9 日頒布的《十月法令》為起點的。該法令要求廢除農民對地主的人身依附關係，給予了農民各項人身自由的權利，但是也極力維護著地主階級的利益。雖然隨後的一系列農奴制改革也進行得十分有限，但是普魯士農奴制改革的浪潮卻逐漸波及德國的其他公國，而這一系列的改革給德國農業資本主義關係的發展開闢了道路。同

第七章　農業經濟的演變與現代化道路

時，農業資本主義關係的快速發展，也推動著農業生產技術的進步與耕作制度的改良。

但是德國國內仍然面臨著割據與分裂的局面，所以難以形成統一的市場，於是在這樣的歷史條件下，邱念開始對地租、穀物價格、貿易、稅收、土地利用等問題進行討論。

第二個階段：1830～1840年代。

1830～1840年代的德國資本主義工商業剛剛起步，需要進一步擴張市場，但是德國各邦之間卻存在著較高的關稅壁壘，這無疑阻礙了資本主義工商業的發展。後來，北德、南德、中德先後成立了關稅同盟，這不僅使商品經濟繁榮起來了，更加促進了德國的工業發展。

在1830年代，伴隨著德國工業革命的開始，德國資本主義迅速擴張。但尖銳的階級抗爭也隨之而來，城市的工人想要過上更好的生活，農民則想要徹底擺脫封建制度、擺脫壓迫，於是資產階級與工農階級的矛盾迅速激化。

與此同時，一批受到法國空想共產主義思想薰陶的知識分子也開始活動起來了，他們成立了共產主義聯合會組織。西元1836年，正義者同盟成立，這象徵德國工人運動的開始。後來馬克思與恩格斯（Friedrich Engels）受邀加入，並將其改組為共產主義者同盟，兩人共同起草並於西元1848年發表了《共產黨宣言》（*The Communist Manifesto*）。

就是在這般尖銳的階級抗爭背景下，邱念試圖透過經濟學的視角去剖析德國國內的階級矛盾，他不僅研究了農業經濟問題，還對薪資、收入等國民經濟問題進行了研究，試圖找尋破解階級抗爭之法。

二、研究的方法：將微分學應用於經濟研究之中

在 19 世紀的歐洲大陸，經濟學研究主要以經濟歷史學派的研究方法為主。經濟歷史學派主張以歷史研究作為研究人類知識和經濟問題的主要來源，因為他們認為，文化並非全球化的，不具有普世性，因此經濟歷史學派重視對具體的、實際的經驗現實進行歸納性研究，反對古典經濟學派抽象演繹式的研究方法。在德國，經濟歷史學派幾乎覆蓋了整個學術界，許多經濟歷史學派的學者還被政府聘為顧問，然而邱念卻反對經濟歷史學派的主張，堅持使用更為科學的抽象法進行研究。

邱念認為，對於規律的研究，包括經濟規律，只有使用數學方法才能獲得更加準確的認知，於是他開創性地將數學方法引入經濟學研究中。邱念因為主張實驗科學的研究方法，再加上自己扎實的數學基礎，以及多年經營農莊而學習到的關於會計核算和高等數學的方法，所以他使用了微分學對相關的國民經濟問題進行了定量研究。

例如，他在討論關於距離、生產費用、運輸費用，以及價格等要素之間的關係時，就廣泛運用了微分學進行定量研究，並由此得到了更加準確可靠的結論，為他的經濟理論提供了正確而有力的輔助。

邱念是第一個把微分學應用到經濟研究中的資產階級經濟學家，這為後世的經濟學家提供了啟發，並由此開闢了一條經濟研究的嶄新道路。

三、研究的核心：農業區位理論及其與國民經濟的關係

邱念所表述的核心內容：確定孤立國生產布局的決定性因素是什麼？各類產業應該如何布局？以及由此衍生出來的農業區位理論與國民經濟又有著怎樣的關係？

第七章　農業經濟的演變與現代化道路

(一) 邱念在農業布局方面的孤立王國設想

在農業布局方面，邱念曾設想出一個架空的王國，這個王國與世隔絕，坐落在一片全是沃野的平原之上，土壤的肥沃程度沒有差別，都適合耕種。而且，在這個王國裡，只有一座城市，位於整個王國的正中央，除了這座城市以外，其他地方都是農村。城市所有的自然物資全部由農村提供，相對應的，全國的人工產品全都由城市提供。礦山和鹽場位於城市附近，離城市最遠的地方則是那些未曾被開墾過的荒野。在交通方面，連接各地的只有陸路，沒有河道。

在這些假設的基礎上，邱念提出了關於孤立王國生產布局的原則和措施。首先，他認為，成本和價格是孤立國確定生產布局的決定性因素，並且運輸成本是其中比較重要的因素，而決定運輸成本的則是生產地與消費地之間的距離。因此，距離成為考量生產布局的重要問題。邱念主張，這個孤立的王國應該以唯一的那座城市為中心，根據相應的布局規則，圍繞城市形成同心圈，一圈一圈地向外輻射，每個圈層都有自己的主要產品，同時也有著相對應的耕作制度。邱念的這種布局理念，被稱為「邱念圈」，也叫「邱念環」。

「邱念圈」由內向外一共有六個圈層，分別對應著不同的生產方式。

- 第一圈層離城市最近，它內部有果園和菜園，因為蔬菜、水果等鮮貨，大多都經不起長途運輸，所以需要種植在離城市最近的地方。除此之外，還需要將牛奶的生產也安排在第一圈層內，因為牛奶不僅運送難、費用高，而且還容易腐壞，因此也需要就近運送。這一圈層的特點是：地租較高，所以利潤較低的穀物類產品，它們的生產必然會受到限制。這一圈層內沒有休耕的土地，當然這不僅僅是因為地租

22《孤立國》—假想國度中的區位經濟理論

貴，要充分利用土地，還因為它離城市很近，可以沒有限制地去城市購買肥料並加以使用，從而使土地不休耕也不會影響到肥力。

- 第二圈層則主要用來發展林業，為城市提供木材和燃料。邱念認為，假設木材和燃料的價格是確定的，如果生產地離城市太遠的話，運輸成本將會高於價格，那麼即使不計算生產成本和地租，人們也不願意將這些木材和燃料運送到城市進行販賣，因此第二圈層適合發展林業，在這一圈層內進行生產和運輸，銷售價格是足夠補償生產成本和運輸成本的，還能支付地租，這樣一來，人們就有利可圖了。

- 再往外的第三、第四、第五圈層，這些圈層主要用來生產各類穀物，當穀物的價格確定下來後，穀物的生產地離城市越遠，獲利就會越低，因為距離的增加會使穀物的運輸成本增高。如果從耕作制度的角度來看，三個圈層根據各自土地的使用情況，分別採用了不同的耕作制度。第三圈層採用的是輪栽作物制，在這個制度下，沒有完全用於休養閒置的土地，全部耕地都會被用於農作物的種植，並且穀物與飼料作物輪流種植。第四圈層採用的是輪作休閒制，在這個制度下，除了農作物循環種植以外，還會有一區域域是不耕種任何作物的，只被用作休養閒置的場地，這樣安排是為了更好地保持土地的肥力。第五圈層採用的是三區輪作制，在這個制度下，土地被分為了三部分，一部分作為耕地，另一部分作為永久牧場，剩下一部分則作為每年輪流休養的閒置場地。關於穀物種植邊界的問題，邱念曾提出，從城市出發，當距離一直增加時，穀物種植的規模總量就會到達一個臨界點，因為這時穀物的運輸成本和生產成本的總和，就會等同於它們在城市的銷售價格，那麼此時便不會再有穀物送往城市進行銷售了，穀物的種植也就會到此為止。

第七章　農業經濟的演變與現代化道路

- 第六圈層主要被用來經營畜牧業，這個圈層的地租很低，並且用於飼養牲畜的穀物價格也很低，所以畜牧業的生產成本也就變得同樣低了。相對而言，由於這個圈層離城市太遠，運輸成本也就會很高。所以隨著距離的增加，人們會在生產費用降低和運輸成本增加之間進行權衡，只有降低的生產成本大於增加的運輸成本時，生產才會進行。第六圈層有著寬廣的土地面積，人口也較為稀少。
- 第六圈層以外的地方就是寥無人煙的荒野了，那裡只有零散的獵人居住在樹林中，他們靠捕獵為生，但他們中也會有人將獵物拿到城市中進行貨物交換。

(二) 邱念在工業布局方面的孤立王國設想

除了農業布局，邱念對工業布局也有研究。邱念也曾設想出另一個孤立的國家，在這個國家裡，除了有一個大城市，還存在著許多小城市。在這個國家中，邱念把國計民生看作工業布局的「最高原則」。因此，他提出，城市的大小及相互之間的距離必須最有利於國計民生，並且不能把所有的工廠都集中在首都，應該設立在原材料價格最低的地方，這樣才能以最低的費用進行生產，以最實惠的價格向消費者提供產品。

邱念的工農業生產布局的思考，對當今社會仍有正面意義。

(三) 邱念在「地租」、「薪資」等國民經濟範疇方面的建樹

除了對農業區位理論有開創性的研究以外，邱念在「地租」與「薪資」等國民經濟範疇方面，也頗有建樹。關於「地租」這個經濟學概念，大衛·李嘉圖曾首先提出了一般的「地租」概念，他認為地租的含義就是指

22《孤立國》──假想國度中的區位經濟理論

一塊土地被利用後而得到的純獲利。而邱念研究的「地租理論」是「級差地租」，是相對於「絕對地租」而言的，與土地位置的優劣及土質的好壞密切相關。

邱念在書中說到，除了土地肥力是決定地租支付能力的要素外，區位也是決定地租的重要因素。但是，我們剛才說到，在邱念設想的「孤立國」中，土地的品質都是相同的，所以他重點研究了土地位置這個因素對地租的影響，關於級差地租的研究也難免有些片面。

而關於「薪資理論」，邱念創立了著名的自然薪資學說，並且他還在自己的墓碑上刻上了計算自然薪資的公式──$\sqrt{ap}$，其中 a 表示在工人們的總薪資中用於必要生活資料的那部分，p 則表示勞動總產品。邱念在書中說道：「這種薪資不是由供需關係形成的，也不是由工人的需求計算出來的，而是工人自己自由決定的薪資，我稱之為合乎自然的薪資或自然薪資。」

與此同時，邱念還提出了「要素最後生產力理論」，這個理論由「勞動最後生產力薪資理論」和「資本最後生產力利息理論」構成，這便是「邊際生產力理論」的最初形式，這個理論也使得邱念成為「邊際革命」的先驅人物。

第七章　農業經濟的演變與現代化道路

23

《改造傳統農業》——從投資視角看農業經濟成長

美國農業經濟學領域的代表人物
——西奧多·威廉·舒茲

西奧多·威廉·舒茲（Theodore William Schultz，1902～1998年），是美國芝加哥大學經濟學教授，曾先後在美國政府農業部、商務部、聯邦儲備委員會，聯合國糧農組織，世界銀行等機構兼職。

1950年代以後，舒茲致力於人力資本理論的研究，並被認為是這個領域的開拓者，60年代以後致力於研究開發中國家的農業問題。

由於他在經濟學方面的貢獻，特別是《改造傳統農業》（Transforming Traditional Agriculture）這本著作在發展經濟學領域的深遠影響力，他和美國的另一位經濟學家亞瑟·路易斯共同獲頒了1979年的諾貝爾經濟學獎。

西奧多·威廉·舒茲

23《改造傳統農業》—從投資視角看農業經濟成長

一、為什麼要寫這本書

　　舒茲所指的「傳統農業」是指完全以農民世代使用的各種生產要素，如生產工具、土地等為基礎的農業。傳統農業是一個經濟概念，指的是一種特殊的、處於平衡狀態的農業經濟。這裡所謂的「特殊」，指的是在現代社會普遍追求經濟發展的背景下，幾乎處於「停滯」狀態的傳統農業經濟形態是格格不入的。而這裡所謂的「平衡」，指的是在一個較長的時間內，農業技術保持不變，農民收入來源和生產動機保持不變，且農民的純儲蓄接近於零。

　　舉個例子來說，在一個偏遠的山區，當地農民運用的從業生產知識完全依靠祖祖輩輩的傳承；使用的技術（如用耙犁耕田、人力插秧等）是確定不變的；產品的產量僅夠家庭所需，基本沒有多餘。根據這幾個特徵，就可以判斷這個地方為傳統農業社會。這種自給自足的傳統農業社會，處於長期平衡卻貧窮的狀態，如印度、瓜地馬拉等農村。也可以說，一個依靠傳統農業的國家必然是貧窮的。

　　那麼，造成傳統農業社會貧窮的原因是什麼呢？對此，學者專家們眾說紛紜，其中最典型的觀點是「傳統農業中生產要素的配置缺乏效率」。簡單來說，就是專家們認為導致傳統農業社會貧窮的根本原因，是農民不善於利用現有的生產資源，例如對土地、工具、人力等資源沒有進行合理的配置，沒做到「物盡其用」。

　　事實果真如此嗎？美國學者索爾·塔克斯對瓜地馬拉的帕納哈切爾地區印第安人社會進行了相關研究，在其著作《一個便士的資本主義》(Penny Capitalism)中指出該地人民在配置生產要素、從事生產活動時是非常有效率的。男人、女人和能幹活的孩子都到農田幹活了，產品的交換、流

第七章　農業經濟的演變與現代化道路

通也是靈活而高效的，人們在謀取商業利潤方面也非常精明，簡直是個「微型的資本主義社會」。然而，當地人卻異常貧窮：缺醫少藥，住在沒有家具的骯髒茅棚裡，並且死亡率非常高，沒有學校，人們生活的主要內容就是從事艱苦的勞動等等。

美國學者戴維·霍珀對印度的塞納普爾地區也進行了類似的研究，得出了同樣的結論──該地區的傳統農業社會是貧窮而有效率的。儘管每個人都盡可能付出了最大的努力，卻依然擺脫不了貧窮的局面。

這些研究駁斥了「傳統農業社會貧窮是因為生產要素配置效率低，農民沒有充分利用生產資源」的觀點。這說明，傳統農業社會的貧窮不是因為農民的懶惰，農民恰恰是拚盡了全力，但也只能勉強維持生活而已。也就是說，傳統農業社會貧窮的原因是經濟發展所依賴的各種資源、要素在這些地方已經用到了極限，無法生產得更多了。

因此，舒茲認為，在傳統農業社會裡，農民的貧窮是必然的；農民的貧窮既不是因為他們「懶」，也不是因為他們「蠢」。而且，僅僅依靠他們自身的努力也無法改變貧窮的命運。因此，要實現農業經濟的成長，必須對傳統農業進行「改造」。

二、研究的思路：改造傳統農業，本質上是一個投資的問題

舒茲開宗明義的指出如何把弱小的傳統農業改造成為一個高生產率的經濟部門，是其研究的中心問題。從根本上說，這種改造取決於對農業的投資。因此，改造傳統農業，本質上是一個投資問題。就如前面的分析，我們看到傳統農業社會必然貧窮，而且在這個靜態的、平衡的經濟狀態中，僅僅依靠農民自身是無法改變這個局面的。這就意味著必然要引入外

23《改造傳統農業》—從投資視角看農業經濟成長

在的因素,才能打破這種「平衡」,實現農業經濟的成長。而要理解這個觀點,就要明白其中的邏輯,認清三個問題。

第一個問題:放棄農業經濟會出現什麼問題?

舒茲反對偏袒工業、輕視農業的經濟發展模式。有些國家政府過於注重發展工業,甚至把經濟成長與工業化劃上等號,例如認為「現代化就是工業化」,並圍繞這個思路制定了各種經濟政策。於是所有的投資都向城市和工業傾注,把農業用地改作工業用地、將農業人口視為工廠的勞動力。這樣的政策,遏止了農業經濟的發展,導致了農業的凋零,最終也限制了工業和商業的進一步發展。

另外,舒茲也批評了壓抑地租、壓抑農產品價格的政府行為。例如,有些政府長期抑制農產品的價格上限,在糧油價格上漲的時候,就出手干預,強行規定農民以最低的價格出售產品、出租土地;而同時,對農業生產中用於投資的工業材料(如地膜、化肥等)的價格上漲卻不管不顧。這樣一來,就扭曲了市場基本規律,降低了農民的生產意願。政府投資觀念上的偏差,導致社會資源過於傾向工業和城市,這也直接導致了城市化的加劇,城市和農村不平等加劇,也使國家陷入了現代化的風險(這裡的現代化風險指的是發展不平衡)之中:一個連吃飯問題都解決不好的國家,能是什麼好國家?

第二個問題:農業經濟可以成為經濟成長的亮點嗎?

事實上,最近幾十年裡,在許多國家,農業生產成為經濟成長的亮點,甚至還能遠遠超過國家總體經濟成長的幅度。而且農業經濟的成長既不是依靠增加新的土地,也不是依靠單純地提高農產品價格。也就是說,這些成長沒有泡沫,是實實在在的成長。

第七章　農業經濟的演變與現代化道路

對此，舒茲舉了很多正面的例子。例如說，西歐人口密度大、農田大多貧瘠，但出人意料地發展出了強大的農業經濟；義大利、奧地利和希臘等國家的人均可耕地遠比印度少，而且更為貧瘠，但每年的農業成長率高達 5.7%，遠遠高於印度的 2.1%；在 1950 年代，西歐的農業就業人數減少了 20%，但農業生產率卻提高了 50%。

再如，以色列是全世界公認的耕地少而貧瘠的國家，甚至沒有人看好他們農業的前途。然而在 1950 年代，雖然農業就業人口增加了 1/4，但生產卻增加了 1 倍多。可見，土地不是以色列經濟成長的泉源，以色列的農業發展依靠的是受過良好教育的農業生產者，他們大多都接受過高等教育，掌握了世界上最先進的農業技術。

此外，墨西哥也並非先進國家，但農業生產卻以每年 7.1% 的高速度發展著，遠超整個國家的經濟成長速度，這在開發中國家中非常少見。究其原因，是因為墨西哥政府改變了對農業的投資策略。政府不僅自身大力投資水壩和灌溉設施，還依靠洛克斐勒基金會的援助，對農業科學進行投資。因此，在墨西哥，道路、交通、種植技術、機械設備、農民的受教育水準和農業知識儲備等現代農業要素都得到了極大的改善，而正是這些新的投資帶來了農業經濟的迅速成長。

第三個問題：傳統農業改造的根本性問題是什麼？

舒茲認為，只要對農業進行合理的投資，農業經濟完全可以成為一個國家亮麗的經濟成長點，甚至是「一個比較廉價的經濟成長泉源」。因為這些投資並不依賴於簡單的土地、人力的增加，也不依賴於各種農業生產模式或所有制的改變，而是致力於提供「有利的、新的農業生產要素」，而這正是改造傳統農業社會的根本性問題。

這裡的「生產要素」是研究經濟成長的一個概念，具體包括土地、一切再生產性的物質生產資料及人力。生產要素是持久收入流的來源。簡單理解，農業生產的三大要素是土地、技術和工具、人力。傳統農業社會之所以陷入貧窮，就是因為這三大要素的運用已經「見了底」：土地無法增加且精耕細作；技術和工具幾百年不變；人也竭盡全力。因此，「增加新的農業生產要素」就成為改造傳統農業的關鍵。

那麼究竟哪些因素才是「有利的、新的農業生產要素」呢？按照舒茲的觀點，來自各個資本機構的投資、來自政府的利好政策、來自科學研究機構的技術及工具的改進，以及農民自身的文化教育、健康的改善等等，都是新的農業生產要素。不過，這其中最重要的還是「人的因素」，也就是身為新要素的需求者、運用者的農民。

總之，舒茲站在一個投資人的視角，對傳統農業經濟陷入發展困境的原因進行了獨到的分析，並認為同行學者們忽視了經濟發展中的人力資源因素的重要影響。

三、研究的核心：
增加對農民的投資是實現農業經濟成長的主要泉源

舒茲將人力資本要素視為改造傳統農業的、至關重要的因素，這固然和他身為人力資本研究專家的經濟學家的身分有關，其實這個理念也契合「以人為本」的人本主義哲學思想。

首先，從投資的角度看，人力是重要的資本。

舒茲認為，資本不僅包括生產資料的物質，也應該包括作為勞動力的人。引進新的生產要素，意味著不僅要引進雜交種子、自動化機械等物質

第七章　農業經濟的演變與現代化道路

要素，還要引進具有現代科學知識、能運用這些新生產要素的人。農民的技能和知識，與其耕作的生產效率之間存在密切的正相關。因此，要改造傳統農業，首先就要「改造」傳統農民。

其次，人力資本的累積是經濟成長的泉源。

二戰結束後，作為戰敗國的德國和日本基本陷入了經濟癱瘓的局面。然而不到 20 年，兩國的經濟就迅速起飛了，創造了奇蹟。這是用傳統經濟學無法解釋的現象，引起了很多經濟學家的研究興趣。其中，舒茲的觀點最具有說服力。他認為，兩國戰後之所以出現經濟復興的奇蹟，最主要就是人力資本的原因。戰爭雖然破壞了這兩國的物質資本，但並未破壞其充裕的人力資本；再加上這兩國悠久的文化傳統和重視教育的現代國策，為經濟發展提供了大量高水準的勞動力，使得兩國的經濟發展得以建立在高技術水準和高效益的基礎上。

因此，舒茲提出了一個著名的觀點——在影響經濟發展的諸因素中，人的因素是最關鍵的，經濟發展主要取決於人的品質，而不是自然資源的豐瘠或資本的多寡。他甚至認為，人口品質和知識投資，在一定程度上決定了人類未來的前景。

再次，向農民投資。

二戰以後，很多國際組織先後發起了對窮國的經濟援助，很多投資重點都在物質生產資料方面，例如投資建設鐵路、公路等基礎設施及農產品品種改良等等，而忽視了對人力資本的投資。舒茲認為這種投資是片面的投資，只有追加對人的投資，才是全面的投資。如果僅僅是增加物質資本的投資，那麼窮國對這些資本吸收的速度是非常緩慢的。這些片面投資的結果也證明，如果人的能力與物質資本不相稱，那麼人的能力就成了經濟

23《改造傳統農業》──從投資視角看農業經濟成長

成長中的限制性因素。

因此，舒茲明確主張，農民能力的提高是實現農業現代化的頭等大事，農民的能力與資本一樣是可以被「生產」出來，是重要的生產資料。但農民的能力改善不是「免費的」，需要付出實在的成本投入，也就是說，需要對農民進行投資。對農民進行投資，具體來說有如下這些方法。

- 第一，增加對農民教育的投資。以丹麥的農業改造為例，二戰後，丹麥政府將大量高學歷高技能的城市居民引入農業生產中，最終實現了丹麥農業的蓬勃發展。這說明，在農業的現代化中，具有高度教育水準的城市人，比教育水準低的農民更有利。因此，創辦各種專業學校、提高農民的受教育程度對促進農業發展是必要的。或者將受過良好教育的人吸納進農業生產中，也是一種增加農民教育投資的方式。

- 第二，開展大量的培訓或者新技術的示範，將科技工作者引入農業生產當中。例如，舉辦各種農民學校、農業推廣站、在職培訓等等。利用農民的空餘時間，有針對性地開展短期的技術培訓。同時，推進農業技術的普及性工作，真正將知識應用於實際的農業生產，從而實現經濟的成長。

- 第三，向農民的孩子投資。鼓勵農民的孩子接受教育，而不是讓他們被迫過早放棄學業從事勞動。在很多開發中國家，農民因為貧窮而讓孩子過早賺錢養家，而這些孩子長大後就和他們的父母一樣，缺乏教育。要阻斷這種惡性循環，就應該從投資農民的孩子著手，讓孩子從勞動中解放出來，接受必要的教育。

- 第四，為農民的健康投資。要加大醫療投入，延長開發中國家農民的壽命。在很多開發中國家裡，農民的健康問題非常嚴重，農民得不到

第七章　農業經濟的演變與現代化道路

醫療的保護，並且容易在繁重的勞動中喪失勞動力，也因此喪失了提升自我的信心。

- 第五，向農民提供刺激和獎勵的方法，鼓勵農民將學習到的知識用於增加農業生產上。透過政策或者經濟補助等措施，鼓勵接受教育的農民繼續投身於農業生產，從源頭上維護人力資本的再生產。

24

《法國農村史》—— 法國小農經濟的興衰與變遷

歷史學家、年鑑學派創始人之一
—— 馬克‧布洛赫

馬克‧布洛赫（Marc Bloch，西元 1886～1944年），是 19 世紀末 20 世紀初的法國著名歷史學家、年鑑學派創始人之一，也是享譽世界的史學大師，他的兩本代表作《法國農村史》（French Rural History）和《封建社會》（Feudal Society）是國際史學家公認的重要著作。

《法國農村史》被學界譽為法國地理歷史的巔峰之作，它開創了中世紀和近代農村史研究新境界的起點。該書綜合運用了農業學、經濟學、地理學、心理學、民俗學等多門學科的理論和視野，開創性地研究了從古代、中世紀到近代的法國農業生產和莊園制度。歸功於作者獨特的「從已知推未知」的治史理念，本書被認為是「年鑑學派」的代表性著作之一。

馬克‧布洛赫

第七章　農業經濟的演變與現代化道路

一、為什麼要寫這本書

年鑑學派興起於兩次世界大戰之間，是一次史學革命，它倡導歷史學的跨學科學研究、歷史學家之間的跨民族合作。

年鑑學派興起的主要原因是 1914～1918 年的第一次世界大戰和 1929 年的資本主義世界大危機，造成了空前複雜的歷史現實。此時的人們發現單純傳統的總體理論已經不能應對複雜的新時局了，於是學界的研究視野從政治轉向了經濟，轉向了具體的經濟和社會問題。也正是在這樣的大背景下，歷史學研究也開始了「轉型」，由「傳統學派」轉向了「年鑑學派」。

在年鑑學派出現之前，傳統的歷史學研究將研究對象鎖定為帝王將相和各種英雄人物，研究的內容也側重單純的政治史；而年鑑學派則打通了歷史學和其他人文社會學科的界限，將研究對象擴展為了芸芸眾生，將研究內容擴展到了與大眾息息相關的社會生活的各方面。

身為年鑑學派的代表人物，布洛赫主張歷史研究應融合地理學、經濟學、社會學、心理學、人類學、語言學等各門社會科學，甚至自然科學。歷史不再是政治史，而是社會的歷史，是「總體史」。布洛赫摒棄了傳統史學的觀點和方法，認為歷史是包羅人類活動各個領域的「整體」，歷史是在人類各個領域之間相互關聯、彼此影響所形成的各種關係之中體現的。因此，歷史研究方法應該是「共時性的」，而不是傳統史學的「歷時性的」。也就是說，研究歷史不能簡單地用因果關係來解釋，而是要在社會各領域之間進行橫向比較。透過「共時的」各個領域，如政治、經濟、文化、自然等領域之間的橫向比較研究，還原歷史的整體風貌，從而回答所提出的學術問題。

此外，布洛赫認為，在一門學科的發展中，設想比分析更重要，也就

24《法國農村史》—法國小農經濟的興衰與變遷

是提出問題比解決問題更重要。因此，布洛赫提出了一個非常有意思、有意義的問題。在中世紀以及中世紀之後，歐洲地區普遍存在著一種農業生產關係，莊園制度。但從 16 世紀開始，歐洲發生了農業革命，如德國、英國的農業，逐漸形成了大地主經營的大農場模式，而法國除了少數省分之外，絕大部分地區卻是農民小土地所有制，即農民個人主義經營的方式，也就是「小農經濟」。直到 19 世紀中期，小農經濟仍然是法國經濟的主要特點，也被視為經濟拖後腿的因素。這是什麼原因呢？

布洛赫用年鑑學派的方法逐步回答了這個問題。只不過，這個問題的回答不是直接的、粗暴的，而是如蜘蛛結網一般展開，呈現出了一幅中世紀法國農村的巨幅畫卷。在這張畫卷中，布洛赫告訴我們，沒有什麼問題是單獨呈現的，社會各方面的因素錯綜複雜，但又息息相關。因此，研究歷史就必須把歷史視為一個整體。同樣，分析一個經濟問題，也不能僅僅從經濟學的角度出發，因為一個經濟現象的背後牽扯著地理、社會、心理、文化等多種因素。

二、研究的思路：法國小農經濟發生和變遷的歷史因素

在充分展示文獻數據的前提下，布洛赫又洞察了歷史演進的規律，不斷總結個人觀點。其中，最重要、最精采的歷史故事和作者觀點有如下幾個。

（一）大拓荒和莊園的形成

在羅馬帝國統治時期，高盧（法國正式形成之前的地區名稱）曾是主要的農業地區之一，但大部分地區仍然是廣袤的荒地。在隨後的幾百年

第七章　農業經濟的演變與現代化道路

間,隨著各種征服者來了又去,這片土地上的荒地徘徊在荒蕪與被耕種之間,沒有發生明顯的變化。直到西元 11 世紀(1050 年左右)至 13 世紀,在這段時間內,法國的土地耕種面積擴張得最快,因此歷史上稱其為「大拓荒時代」。

在大拓荒時代,人們發動了一場和森林樹木之間的抗爭,透過砍伐樹木的方式來取得土地是人們常用的方式。同時,人們用木材建築房屋和生活設施,將野生果樹移栽到自己的領地,而大片森林被砍光之後又用於養殖動物。這時期的人們憑勞動向森林索取土地,不少人因此成為大領主。而這些領主往往無法丈量自己的土地,只能透過養殖動物(通常是豬)的數量來估計自己所占有的土地面積,甚至很多人壓根不知道自己占有了多少土地。

到了 13 世紀以後,這些土地的征服者們逐漸建成了自發的村莊,人們開始定居下來,用犁和鋤耕種土地,並開始繳納稅收,而倖存的森林則成了修道士們隱居的地盤。由於此時被開墾的土地足夠匹配當時的居民數量,因此大拓荒時代就結束了。

很有意思的是,這些拓荒者們大多並非普通平民,因為拓荒需要大量的人力投入,往往能承受大拓荒任務的是富有而強大的王公大臣,他們在拓荒的土地上建立城堡,然後再將土地分給別人耕種。而另一部分拓荒者是具有堅忍不拔精神的神職人員,他們不怕吃苦,同時具有遠見卓識,在砍伐出大量土地後,將一份份土地轉包給承包人去耕種。因此,國王們、大公們、修道院院長們就自然而然地成為拓荒時代的成功者,成為莊園的大領主,而其他無法占有土地的人則成為依附領主的農民。

總體而言,大拓荒時代創造了莊園經濟的雛形,帶來了法國農村的相

對穩定和農業人口的繁榮。在農業經濟形成之初，人們從自然中掠奪土地資源，而且從一開始就形成了貧富分化。

(二) 土地輪作制度和公共放牧權

古代法國的農田有圈地和敞地兩種形式，圈地是以籬笆圍起來的，敞地則以溝壑為分界線。由於圍籬笆的成本比較高，所以長條形的敞地最為常見。由於土地資源有限而人口卻不斷增加，於是農民慢慢地由一年四季只耕種一季發展為一年耕種三季，而剩下來的一季則讓土地「休憩」，任由地裡長滿雜草，這一方面是為了讓土地恢復肥力，另一方面也可以進行放牧。這樣一來，久而久之就形成了約定俗成的「規矩」，該耕種的時候就耕種，該放牧的時候就放牧。三季輪作制就由創新、習慣、強制性習俗發展為法律法規。

由於古代的每個地塊都比較小，而在土地閒置的季節裡，放牧的牛羊等動物無視土地的私有權而越界自由自在地到處吃草，於是私人土地的界線就消失了。這就形成了「公共放牧權」，也就是到了這個季節，大片土地成了公共牧場，大家都可以放牧，土地成為集體共有的土地。久而久之，大家就形成了一個習慣性觀念，當土地上的作物一旦收穫，土地就不再是個人財產了。這一點十分有趣，意味著只要土地上的莊稼被收割了，那麼土地就變成了所有人的財富，不管是窮人還是富人。

大家應該看過法國著名農民畫家米勒的作品〈拾穗〉，在讀了這本書後，大家就可以補充一個與之相關的背景知識：拾穗權，也就是在作物收割完成之後，往往會讓居民進去採集，此時的窮人可以撿草蓋房子或者撿一些剩餘的作物充飢。這個權利被當作法律規定了下來，法律甚至規定了

第七章　農業經濟的演變與現代化道路

收割時只能使用短柄鐮刀,這樣才不至於讓拾穗者一無所獲。

很顯然,農業社會存在著階級,而且等級十分明顯。人們聚居在一起,自然形成了貧富差距,但也自然形成了能讓各個階級的人都能維持生存和發展的方法。富人和貧民都要遵守集體的習慣法,而這種習慣法則成了維持社會平衡的守護神。

(三) 技術與技術文明的關係

新工具的發明和使用是經濟生產中的重大事件。在很早時期,歐洲大陸的農民就發明了雙輪犁,這種犁的特點是耕田更深,卻轉彎困難。要想使用這種工具,最好的辦法是讓土地集中,因為大塊土地更有利於推廣新技術。

但問題是,古代的農民往往會選擇小地塊耕種而避免土地集中,因此法國農民的地塊一般都比較小。究其原因,將所擁有的土地分散開,被認為是可以形成均等的機會,農民被允許耕種不同種類的土地,可以不至於在一次自然災害或社會災難中(如冰雹、蟲害、劫匪等)被一次性摧毀。這種思想根深蒂固,牢牢的影響著法國耕地的形狀和土地分配政策。

為了使用雙輪犁,法國農民就努力讓土地變得盡量狹長而整齊,同時在相鄰的兩個地塊中間設定公共的「調頭區」。這樣一來,就需要發揮集體的權力來協調農民之間的利益,法國農村的集體權力也就因此得到了強化。

由此可見,新技術的使用必然會引起相應的社會結構變化。也就是說,新技術自然而然地產生了新的技術文明。

(四) 領主制的起源與變化

從 8、9 世紀開始，法蘭克高盧（法國的前稱）的土地被為數極多的領主莊園所分割。而領主產業包括住宅、農田建築、園地、荒地和森林，其中最主要的就是耕田、牧場和葡萄園。而事實上，領主並不會直接打理這些龐大的產業，通常透過佃農制來經營。

佃農依附於領主，租用領主的耕田和葡萄園。但從身分上說，佃農不但是土地的租客，還是領主的「臣僕」。佃農租種領主的土地，通常是世代相傳的，這是農業社會的「習慣法」。所謂習慣法，就是集體的傳統，它存在於「往事的記憶」當中，往往透過口頭的方式相傳，不需要文字的規定。如果領主的莊園無人耕種，領主的名望就會下降。領主是佃農的統治者，為佃農提供武裝上的保護；佃農是領主的臣民，也是領主軍隊的來源。

除此之外，佃農還要對領主盡兩種義務，交納佃租和提供勞役。佃租一般以實物的方式交納，相對簡單。比較複雜的是勞役：習慣上，只要領主有命令，佃農就得去為他幹活。除此之外，佃農還得為領主交納一定數量的手工業品，如木製品、紡織品、服裝等。在有些莊園裡，領主還會透過強制佃農使用其收費磨坊等方式來強迫佃農交納金錢。

除了土地上的依附之外，佃農對領主也存在著人身依附關係，最典型的例子就是人頭稅。當領主急需要用錢的時候，例如嫁女兒、城堡失火、維修房屋等，他可以直接將負擔轉嫁給佃農，強求他們以人頭稅的方式給予資助。所以，人頭稅也被稱為「隨意定的稅」，是農村暴動的根源。

領主和佃農的這種緊密依附關係，在 13 世紀以後逐漸發生了變化，最主要的原因是商業的興起。此時，領主不再依賴佃農為其直接提供糧

第七章　農業經濟的演變與現代化道路

食、服裝等物資,因為他們可以直接從市場上購買。因此,領主更希望佃農直接交納租金。這樣一來,一方面,佃農會將生產的物品換成金錢交給領主;另一方面,領主也越來越遠離具體的莊園經營事務,而將這些事務交給佃農打理。故而領主就成為徹底的土地食利者。

從法律的角度來講,佃農是「農奴」,是被捆綁在土地上的人,是隨意被領主支配勞役的人。從 13 世紀末開始,一直持續到 16 世紀中葉,這段時期是農奴逐漸消失的過程,各種奴役性的義務開始陸續被廢除。當然,這種自由不是領主賞賜他們的,而是領主「賣」給他們的,也就是說,人們從《聖經》中尋找到了「天賦自由」的理念,從商業行為中獲得了以金錢交換自由的方法。最後的結果是,農民獲得了自由,領主獲得了財富。

從這個過程中,我們可以看出,封建的莊園經濟自由的發展下去,結果必然是自身的瓦解,這個過程也是經濟的發展規律使然。

三、研究的核心:自成體系的法國小農經濟

布洛赫運用大量詳實的數據,描述了一幅上達千年的法國農村畫卷。在這張畫卷中,政治、經濟、文化等多種因素相互制約,彷彿一隻「看不見的手」,推動著社會不斷變化和發展。法國小農經濟為什麼能夠一直存在,並在歷史長河裡展現出驚人的生命力呢?布洛赫運用大量史料進行了解答。由於年鑑史學派的特點,布洛赫的觀點並不直接呈現,往往隱藏在大量的史料叢林之中。簡單概括如下。

(一) 法國農業經濟的基礎建立在家庭共同體上

「份地」是農奴家庭共同體經營的最小單位。在中世紀前期的莊園內，份地是領主向佃農徵稅的基本單位。份地可以包括幾塊地，但只有一個納稅者。也就是說，最早的農業經營方式就是基於家庭共同體。雖然在 11 世紀以後，份地制度逐漸衰落了，但以家庭為單位的經營方式、以長子為主的繼承制度，卻持續強化著小農經濟的特點。

(二) 法國農民擁有「自組織」的力量

在中世紀，農民最關心的是組成牢固的村民集體，並以此來作為「造反」的核心力量。當然，農民造反的對象是領地制度，就如同資本主義社會的工會罷工一樣。不同的是，中世紀農民往往利用宗教的力量，以教堂為聚集點，透過成立「教堂財產管理委員會」的形式，組建基層的鄉村共同體，也就是幾個村莊的集體聯合起來，形成「公社」。其中一些強大的公社，甚至能夠成為常設機構，成為政治、經濟、文化的綜合體，擁有法人資格和自己的標誌，是名副其實的「執政府」。

鄉村共同體雖然經過了幾個世紀的發展逐漸壯大了起來，但這個組織是自發的，組織的行為準則是「習慣」和「傳統」，組織權力的執行往往是透過「輿論」的方式給人們施加精神壓力來實現的。

(三) 農民擁有維護自身權益、對抗領主壓迫的法律武器

在早期的莊園裡，領主擁有裁判權，例如農民之間的爭端往往會透過領主的裁判來解決。但在後來的發展中，傳統、習慣的生活方式與社會組織方式擁有了巨大力量，這就是「習慣法」，人們解決爭端會倚仗慣例來

第七章　農業經濟的演變與現代化道路

對領主的裁判形成制衡。因此，以慣例來解決爭端的莊園法庭，一方面是領主控制農民的有效方法，另一方面也是農民製約領主的武器。隨著中世紀後期王權的逐漸加強，國家逐步收回了地方施法權，莊園法庭就走向了沒落。

(四) 商業經濟和私有權的強化瓦解了「原始的共產主義」

從公共牧場制度的起源和確立的過程中不難發現，公共牧場其實是一種原始的、自發的「共產主義」制度：在這個小範圍裡，人們不分貧富、各取所需。但這種制度並沒有持續下去，主要原因是，在商品經濟的衝擊下，透過金錢交換自由的方式，領主們將自己的耕地出售給了農民，獲得了驚人的財富，他們也因此就將公共牧場買下來了。而在 16 世紀以後，保護私有權的政治觀點非常流行，因此就導致了公共牧場轉變為私人牧場，這種原始的共產主義制度就隨之煙消雲散了。

第八章
決策與競爭：
經濟體系中的選擇與博弈

第八章　決策與競爭：經濟體系中的選擇與博弈

25

《民主財政論》──公共選擇與決策的理論解析

公共選擇學派的創始人和領袖 ── 詹姆斯・M・布坎南

　　詹姆斯・M・布坎南（James McGill Buchanan，1919～2013年），是美國著名的經濟學家，也是公共選擇學派最有影響力、最有代表性的經濟學家。

　　布坎南身為公共選擇學派的創始人和領袖，被人們稱為「公共選擇之父」，他由於在公共選擇論發展中的開拓性貢獻，獲得了1986年的諾貝爾經濟學獎。

詹姆斯・M・布坎南

　　布坎南的代表作有《財政理論與政治經濟學》（Fiscal Theory and Political Economy）、《民主財政論》（Public finance in democratic process）、《民主過程中的公共財政》（Public Finance in Democratic Process）、《自由、市場與國家》（Liberty, market, and State）等。其中，1967年出版的《民主財政論》被視為公共選擇論的開山之作。1986年，身為第十八屆諾貝爾經濟學獎的得主，布坎南被國際公認為是公共選擇論的建立者。

25 《民主財政論》—公共選擇與決策的理論解析

一、為什麼要寫這本書

《民主財政論》與布坎南的個人經歷和當時的社會現實密不可分。

從個人經歷上來說，布坎南出生於美國田納西州的一個農村家庭，以種植糧食為生。他的祖輩曾參加過南北戰爭，但屬於戰敗的一方。青年時期，由於家境清貧，無法負擔起一流大學的學費，布坎南選擇在家鄉的田納西州立大學就讀，並且每日靠擠牛奶、打工賺取學費。1940 年，布坎南獲得了該校的理學學士學位，並在田納西大學完成了一年的研究生課程，獲文學碩士學位。第二次世界大戰時，布坎南被強迫派往位於紐約的海軍戰爭學院，並且在此期間，由於出生在南部，他經常受到一些不公平的對待。戰後，布坎南回歸學術，於 1948 年在頂級學府芝加哥大學獲得了經濟學博士學位。

受個人經歷和家庭背景的影響，布坎南對於公共選擇的認知有著非常濃厚的反國家色彩，他的主要推論是，政府不一定能糾正問題，事實上反倒可能使它惡化。他認為，在民主社會中，政府的許多決定並不能真正反映公民的意願，而且政府的缺陷至少和市場一樣嚴重。

1949 年，布坎南接受了田納西大學的聘請，成為該校的教授，並開始了他的學術生涯。1955 年以前，他陸續在田納西大學、加州大學洛杉磯分校、加州大學聖塔巴巴拉分校、劍橋大學、倫敦政治經濟學院、喬治梅森大學從事經濟學的研究與教學工作。1955～1956 年，布坎南依靠傅爾布萊特獎學金在義大利進行了為期一年的研究，受到了歐洲財政學派的影響，讓他進一步堅定了「政府不是一種理想的制度」的觀點。

1962 年，他與戈登·塔洛克（Gordon Tullock）合著出版了公共選擇論的奠基性著作《同意的計算》（*The Calculus of Consent*），並一起創辦了公

第八章　決策與競爭：經濟體系中的選擇與博弈

共選擇學會和《公共選擇》雜誌。1968～1969 年，布坎南在加州大學洛杉磯分校任教。一年以後，布坎南在維吉尼亞理工學院任教，與塔洛克一起建立和帶領了研究政治經濟學和社會哲學的公共選擇研究中心，擔任該中心的主任，並在這期間逐步奠定了公共選擇論的基礎。

從社會現實上來說，1930 年代，美國爆發了迄今為止資本主義發展史上波及範圍最廣、規模最大、歷時最長、打擊最為沉重的經濟危機，出現了銀行紛紛倒閉、生產下降、工廠破產、工人失業等嚴重的社會和經濟問題，並且大危機從美國迅速蔓延到了整個歐洲世界。在此背景下，凱因斯主義盛行，其理論主張國家採用擴張性的經濟政策，透過增加需求來促進經濟成長，也就是擴大政府開支，實行赤字財政，以此來刺激經濟、維持市場繁榮，進而實現供給與需求的平衡。

當時存在著福利國家、集體主義這樣的傾向和觀點。但是，福利國家和集體主義卻造成了很多社會亂象。人們緊緊抓住國家提供的福利待遇不放，長此以往，非但不能讓人們增強信心，反而使人們對未來產生了擔憂，而且人們更關心、捍衛現有的東西，而不是去創造還沒有的東西。所以，布坎南曾對這些亂象專門進行了批判，在他的很多理論中也有大量反福利經濟學的內容。

二、研究的視角：公共商品選擇過程中的個人行為

布坎南對民主財政和公共商品選擇問題的探討，主要集中在個人參加公共商品選擇時的行為。

眾所周知，在經濟生活中，幾乎所有人都購買過私人消費品，並且在收入既定的條件下，人們總是盡力去購買最滿意的商品。對於這個現象，

如果用經濟學的術語講，就是在收入約束的條件下，實現效用最大化。

事實上，在私人消費品的選擇中，人們是有可能實現效用最大化這個目標的。因為在私人消費品的選擇中，人們所付出的成本和所得到的利益有著明顯的對應關係。此時，購買商品的成本就是他所支付的商品價格，所得到的利益就是商品的效用。在這種經濟行為中，成本的承擔者和受益者都是消費者本人，並且他對個人的收入有著完全的支配權，他可以做出買或不買的決定，他完全了解所付成本和所得利益之間的對應關係。對這種典型的私人消費品的市場執行機制，經濟學家已經做了非常廣泛和深入的研究了。

然而，布坎南認為，在社會生活中，人們還要不可避免的需要另一種商品和服務，這就是公共商品和服務。所謂公共商品和服務，就是指政府向公民提供的各種設施和服務的總稱。公共商品和服務的享用不具有排他性，公共商品一旦存在，所有人都可以享受。例如，城市公路上的路燈就是一種公共商品，軍隊和警察也是公共服務。公共商品和服務的供給和需求，與私人消費品的供給和需求是完全不同的。例如，在城市裡，為了人們夜間行路方便，裝備路燈是必不可少的。

但是，在這類最簡單的公共商品的選擇問題上，人們所面臨的問題卻要比選擇私人消費品時複雜得多。例如每個人都希望裝備路燈，而這個願望要透過什麼過程來形成集體的決定呢？是透過全體市民的投票表決來決定？還是透過代表會議的討論表決來決定？還是賦予政府官員決定權？更重要的是，裝備路燈的資金如何籌集？誰為裝備路燈支付費用？顯然，不裝備路燈對誰都不方便，但在享受路燈的便利時，人們所得到的利益大小是不同的，所以人們願意為裝備路燈所付出的費用也是不同的。這時，成本和利益的主體便發生了明顯的差異。

第八章　決策與競爭：經濟體系中的選擇與博弈

並且，在為公共商品和服務籌集資金時，也有很多不同的管道方法。例如，人們可以為一個專門的專案籌集資金，也可以為所有需要的公共商品和服務籌集共有資金。在規定每個公民應承擔的占比時，可以採取直接稅的方法，如人頭稅、所得稅、消費稅；也可以採取間接稅的方法，如營業稅。顯然，不同的籌集資金和使用資金的方式、不同的稅收方式，對個人參加有關公共商品選擇時的影響是很不同的。不同的國家政治制度和財政制度，人們形成集體決定的過程和方式也不同。如果說，課稅制度不同，人們對公共商品選擇的態度也不同。

事實上，在一般的民主社會裡，人們都會或多或少地以某種方式參與公共商品的選擇。所以，對於這些個人選擇行為的研究，就構成了「公共選擇論」的基本研究視角。

正如布坎南所說的那樣，與市場制度中非政治決策相比，政治決策是一個錯綜複雜的過程。在政治決策和非政治決策這兩種不同的場合中，限制個人選擇行為的規則也就必然不同。私人成本和利益之間那種簡單的對應關係，在政治學中並不存在。不過，在某一最終階段或層次上，個人必須以某種方式「選定」公共商品和私人商品的供給規模。所以，集體結果產生於許多不同身分的人的效用最大化行為，並且這種結果並不獨立於個人的活動或和個人的活動相分離，即使個人幾乎沒有意識到他是在為社會進行選擇。

三、核心的觀點：
公民在公共選擇和財政制度中處於決策地位

布坎南對財政制度與集體決策的剖析是以個人行為為起點來展開的，他得出了公民才是財政選擇過程中的決策主體這個核心觀點。這個觀點主要分為以下四個方面的內容。

第一方面，公共商品和服務的需求理論。

布坎南認為，任何集團或社團因為任何原因透過集體組織所提供的商品和服務，都將被定義為公共商品或服務。但是，這些公共商品或服務可以分為兩種類型。

第一種是純集體性商品，也就是必須是由集團中的所有成員均等消費的商品。在這個極端的情況下，公共商品的「量」能夠清楚地確定，單個人也可以權衡在所有人均等地得到公共商品情況下的潛在成本和獲利。

舉個例子，假定集體商品是北極星號潛艇防務，而數量是以執行任務的潛艇數目來計算的。對每一個公民來說，潛艇的數目都是一樣的。再假定，具體防務由課徵均等的人頭稅來提供資金，而且增加一個潛艇的邊際成本等於平均成本。在這的抽象模型中，個體納稅人（同時也為受益人）就能夠估算出，每一單位的潛艇防務所提供的集體利益中，自己所占的「私人」或「個體化」占比，而且也能估算出自己在防務所包含的稅收成本中的「私人」占比。然後，根據這個「私人」占比做出自己的投票選擇。

第二種公共商品為準集體商品。布坎南提到，從實際意義上講，完全的純集體商品很少存在，並且個人的占比不能簡單地視為相等的占比，畢竟一個人可以得到的公共商品的量並不是其他所有人都能同樣得到的。所以，只要引入個人之間的利益可分割的觀點，那麼如果一個人的消費增加

第八章　決策與競爭：經濟體系中的選擇與博弈

的話，集團中其他人可以得到的量肯定就會減少。

第二方面，個人經濟行為的基本原理。

布坎南認為，古典經濟學的最早貢獻就是發現了在既定的法律和制度下，個人行為的目的是永無止境地追求其本身的最大利益，與此同時，會有一隻「看不見的手」讓它為全「社會」利益服務。但是，無論是古典經濟學家，還是他們的繼承者，都沒有引申出個人的政治行為所產生的影響。布坎南翻閱了當時許多經濟學家的研究文獻，發現他們都曾認真地研究過凱因斯的金融與財政政策，但卻都忽略了最基本的東西，這就是：公民選出的政治家們由於某種目的，往往會為財政預算的虧損製造種種藉口。

布坎南認為，出現這種情況的原因是，這些經濟學家在思想上沒有把政治視為像市場一樣，存在交換機制，企圖讓政治決策擺脫個人選擇。所以，如果考慮到人們在政治上也會像在經濟行為上一樣，追求個人利益，那麼就應設計和建立起一套制度和法規，來引導和制約人們去服從社會的總體利益，以限制人們為自己的利益而損害他人和社會的行為。

第三方面，稅收和財政政策的選擇。

對於這個問題，布坎南把它分別置於封閉的國民經濟環境中和完全開放的經濟狀態中進行了探討。

首先，在封閉的國民經濟環境中進行制度選擇，人們由於生活在一個孤立的、完全封閉的經濟中（與外界無經濟交流），只有一個政府機構。這時，如果社會總收入下滑，政府機構會透過創造赤字的方式來解決問題。至於彌補赤字的方式，布坎南認為，個人理性的反應應是授權政府創造貨幣，在這種情形下，政府就有了創造貨幣的權力。

其次，在開放的經濟狀態中，公民與其他政治轄區的公民之間可以自

25《民主財政論》─公共選擇與決策的理論解析

由購買、銷售商品和服務，可以自由地轉移勞動和資本等資源。在這個時候，地方政府通常沒有在法律上創造貨幣的權力。那麼，主要問題來了，個人是否願意讓地方政府在財政規章中設定某些允許地方政府採取積極財政政策的條款呢？布坎南將地方政府的具體情況分為兩種進行說明。

- 第一種是地方政府收入下降，其他地方政府收入不變或上升。這時，地方政府可以在國內資本市場借貸資金，也就是創造外部債務，本地區個人的購買力並沒有下降。
- 第二種是國民經濟的所有地區，國民收入的平均都低於期望值。在這種情況下，如果中央政府採取了積極的財政政策，這個困境將由中央政府解決；但當中央政府堅持穩健的財政政策，嚴格堅持在一定時期內實行預算平衡的原則時，地方政府又該如何應對呢？布坎南認為，這時地方政府可以發行公債，從外地借得債款。只有這樣，才是各種狀態下財政政策的最優選擇。

第四方面，本書的落腳點──如何正確處理好政府與民眾的關係，讓政府實行的財政決策更能體現民主財政？

布坎南有四個方面的觀點。

首先，布坎南提到，民主選舉是一個方向。

其次，個人可以透過所屬的專業組織、支持的刊物，以及公共和私人機構，對公共選擇產生影響。然而，實際上，公民一般願意讓當選的政治領導人做出選擇，畢竟每一個人的選擇可能截然不同，很難達成統一的意見。這進一步說明，全民的民主財政確實難以實現，政府領導人也只能代表較多的民眾實行民主財政。

再次，稅收是政府在執行財政制度時的資金來源。可以說，我們一出

第八章　決策與競爭：經濟體系中的選擇與博弈

生就開始在納稅，而且出生之後無時無刻不在納稅。例如，買瓶水要納稅、坐趟公車要納稅、工作後發薪資也要納稅，納稅成為我們生活的一部分。而政府則將稅收用在了集體利益上，也就是公共商品上，這就是所謂的「取之於民，用之於民」。

最後，公共財政的決策主體，表面上看是政府，本質上是公民，而政府只是執行決策的主體。公民可以透過選舉制度和投票機制來掌握公共決策的實際控制權，並且需要透過法律制度來保證選舉制度和投票機制的執行。

《國家興衰探源》——利益集團行動的邏輯與影響

經濟學家和社會學家 —— 曼庫爾‧奧爾森

曼庫爾‧奧爾森（Mancur Lloyd Olson，1932～1998年），美國著名的經濟學家，出生在美國的北達科他州，是美國馬里蘭大學的經濟學教授。

奧爾森雖然大部分時間都在大學裡從事教學與研究，但也曾在美國空軍服過役，還曾於1963～1967年在美國健康、教育與福利部任過職。

他的主要論著除《國家興衰探源》(The Rise and Decline of Nations) 外，還有《戰時短缺經濟學》(The Economics Of The Wartime Shortage)、《集體行動的邏輯》(The Logic of Collective Action)、《一份準備中的社會報告》、《沒有成長的社會》(The No-Growth Society)、《健康護理經濟學新方法》(New Approach to the Economics of Health Care) 等。

曼庫爾‧奧爾森

第八章　決策與競爭：經濟體系中的選擇與博弈

一、為什麼要寫這本書

　　羅馬帝國從興盛到消失、印第安文化從繁榮走向滅亡、一直不為人所知的愛奧尼亞島居民曾占據著地中海文化的高峰……縱觀這些歷史事件，我們或許會疑惑，為什麼許多龐大的帝國會逐漸衰落，甚至毀滅呢？為什麼許多原本默默無聞的民族會繁榮興盛起來呢？

　　近一個世紀以來，尤其是在二戰前後，仍有許多神祕的國家興衰事件不斷湧現，例如在二戰剛結束時，經濟早已崩潰的德國與日本居然造就了奇蹟，它們不僅在短期內將國民收入恢復到了戰前的水準，還成為最發達的國家之一。而大英帝國自 19 世紀晚期以來，發展便落後於大多數的西方國家，甚至在美國本土內部，也出現了地區性的興衰現象：原來東北部與中西部的大城市已衰落不堪，而西部與南部地區則發展迅速。

　　針對這些問題，以往的研究者也給出了種種答案。例如，一些學者認為，日本與德國在二戰後之所以會有經濟上的突飛猛進，是由於戰爭將原有的工廠及設備破壞了，使其在重建過程中普遍採用了最新的技術。也有學者認為，德國與日本人民的秉性特別勤奮，而將英國的經濟滯後歸因於它的人民特別貪圖「英國式」的安逸。

　　但是，奧爾森認為，這些解釋雖在某種意義上是正確的，但仍過於膚淺，因為這些解釋僅僅是主觀臆斷，無法用數據或事實驗證其正確性。而一個不言自明的事實是，每個國家、地區在許多方面都具有其各自的特殊性，如果用這些特殊性來解釋異常高或異常低的經濟成長率，那麼就無法辨明隱含於其中的因果關係。就像將英國的低速發展歸因於倫敦的大笨鐘、韓國的高速發展歸因於他們愛吃泡菜，就顯得荒唐可笑了。

　　因此，奧爾森指出，只有能夠確切的適用於各種歷史現象的理論，才

是真正令人信服的理論。更進一步來講，一種理論的說服力，不僅僅在於它能夠解釋多少件事實，還在於它能說明差別較大的不同類型的事實。例如，達爾文的理論解釋了大至鯨魚、小至細菌這樣千差萬別的生物起源與演化規律，這就使它比只能解釋某種蚊類（哪怕有數以百萬計的蚊蟲）的理論具有更大的說服力。因此，針對國家的興衰，也不能僅僅用簡單的「弱肉強食」來概括。

歷史學家提供了大量且繁雜的國家興衰史實，經濟學家們也使用了精巧模型與經驗數據對經濟成長進行了定量的估計，但他們對國家興衰的原因仍未得出統一的結論。因此，以往的解釋未能指明經濟發展的最終根源，也同樣無法說明國家的經濟發展會受到何種阻礙。

二、研究的視角：利益集團

利益集團是指具有共同利益的人們為了共同的目的而集合起來，採取共同行動的社會集團。

在政治學科中，大多數學者普遍認為，如果個人之間或企業集團內部具有相同的利益，那麼他們就會想要進一步擴大這種共同利益；如果某一集團的成員，能夠意識到他們有足夠大的共同利益，那麼該集團的成員便會有動力去採取行動來維護或擴大這種共同利益。但奧爾森認為，這個觀點所包含的邏輯從根本上就是錯誤的。因為對於個人來說，在任何情況下，無論他花費了多少的時間與金錢，在其達成目的之後，他所獲得的利益都要在所有成員之間進行均分，其他成員可以不做出貢獻就能坐享其成，這就意味著個人的獲利在集體的獲利中只能占到很小的占比。由此，奧爾森推出了一個合乎理性邏輯的結論，也就是集團成員自發追逐利益的

第八章　決策與競爭：經濟體系中的選擇與博弈

集體行動根本不會發生。

　　奧爾森指出，從本質上看，工會、產業集團、農會等各種集團，對其成員所提供的利益與國家為其人民所提供的利益，性質是相似的，也就是說，這些團體的集體利益，如果對其中的一人有利，則必然會對全體成員都有利。例如，農會透過遊說活動，爭取到了減稅，這將會對所有生產該種農產品的農民都有利。但奧爾森進一步指出，這些集團同樣會出現前面提到的那種矛盾，即這些機構的單個成員——個人或單個企業，一般不會主動地為支持該集團的活動而做出犧牲。

　　由此，奧爾森認為，如果僅僅考慮「自願」與「個人有理智的行為」這兩個因素，那麼無論是政府還是利益集團都是不可能存在的。但在現實生活中，政府與利益集團卻是普遍存在的，奧爾森由此得出了這樣一個結論：政府與利益集團的行動不會只依賴成員的自覺性，它們還會有其他的方法。以政府為例，政府行動所需經費的主要來源並不是公民的自願貢獻，而是強制性的稅收。但是，公民對這種強制性的手段並不反感，因為他們知道自己享受的這種集體利益無法透過交易來獲得，也沒有人會自願貢獻，只能靠強制性的徵稅來獲得。

　　同樣，對利益集團來說，也存在著某種執行集體行動的其他方法，並且這些方法會因集團的規模大小而有所不同。一般來看，大型集團會採取「選擇性刺激方法」的措施。這種選擇性刺激方法包括正面的獎勵與反面的懲罰。具體來說，正面的獎勵包括諸多會員權益，如優惠的保險政策、出版的便利、按團體票價購票，以及其他只有會員才能享受的個人利益。而逃稅漏稅的個人則會受到補稅與罰款的雙重懲罰，這也是反面懲罰的一個鮮明例子。

此外，大型集團還會採取一些非正式方法來實現集體行動，如工會分部會挑選身材魁梧的收費員，手持利器在工廠門口盤問工人是否繳納了會費。而對小型集團來講，雖然由於成員水準比較接近，更容易採取一致的行動，但小型集團為了確保集體行動的實現，依然會採用一些「選擇性刺激方式」。需要指出的是，這些方式既易於實現又強而有力，但並不適用於大型機構。例如，在現代社會，除了死刑之外，單獨監禁被認為是最殘酷的懲罰。因此，小型集團會將未履行集體義務的成員驅逐出社交圈。同樣，小型集團會為集體行動做出犧牲的個人給予特殊的榮譽。這兩種方式就是小型集團的反面與正面的選擇性刺激方式。

三、研究的問題：利益集團集體行動的邏輯是什麼

奧爾森詳細論述了利益集團解決集體行動矛盾的方式，但這些僅僅是針對利益集團自身的邏輯而進行的推理。因此，奧爾森認為，如果將利益集團的集體行動邏輯與經濟學標準理論相結合，則可以進一步得出一系列有意義的推論。

第一個推論：在一個國家中，所有具有共同利益的人群是不可能都組成平等的集團，也無法透過相互之間的協商來獲得最優結果。

如果社會上所有集團的領導人都可以相互協商，那麼社會的執行能否更高效呢？奧爾森指出，根據關於利益集團集體行動理論的論述，這是不可能的。一方面，社會上存在著諸如消費者、納稅者、失業者，以及貧民之類的成員，他們既無法運用選擇性刺激方法，也不屬於任何的利益集團，因而他們很可能無法參與社會協商。另一方面，社會上有組織的團體，如果在集體行動中承擔了大部分的費用，那麼他們就會制定出忽視大

第八章　決策與競爭：經濟體系中的選擇與博弈

多數人而偏重自身利益的政策。例如，利益集團會透過遊說活動使政府增加進口商品的稅額，因為這可以保護生產與進口品相似產品的利益集團，但是進口稅的上升卻會增加消費者的購買價格。

奧爾森指出，正是由於社會上有一部分人無法參與協商，因而有組織的團體之間協商的結果對全社會來說是不公正的。不僅如此，這種由不同利益集團進行協商決策的方式，既耗費金錢又浪費時間，因而這種決策方式也是低效率的。

第二個推論：在一個穩定的社會中，隨著時間的推移，將會出現越來越多的集團。

我們知道：利益集團組織集體行動既困難又不易成功。即使是在小型集團中，成員之間協商共同行動也具有一定的困難。因為每一個成員都希望自己付出較少的代價，進而會在協商中互相推諉，以至於這種協商會無止境地持續下去。而大型集團只能透過運用選擇性刺激方式來組織共同行動，但這還需要克服更大的困難，也就是說，當以強制性行動作為選擇性刺激方式時，由於人們並不願意被人強制，所以就需要強制性的領導力量。不僅如此，集體行動還需要等待適當的時機。例如，著名的工會活動家吉米・霍法（Jimmy Hoffa）組織了碼頭搬運工人的罷工，選擇了天氣特別炎熱的時候，雇主因怕草莓腐爛，只能接受了他提出的條件。

毫無疑問，等待時機需要花費大量的時間。因此，奧爾森認為，如果利益集團僅能在有利的環境中才能出現，而且需要相當長的時間才能成長壯大，那麼社會穩定的時間越長，這類組織的數量也就越多。

第三個推論：小型集團的成員具有較強的組織集體行動的能力，而這種優勢會隨著社會穩定時間的延長而遞減。

26《國家興衰探源》──利益集團行動的邏輯與影響

之前提到過，小型集團更容易採取集體行動，而且比大型集團更能迅速的組織起行動。例如，在中世紀的城市，特定產業中的少數商人和具有專業手藝的工匠特別容易組織集體行動。然而，即使一個城市只有幾千人口，要想將這些居民組織起來去反對少數商人和手藝師傅也是不可能的。

因此，社會中的小型集團比大型集團具有更大的遊說能力與組成壟斷集團的本領。另外，小型集團在穩定時間較短的社會中所占的優勢較大，而在長期穩定的社會中，小型集團會透過不斷吸收成員而發展壯大，當集團達到一定規模之後，其集體行動的能力及迅速組織的能力則會逐漸減弱。

第四個推論：整體而言，社會中的特殊利益組織或集團的存在，會降低社會效率和社會總收入，並使政治生活中的分歧加劇。

一般說來，開展集體行動的集團，不論其類型和大小如何，它們都希望其所在的社會經濟以更高的效率和速度發展起來。因為如果這些集團生活在經濟效率較高的社會裡，那麼集團成員就能夠獲得較為先進的技術或者較為廉價的商品。換句話說，所有的集團在一定條件下都會支持社會生產率的提高，因為這會增進其成員的福利。

但其實還存在著增進其成員福利的另一條方法，也就是利益集團可以設法在原有的總產量內為其成員爭取更大占比。這就像是各個利益集團在分蛋糕時，它們會想著為其成員搶奪更多的蛋糕。如果單個集團想要透過提高全社會經濟效率的方式來提高集團內成員的福利，就必須付出大量的成本。例如，利益集團在為減少政府稅收漏洞而組織遊說活動時，會花費大量的時間和金錢。

然而，在提高了全社會的經濟效率之後，該集團的成員也僅能獲得一

第八章　決策與競爭：經濟體系中的選擇與博弈

小部分利益。這就會出現單個集團雖然付出了謀利行動的全部代價，卻只能獲得一小部分利益的矛盾。例如，一個集團的所有成員收入占社會總收入的1%，那麼集團為了提高社會經濟效率，就必須負擔起實現目標的全部費用，但是該集團成員卻只能獲得所增效益的1%。

因此，奧爾森指出，如果這些集團只代表了一小部分人的利益，那麼它們就必然不會為了增加全社會的福利而犧牲自身的利益，而更有可能採用後一種方法，也就是為其成員謀求全社會總額中的更大占比。更糟糕的是，利益集團不會關心這種重新分配將會給社會帶來多大損失。這就好比各個利益集團在瓷器店裡爭奪瓷器，一部分人雖然多拿了一些瓷器，但同時還會打破一些瓷器。

第五條推論：廣泛性組織一般都傾向於促使其所在的社會更加繁榮昌盛，並力圖在為其成員增加收入占比的同時，盡可能地減輕其額外負擔。

在一些國家，會存在著由許多人組成的廣泛性組織，如勞動工會，它就包含了該國薪水階級的大多數成員。而且這些廣泛性的利益集團集體行動的動力，與那些僅代表社會上很小一部分人利益的集團並不完全相同。由於這些廣泛性集團成員的收入占全體國民收入的很大一部分，因而該集團有著更高的意願來提高社會生產效率，並期望從中獲得更大的報酬。但是無限制地擴大利益集團的規模，也會帶來消極後果。因為任何集團的廣泛性增加之後，其壟斷性也會隨之加強。例如，當某一個企業的工會發展成一個產業的工會時，該產業工會可能會抵制該產業中任何一家不與它合作的企業，進而迫使所有的企業參加並組成一個有效的卡特爾（獨占聯盟），以實現企業與工人的收入極大化目標。

第六條推論：利益集團進行決策比其中的個人和企業決策更加遲緩，

這使得議事及協商日程顯得擁擠；利益集團在寡頭壟斷市場中的決策多半傾向於固定價格而不固定數量。

也就是說，利益集團進行決策所需的時間，遠大於單個企業或個人的決策週期。奧爾森指出，這主要有兩個原因。一是特殊利益集團在進行決策時，必須透過協商一致的方式或某種法律程序，或兩者兼用。二是在議事日程擁擠或協商困難的情況下，解決由於集團成員之間分擔行動成本所產生的利害衝突就變得更加困難了，這種困難也會使得從事集體行動的集團偏向於依靠局外的仲裁人、選用簡單化的方式或憑長官意志等方式，在其成員中攤派集體行動所需的成本。並且正是由於分攤成本易於引起成員間的利害衝突，因此大多數利益集團在寡頭壟斷市場中傾向於保持固定價格和薪資，而不固定銷售量或就業人數。這樣做是因為能夠比較容易地憑藉市場或其他較公正的力量來分攤集體行動的成本。

第七條推論：利益集團會使全社會延緩採用新技術，以及在生產情況變化時阻礙重新分配資源，進而降低了經濟成長率。

奧爾森指出，在利益集團普遍存在的不完全競爭市場中，資源在進入各個經濟領域時都會遇到障礙。而且利益集團還會干擾其所屬的經濟體系發展新技術、阻礙經濟變革，從而降低了經濟成長率。例如，工會有時會因害怕增加失業率而反對採用節省人力的新技術，甚至要求工廠超員或假僱用工人。同樣，只要某一企業或利益集團採用了某種生產率更高的新技術，如果其他企業或集團在短期內無法模仿並和它競爭，便總是傾向於運用其集團力量努力抵制或延緩應用這種新技術。

此外，重大技術進步一般會改變卡特爾組織的生產政策及其成員之間的相對地位，這就需要進行新的一輪十分棘手的協商，這種情況甚至會導

第八章　決策與競爭：經濟體系中的選擇與博弈

致該利益集團的瓦解。因此，卡特爾集團對於技術進步和變革都會採取審慎的態度。

另外，在接受新技術或新生產條件時，利益集團還會阻礙資源的重新分配，這也導致經濟成長率的降低。最明顯例子就是，利益集團會保釋破產企業，延緩資源向生產率更高的領域轉移，進而降低了經濟成長率。如果再考慮到利益集團傾向於遲緩新技術的採用，那麼經濟成長率下降的幅度會進一步加大。

第八條推論：當利益集團發展到足以取得成功的規模時，它必然會採取排他性的政策，並力圖使其成員限制在收入相近與貢獻相近的範圍之內。

奧爾森指出，雖然當利益集團勢力大到一定程度之後，會企圖壟斷一切，但當市場只有少數人控制時，其壟斷也是顯而易見的。任何新參加者在進入該市場之後，必然會使原來的卡特爾成員所確定的價格下降，或迫使他們降低銷售量。由此，奧爾森認為，對於任意一個利益集團來說，如果能以最少的人數達到集體行動的目標，那麼每一個成員將分得更多的利益；如果其成員的數目多於其為實現目標所必需的最低成員數目時，那麼每一成員所分得的利益將會減少。

因此，集團必須在一定範圍內就增大實現目標的機率與減少每人分得的勝利果實之間進行權衡。在超過為實現目標所需要的成員數量界限後，該利益集團必定會排斥新成員。例如，歷史上一些國家的貴族統治集團曾使用過許多標誌，來使其成員與其餘的人民明確區分開來。當統治集團的地位足夠穩定時，便能將其權力傳給其後代，但只有貴族或統治集團的子孫才有權繼承這種統治權，而其他人都是不允許「篡位」的。此外，還有婚姻與子嗣繼承制度也是如此。統治集團借助於法律或社會壓力，來強制要求集團內的子女相互通婚，以此來確保家族的全部財產都可以保存在統

治集團的手中。

第九條推論：利益集團的擴大將增加法律的繁文縟節、強化政府的影響、造成協議的複雜性，並改變社會演化的方向。

具體來說，利益集團為了達到自身的目的，必然會使用遊說的方式來影響政府的政策，並會採用某些方法來控制市場。如果遊說活動所花費的成本在生產成本中所占的比例有所上升，那麼就意味著越來越多的資源被消耗在了政治活動中，而較少的資源被用於生產。

另外，遊說活動會採用許多特殊的方式來增加立法和政府活動的複雜性。例如，利益集團可以透過遊說活動來爭取到某項稅率的降低，但這在一定程度上也會使稅收變得更為複雜。此外，普通公民對於監督複雜的公共政策是缺乏興趣的，這就會導致利益集團想要獲得成功，就要透過遊說活動故意使事情變得更加複雜，而這將會進一步加劇全部社會活動的複雜化程度。

四、研究的對象：二戰後經歷興衰的主要先進國家

奧爾森利用其核心理論，對西方幾個主要先進國家經濟發展或停滯現象，從利益集團的視角給出了合理的解釋。

(一) 二戰後德國、日本與法國究竟為何會出現經濟成長

第二次世界大戰後，戰敗國德國與日本出現了經濟成長奇蹟。根據奧爾森提出的推論，穩定的社會有利於利益集團的逐漸擴大，但這些利益集團並不關心社會生產力的發展，而只想獲取更多的社會利益，這最終導致了社會生產效率的降低。因此，奧爾森推測，在外來入侵者削弱或廢除了

第八章　決策與競爭：經濟體系中的選擇與博弈

利益集團的那些國家，建立了自由和穩定的法律秩序後，其經濟就會出現迅速成長的現象。

例如，在德國，採取多項措施消滅了希特勒政府實行的各種壟斷法令及納粹制度的各種計畫，清理了大量的壟斷集團；在日本，1947年強制實施了反壟斷法，並以戰爭罪的名義「清洗」了大批財閥及屬於某些利益集團的官員。同樣，我們也可以預見，如果德國和日本一直是持續穩定的局面，兩國應該會聚集起更多的利益集團，導致對經濟成長帶來不利的影響。

無獨有偶，應用於德國與日本的推論，也可以解釋法國在戰後較長一段時間內的經濟成長現象。外來的侵略與政治的不穩定，造成了法國惡劣的投資環境。雖然這在一定程度上妨礙了法國的資本累積，但政治與經濟環境的不穩定也中斷了利益集團的發展。法國經歷了數次制度與政治上的變革，不斷加深了法國民眾在意識形態上的分歧，這種分歧的深化又進一步削弱了法國利益集團的發展，尤其阻礙了大型利益集團的擴張。例如，法國勞聯集團經歷了納粹壓迫與思想意識分歧之後，分裂為三種工會，而這些發育不良的工會對成員沒有壟斷性權威，對決定勞動法規或薪資標準的影響也是非常有限的。

關於法國的論述，也部分地適用於其他歐洲國家或被入侵的國家，也可以從反面說明為什麼大英帝國，這樣一個長期未受獨裁統治、外國入侵及革命動亂的國家，在20世紀的經濟成長率卻比其他西方先進國家低得多。根據統計數據顯示，英國擁有非常強大的利益集團網。也就是說，英國在穩定的發展過程中，已形成了眾多強而有力的各種利益集團，從而患上了「機構僵化症」。根據奧爾森的推論，這些發展壯大的各種利益集團，使採用新技術的步伐變得十分緩慢。極權主義、動盪和戰爭使德國、日本和法國的利益集團銳減，而穩定與和平卻使英國的這類集團持續發展。

(二) 英國、瑞典、挪威雖都有大型利益集團，
　　但發展路徑究竟為何會出現分歧

　　但是，與英國相比，瑞典的利益集團也非常強大，但為什麼它的經濟發展情況要比英國好得多呢？同樣，為什麼與瑞典相鄰的挪威也是如此呢？雖然挪威在第二次世界大戰期間被納粹占領，使其社會穩定遭受到了嚴重的破壞，但它仍有較強大的特殊利益集團。奧爾森認為，廣泛性的利益集團能夠促進經濟的繁榮，而且更傾向於以最小的社會成本進行收入再分配。與英國相比，瑞典和挪威的主要利益集團都是高度綜合性的，與其他西方先進國家的集團相比範圍也是更廣的。

　　例如，在戰後很長的一段時期內，瑞典和挪威所有的體力勞動工人都組織在一個龐大的工會中。雇主的組織也是相容性的。瑞典的勞工領袖主張各種加速經濟成長的政策、對工人流動進行補助、透過重新訓練等方式而不是採用發放補助來保證公司工人的就業，以及承認勞動力的市場力量等。

(三) 美國雖然沒有大型利益集團，
　　但為何還是二戰後經濟成長最緩慢的國家之一

　　與眾不同的是，美國雖然沒有大型利益集團，但卻是二戰後經濟成長最為緩慢的國家之一。眾所周知，美國由於成立時期較短，沒有起源於中世紀的利益集團或機構；而且自獨立以來，並未遭受過外來強國的侵犯，但美國其實是由具有不同歷史的、採取不同政策的各州所組成的大型聯邦國家。也許，要解釋美國經濟為何發展緩慢，分別對各州進行研究更容易得出可靠的結論。

第八章　決策與競爭：經濟體系中的選擇與博弈

根據相關統計顯示，在整個二戰後的時期內，特別是1960年代初期以來，一個州成立的時間越長，也就是其中利益集團聚集的時間越長，其經濟成長率就越慢。並且，在經歷南北戰爭後，利益集團遭到破壞的州比未遭破壞的州，其經濟成長得更快；利益集團成員人數越多的州，其經濟成長率就越低。因此，奧爾森指出，這個現象也可以用這樣的推論予以解釋，也就是某地區政治穩定自由的時期越長，聚集的特殊利益集團便會越多。那麼，當各州其他情況相同時，早已建成且政治上穩定較早的州必定是經濟成長率最低的州。同時，在研究大城市與大都市的情況時也發現，利益集團發展時間最長的一些地區，其衰退現象也更為嚴重。

奧爾森認為，社會中利益集團的存在本身就會降低社會效率，而且利益集團還會延緩新技術的採用、阻礙資源的重新分配，這也降低了經濟成長率。另外，利益集團的擴大增加了法律的繁文縟節，加劇了政府制定政策的複雜性。

《競爭策略》——企業競爭策略的選擇與實踐

競爭策略之父 —— 麥可・波特

麥可・波特（Michael Porter，1947年～）是全球許多公司執行長的顧問，擁有瑞典、荷蘭、法國等國大學的8個名譽博士學位，先後獲得「威爾茲經濟學獎」、「亞當斯密獎」、「查爾斯・庫利奇・巴凌獎」，還多次獲得「麥肯錫《哈佛商業評論》最佳年度論文獎」。

身為國際商學領域備受推崇的大師之一，波特至今已出版多部著作，他的課程已經成為哈佛商學院必修課之一。波特對競爭情有獨鍾，他寫了3部經典著作，分別是1980年出版的《競爭策略》（Competitive Strategy）、1985年出版的《競爭優勢》（Competitive Advantage）和1990年出版的《國家競爭優勢》（Competitive Advantage of Nations），這3本著作也被稱為「競爭三部曲」。其中，《競爭策略》是「競爭三部曲」中的第一部曲，它奠定了麥可・波特的大師級地位，並深深改變了全球管理者的策略思維。

麥可・波特，
出生於美國密西根州的大學城——安娜堡，當今全球第一策略權威，商業管理界公認的「競爭策略之父」，被稱為世界管理思想界「活著的傳奇」。

第八章　決策與競爭：經濟體系中的選擇與博弈

一、為什麼要寫這本書

　　1973 年，波特拿到了哈佛大學經濟學博士學位。在博士學業期間，波特受到後來成為他良師的理查‧凱夫斯（Richard E. Caves）的影響。理查‧凱夫斯是哈佛大學經濟與商業管理學教授，他所著的《創意產業經濟學》（Creative Industries）廣為流傳。在理查‧凱夫斯的影響下，波特從寫作博士論文開始，就著手進行產業經濟學領域的研究。1973 年，26 歲的波特博士畢業後，獲得了哈佛商學院終身教授之職，成為哈佛大學商學院第 4 位得到這份「鎮校之寶」殊榮的教授。

　　《競爭策略》是波特學術生涯中具有里程碑意義的著作，這本書的創作和波特在哈佛商學院的工作是緊密相關的。波特在哈佛商學院從事產業經濟學和競爭策略的教學和研究，他首先開設了商業政策課程。1975 年，波特在為商業政策課程準備教材的時候開始撰寫這本書，隨後又開設了產業和競爭分析課程，並一直給工商管理碩士（MBA）和實業界人士講授這些課程。

　　在研究的過程中，波特發現，一方面，雖然競爭策略是管理者最為關心的一大領域，但是策略領域幾乎沒有現成的分析工具，來幫助管理者分析產業和競爭對手。此前，雖然有錢德勒（Alfred D.Chandler）、安德魯斯（John Andrews）、安索夫（Igor Ansoff）3 位策略管理大師進行了研究，研究成果也已經在理論界和企業界獲得一定程度的認可，但是波特指出，3 位大師的策略理論存在一個共同的漏洞，那就是缺乏對企業競爭對手的考察，並且很少有競爭因素的分析，只強調企業被動適應環境。

　　因此，波特希望透過《競爭策略》，為企業管理者提供一套結構化的產業和競爭對手分析工具，幫助管理者解構策略和環境，在產業環境中尋

求自身的競爭定位。這也就是波特寫作《競爭策略》的初心。從這個意義上來看，波特的競爭策略屬於一種工具型策略理論。

另一方面，波特發現，儘管經濟學家一直在研究產業結構，但大都是從公共政策的角度出發，與企業的直接關係不是很明顯，並未引起企業界的注意，這就造成了「理論研究」與「實際需求」的錯位。針對這一點，波特曾說：「我的目標是發展出一個嚴謹而實用、能夠理解競爭的理論架構，並作為跨越理論與實務間鴻溝的橋梁。」

因此，波特不僅用傳統的數據統計方式開展了研究，還研究了成百上千個產業。在開展教學和教研活動時，波特不僅監督幾十個 MBA 學生團隊開展產業研究，還跟一些知名公司進行合作。例如，他擔任了杜邦（DuPont Corporation）、寶僑（Procter & Gamble）、殼牌（Shell plc）等著名跨國公司的顧問，在跟這些企業合作的過程中，波特逐漸累積了多個產業研究案例。其實，這也是我們今天提倡的「產學合作」。正是透過這種研究方式，波特的競爭策略理論不僅被作為全球很多大學的課程理論知識，還被廣泛應用在商界實踐中，波特也因此成為產業經濟學界最早投身於商業實踐的先驅者之一。

二、核心思想：「五大作用力」和「三種基本策略」

《競爭策略》的核心思想是「五大作用力」和「三種基本策略」，具體來說企業制定競爭策略需要經過兩個步驟，第一步是把企業放到產業環境當中，運用「五大作用力」對產業競爭強度進行分析，因為這個強度決定了企業的成本投入和利潤水準；第二步是必須要從「三種基本策略」中選擇一種策略，建立企業在產業內的競爭地位。

第八章　決策與競爭：經濟體系中的選擇與博弈

(一) 五大作用力

當一家企業與周邊環境建立起連結時就會形成競爭，有競爭就要制定競爭策略。一個產業的競爭遠遠不只是你眼前看到的參與者的競爭，那些潛在的「競爭對手」也會在具體情況下造成或多或少的影響。這就是波特在《競爭策略》中提到的「廣義的競爭」，也可稱為「拓展競爭」。波特曾說，「你在哪個產業並不重要，重要的是你如何競爭。」「競爭」是企業成敗的核心，而決定企業獲利能力的第一要素是「產業吸引力」。

波特提出用「五大作用力」來分析一個企業的產業吸引力，這「五力」包括：潛在進入者的威脅、現有競爭對手之間的競爭、替代品的威脅、客戶的議價能力、供應商的議價能力。對波特競爭理論有所了解的人都知道，「五大作用力」在很多書中也被稱為「波特五力模型」。在波特看來，這五大作用力會影響企業產品的價格、成本、投資，也最終決定了企業所處的產業結構。企業如果想獲得長期的競爭優勢，就必須塑造對企業有利的產業結構。

五大作用力的合力越大，產業的競爭就越激烈。不同的作用力發生影響時，會產生不同的競爭狀況。例如「潛在進入者的威脅」越大，產業內部的競爭就越激烈；「客戶的議價能力」越強，產業的立場就越危險；「現有競爭對手之間的競爭」越強大，產業的競爭就越激烈。

在不同的產業內發生競爭時，會有不同的作用力引起關鍵性的作用。例如，對於輪胎產業，主要壓力來自於動手性極強的原始設備買主，以及強勁的競爭對手；對於遠洋遊輪來說，主要壓力來自客戶；對於鋼鐵產業，主要壓力來自國外的競爭對手和原料。

波特指出，企業在應對產業競爭時各有其獨特的優勢和劣勢，在企業發展過程中也可能產生產業結構的變化。所以企業在應對競爭時，必須先分析產業的五大作用力，進而了解產業的競爭結構，進而找出其中最有影響力的競爭因素，即找出競爭的首要要素。

(二) 三種基本策略

波特認為，在與「五大作用力」的抗爭中，蘊含著三種成功的基本策略，分別是：總成本領先策略、差異化策略、專一化策略。三種基本策略是競爭策略中最基本、最長期、最有效的策略，任何一種策略都有可能讓企業在競爭中戰勝競爭對手。這些基本策略主要的作用就是對抗五大作用力，來幫助企業在競爭中順利擊敗對手，從中獲利。

1. 總成本領先策略

「總成本領先策略」是依靠價格優勢獲得高於產業的平均利潤，它要求企業必須建立起高效、規模化的生產設施，全力以赴的降低成本，達到「總成本最低」。

但是在波特看來，「總成本領先策略」也不是沒有風險，這些風險包括因為技術更新導致被淘汰、被新進入者模仿、過於重視成本忽略其他方面因素、無法形成差異化等。

舉例來說：

1920 年代，福特汽車公司（Ford Motor Company）透過一切可能的方法實行最低總成本策略，並且取得成功。可是隨著生活的改善，人們購車的目的早已不限於實用性，而開始側重風格、舒適程度或者身分的象徵。這時候，消費者情願為了自己的喜好多花錢，而當時通用汽車公司（General Motors）在這方面也做了充足的準備，以優質的產品成功贏得了消費者的信賴，領先當時的汽車市場。

2. 差異化策略

「差異化策略」是公司提供差異化的產品或服務，形成一些在全產業範圍內具有獨特性的東西。實現差異化策略可以有許多方式，如設計名牌形象、保持技術特色、保持顧客服務和商業網路方面的獨特性等。

舉個例子：

美國開拓重工（Caterpillar Inc.）就透過差異化策略取得了成功，它是世界上最大的工程機械和礦山設備生產廠家，它的網路行銷和優良的零配件供應服務在產業內都是標新立異的。不僅如此，它的產品是公認的優質耐用，因此，儘管它的產品價格很高，但依然占有強大的市占率。

在波特看來，差異化策略也有一些風險，例如當這個策略遭遇低價格產品的攻擊時，可能會因為價格差異過大而無法再吸引客戶，客戶情願拋棄產品和服務上的特性而去享受價格優惠。

3. 專一化策略

「專一化策略」是針對某個特定的顧客群或區域，集中經營資源，達到抵禦五大作用力的目的。

波特指出，當企業把主要精力集中在特定區域或顧客群，企業所處的競爭圈子就會縮小，然後在這個小的圈子裡實施總成本領先策略或差異化策略，就能輕鬆固定這個市場，獲得高於產業均值的獲利。

例如，馬丁布勞爾（Martin Brower）是美國第三大食品分銷公司，在面對產業內競爭時，選擇削減客戶，只留下 8 家主要的速食連鎖店，同時只保留這些客戶所需的產品鏈，在訂單上與客戶的購買週期緊密銜接，根

據客戶的需求設定公司倉庫,從而在這些細分市場取得低成本優勢。

波特認為,這三種策略是所有策略的核心,企業無論實施哪一種基本策略,都必須要從中選擇一種策略來實施。如果有的企業想使用不止一種基本策略,或者採取了其中一種策略,卻在很短的時間內更換了另一種,也就是在三種基本策略之間「遊蕩」,這樣的企業很容易將自身的力量分散,注定是低利潤或無利潤的。

舉例來說:

奇異(General Electric)、保德電機(ABB Motors and Mechanical)、富蘭克林(Franklin Electric Co., Inc.)是美國小馬力電機產業中的三家企業,產業在五大作用力的衝擊下,奇異選擇的是總成本領先策略,保德電機採用的是專一化策略,而富蘭克林就是遊蕩在三種基本策略之間的企業,既沒選擇最低成本也沒能形成專一化目標。在機電產業,富蘭克林的業績明顯落後於其他兩家企業。

那麼,「遊蕩」在三個基本策略之間的企業該怎麼選擇自己的策略呢?波特說道:「計畫中的策略要能最大限度的發揮企業優勢,並且最不利於競爭對手重複使用。」這說明,企業在選擇基本策略時一定要跟企業狀況相結合,做到趨吉避凶,進可攻,退可守。

三、批判與創新:你可以攻擊它,但你不能忽視它

《競爭策略》給我們帶來了很多的學術價值和應用價值,但是也引發了很多爭議。一些學者對競爭策略理論提出了質疑,這些批判與質疑大都集中在兩個方面。

第八章　決策與競爭：經濟體系中的選擇與博弈

第一個方面，分析框架是靜態的，而環境是快速變化的。

有人認為，波特提出的競爭策略分析框架是靜態的，不適合當前這種快速變化的世界。波特認為，這是對《競爭策略》的一個誤解。他指出，《競爭策略》涉及的每一個分析框架，包括產業分析、競爭對手分析、競爭地位，都強調了要視具體的條件變化而定，並且書中一直都在強調應對變化的方法，例如產業變革、新興產業、產業成熟發展的情況、產業衰退的情況、全球化等。波特認為，企業應該進行不懈的產業學習，不斷了解競爭對手，不斷改善自身的競爭地位。

第二個方面，低成本和差異化兩種基本策略之間的選擇問題。

波特認為，成功的企業需要在兩者之間做出選擇，否則很容易被對手模仿，如果企業進退兩難，就有可能招致災難性的後果。但有學者認為，隨著資訊科技的發展，低成本與差異化的不一致性在逐漸消除，兩種基本策略可以融合在一起。對此，波特指出，在兩者之間做出選擇，並不意味著企業在實現差異化的過程中忽略成本，或在追求成本最小化的過程中忽略差異化，而是要透過某一個策略最大限度地發揮自身優勢。

27《競爭策略》─企業競爭策略的選擇與實踐

一本書讀懂經濟學經典：

市場機制 × 個體行為 × 社會抉擇⋯⋯從亞當斯密到現代行為經濟學，大師經典一次全解析！

| 作　　　者：郭澤德，宋義平，關佳佳 |
| 發　行　人：黃振庭 |
| 出　版　者：沐燁文化事業有限公司 |
| 發　行　者：崧燁文化事業有限公司 |
| E - m a i l：sonbookservice@gmail.com |
| 粉　絲　頁：https://www.facebook.com/sonbookss/ |
| 網　　　址：https://sonbook.net/ |
| 地　　　址：台北市中正區重慶南路一段61號8樓 |
| 8F., No.61, Sec. 1, Chongqing S. Rd., Zhongzheng Dist., Taipei City 100, Taiwan |

電　　　話：(02)2370-3310
傳　　　真：(02)2388-1990
印　　　刷：京峯數位服務有限公司
律師顧問：廣華律師事務所 張珮琦律師

- 版權聲明 -

原著書名《一本书读懂30部经济学经典》。本作品中文繁體字版由清華大學出版社有限公司授權台灣沐燁文化事業有限公司出版發行。
未經書面許可，不得複製、發行。

定　　　價：420元
發行日期：2025年04月第一版
◎本書以 POD 印製

國家圖書館出版品預行編目資料

一本書讀懂經濟學經典：市場機制 × 個體行為 × 社會抉擇⋯⋯從亞當斯密到現代行為經濟學，大師經典一次全解析！/ 郭澤德，宋義平，關佳佳 著 . -- 第一版 . -- 臺北市：沐燁文化事業有限公司, 2025.04
面；　公分
POD 版
ISBN 978-626-7628-99-7(平裝)
1.CST: 經濟學
550　　　　　　　114004000

電子書購買

爽讀 APP　　　臉書